# 赣南
## 客家民俗文化地理研究

陈永林　徐祥明　著

江西省社科规划课题经费（20SH11）、赣南师范大学地理科学专业一流学科建设经费资助出版

武汉大学出版社

WUHAN UNIVERSITY PRESS

**图书在版编目(CIP)数据**

赣南客家民俗文化地理研究/陈永林,徐祥明著.—武汉:武汉大学
出版社,2022.5

ISBN 978-7-307-23005-7

Ⅰ.赣… Ⅱ.①陈… ②徐… Ⅲ.客家人—民族文化—文化地理
学—研究—赣南地区 Ⅳ.K281.1

中国版本图书馆 CIP 数据核字(2022)第 056866 号

责任编辑:李 玚 责任校对:李孟潇 版式设计:韩闻锦

出版发行:**武汉大学出版社** (430072 武昌 珞珈山)
(电子邮箱:cbs22@whu.edu.cn 网址:www.wdp.com.cn)
印刷:武汉科源印刷设计有限公司
开本:720×1000 1/16 印张:15.25 字数:219 千字 插页:1
版次:2022 年 5 月第 1 版 2022 年 5 月第 1 次印刷
ISBN 978-7-307-23005-7 定价:49.00 元

# 序

"客家"于我而言，最初不过是对中国方言中客家话的点滴认识；之后，有机会和同学、朋友中的客家人交流，让我对"客家"有了许多的地理想象和学习憧憬。2021 年 11 月，我终于有机会造访"红都圣地、客家摇篮"。三天的学习考察，让我有机会浸润于赣州客家文化的诸多特质和孕育它的地理环境之中，而有幸随时向陈永林院长等请教，则让我能时不时基于对徽州文化研究的认识，放飞对客家文化发展时空过程的想象，提出许多烧脑的问题：诸如客家文化到底是什么（与徽州文化的差别何在）？客家文化形成发展究竟与地理环境有怎样的联系（是否与徽州文化与地理环境的关系有所不同）？客家文化的内聚力如何（为何客家需要有防御性的居住空间，而同样聚族而居的徽州却不需要）？客家文化的传承遇到哪些困难（是不是较强的凝聚力和相对不那么成功的旅游开发会有助于客家文化的传承）？新的技术环境会对客家文化的传承有怎样的影响（是会增进现代化对客家文化的挑战还是会增进对客家文化的认同）？……怀揣着这许多问题，让陈院长难得歇息片刻，让我收获良多。虽然仍只能是管中窥豹，但促使我们在反思人文地理学家、特别是文化地理学家可以在赣州客家文化的传承发展中有何贡献多了一些思考和共识。行程中，陈院长提及，他编写的《赣南客家民俗文化地理研究》即将付梓。基于共识和信任，我有了先睹为快的良机，并受邀写下一些学习的体会。

在拜读大作的过程中，我最强烈的感受，是我在行程中的许多烧脑问题，都能从书中找到部分答案。本书不仅全面介绍了赣南客家民俗文化在物质、社会和精神层面的诸多特质，让我对客家文化是什么有了更全面的认识；更重要的，还从一开始就介绍了孕育赣南客家文化的地理环境特征，并尝试阐释了各类客家文化特质的地理成因，有助于我深刻反思地理环境与客家文化形成、发展时空过程的关系。不仅如此，本书还尝试引入数字化地图和基因识别等地域文化综合体研究的新方法，部分回应了我对新的技术环境与客家文化传承之间关系的思考。而书稿中有关民俗文化感知与地方认同的研究，也是对文化地理学有关情感、价值观研究的回应，对于增进我有关客家文化认同水平和内聚力的认识有积极影响。可以说，全书是从文化地理学视角对赣南客家文化的全景式研究，既有丰富的知识信息，也有积极的理论思考，无论对于希望了解客家文化日常生活的普通读者（特别是年轻的客家人），还是对有意研究赣南客家文化的专业人员，都是很有价值的读物。

拜读大作，我的第二个强烈感受，是平实语言中饱含着作者对赣南客家文化的深情。正是因为有了这种深情，作者才能基于专业的视角把这一全景式研究如此清晰地展现给读者。因为作者非常希望读者能由此愿意学习、理解，并能由此爱上赣南客家文化。而那些平实语言中不时穿插的生动故事，也承载着作者引导读者轻松学习的良苦用心。毕竟，无论对于"他者"或者年轻的赣南人，由于缺乏日常生活经历和体验，往往难以吸收这许多文化特质的相关知识，很容易厌倦，甚至产生放弃学习的念头。只是因为有了作者的用情和用心，才能真正有效地传播如此丰富的地域文化信息。当然，全书也很好地体现了地理学综合思维在帮助作者理清主线、帮助读者增进学习兴趣方面的积极作用。

拜读大作，我的第三个深刻感受，是赣南客家文化的多元价值还亟待发掘，赣南客家文化还可以继续产生许多有价值的成果。本书的研究是作者及其研究团队潜心多年的成果，但还远不是集大成者，更主要的，也许是打开宝库的钥匙，我想这也是作者的希冀。带着烧脑的问题，我被此大作吸引，被作者的情感牵动，但也在部分获得问题回应与答案的过程中，有了更多的思考和疑问。在多年的徽州文化研究中，我对传统地域文化及其在现代化进程中的传承、活化有了越来越多的思考；而在赣州的实地考察和对本书的研读中，我也自觉不自觉地将这些思考引入赣南客家文化的学习中，希望由此获得更多对地域文化形成、发展和传承、活化机制的认识。非常希望能有机会再次到赣州和陈院长等一起进行学习研究，因为有了本书学习的知识基础，我想我们可以有更多合作思考的基础，也可以由此为客家文化的传承发展有多一点的认识和贡献。

中国地理学会文化地理学专业委员会副主任

华东师范大学城市与区域科学学院教授、博导

**孔　翔**

2022 年 1 月

# 目　　录

# 绪　　论

　　"民俗"是民间风俗习惯的缩词，民俗文化地理学是专门研究一定地域内各民族人民风俗的区域差异和分布规律，探讨民俗与当地自然环境、民俗与社会、经济、文化条件的相互关系，并阐明其形成、发展、演变规律的学科①。从这个概念来看，民俗文化地理学主要研究民俗事项的空间分异、发展演化规律及其与自然环境和社会环境之间的相互关系。与民俗学研究不同的是，民俗文化地理学更加强调民俗的地域差异性和相似性分析，并用地理学的分异理论探讨形成这种规律的地理环境背景，从而揭示民俗文化与地理环境的内在联系和作用机理，这也是人文地理学所关注的人地关系核心问题。

　　民俗文化地理学的研究由来已久。国外的相关研究在 20 世纪 70 年代就已经开始②③④。国内的研究始于 20 世纪 90 年代。胡兆量系统阐述了民俗与地理环境之间的关系⑤；高普伟系统回顾了我国不同历史时期民俗文化地理学的发展概况，论述了中国民俗地理学的研究对象、学

---

① 杨展览，李希圣，黄伟雄. 地理学大辞典 [M]. 合肥：安徽人民出版社，1992：692.

② Reed J. S. The Heart of Dixie：An Essay in Folk Geography [J]. Social Forces，1976，54 (4).

③ Wilhelm E. J. Folk Geography of the Blue Ridge Mountains [J]. Pioneer America，1970，2 (1).

④ Shellans H. Folk Geography of the Blue Ridge Mountains [J]. Pioneer America，1970，2 (1).

⑤ 胡兆量. 中国民俗地理探幽 [J]. 经济地理，1999 (1)：2-6.

1

科性质及特点、研究的主要内容等，并以服饰地理等为例开展了诸多的研究①②③④；马洪元总结了区域民俗地理的研究内容与方法⑤。进入 21 世纪以来，学界有不少有关民俗地理学的研究⑥⑦⑧⑨⑩⑪，但这些研究内容较为分散，关注点仍然聚焦在原有的民俗与地理环境之间的关系上，没有加以延伸和拓宽。研究者的学科背景也较为多元，系统性的研究较少，没有引起学界的足够关注，高水平的研究成果较少。纵观已有的研究，学界对民俗文化地理的研究还属于冷门，没有成为研究关注的焦点和热点，尚处在"藏在深闺人未识"的阶段，对于区域性的民俗文化地理系统研究则更为稀少。

十九届五中全会通过的《中共中央关于制定国民经济和社会发展第十四个五年规划和二〇三五年远景目标的建议》要求传承弘扬中华

①　高曾伟.建设有中国特色的民俗地理学［J］.镇江市高等专科学校学报，1997（Z1）：68-72.

②　高曾伟.中国民俗地理学刍议［J］.地理研究，1996（1）：91-97.

③　高曾伟.中国服饰民俗地理研究［J］.镇江市高等专科学校学报，1995（Z1）：63-68.

④　高曾伟.中国民俗地理学的发展与展望［J］.镇江市高等专科学校学报，1995（2）：58-61.

⑤　马洪元.试论区域民俗地理的研究内容与方法——以苏州为例［J］.人文地理，1991（3）：31-35.

⑥　达福兴.民俗地理学视角下的"云南十八怪"变迁研究［J］.四川民族学院学报，2020，29（1）：33-39.

⑦　刘晓虹.民俗学的数字化转向［A］//海归智库（武汉）战略投资管理有限公司.荆楚学术 2018 年 2 月［C］.海归智库（武汉）战略投资管理有限公司，2018：8.

⑧　赵李娜.中国现代民俗学与历史地理学的开创与扭结——兼论顾颉刚先生对两学之贡献［J］.民俗研究，2016（1）：43-51，158.

⑨　马显彬.广东群体地名释放着民俗地理美丽的七彩光环［J］.中国地名，2011（6）：33，36.

⑩　付爱民.色彩民俗地理研究在少数民族地区旅游形象设计中的应用［J］.中国美术馆，2007（9）：81-86.

⑪　景泉，高潮.鲁南民俗地理区成因试探［J］.枣庄师专学报，2000（3）：18-20.

优秀传统文化。党的十八大以来，习近平总书记高度重视中华优秀传统文化的传承发展，为传承和创新发展中华优秀传统文化指引了方向。中华优秀传统文化是习近平新时代中国特色社会主义思想的重要来源。他指出："优秀传统文化是一个国家、一个民族传承和发展的根本，如果丢掉了，就割断了精神命脉。"他还多次强调中华优秀传统文化的历史影响和重要意义，指出要赋予其新的时代内涵。党中央提出要坚定"四个自信"，其中"文化自信"更让我们坚定了保护和传承优秀传统文化的信心和决心。2021年8月，为进一步加强非物质文化遗产保护工作，中共中央办公厅、国务院办公厅专门印发了《关于进一步加强非物质文化遗产保护工作的意见》的通知，指出："非物质文化遗产是中华优秀传统文化的重要组成部分，是中华文明绵延传承的生动见证，是连结民族情感、维系国家统一的重要基础。保护好、传承好、利用好非物质文化遗产，对于延续历史文脉、坚定文化自信、推动文明交流互鉴、建设社会主义文化强国具有重要意义。"

千百年来，传统民俗文化绵延不绝，过春节、闹元宵、吃粽子、赏月……人们在共度佳节和日常生活中无时无刻不在感受传统。传统民俗文化作为中华优秀传统文化的一支，是千千万万中华儿女在生产生活实践中创造的精神财富和文化遗产，可以从中寻找中华民族的精气神。但是，随着现代文明和信息技术的不断深入推进，这些丰富的精神财富和文化遗产正面临着失传或灭绝的危险。传统民俗文化作为一种文化现象正在发生着深刻的变化。它来自哪里？它正经历着怎样的变化？它又将走向何处？这些问题值得我们深思。

"一方水土养育一方人。"受地理环境的区域差异影响，民俗文化具有典型的地方性特征。赣南地处江西南部，是客家人聚居区，受自然环境和社会历史文化的影响，孕育了具有典型地域特色的客家民俗文化。近些年来，各级政府高度重视传统文化的保护与传承，尤其是对濒临失传的非物质文化遗产更是高度重视。很多赣南地区的客家民俗文化也同样面临着如何传承保护与开发利用的问题。虽然有不少民俗学者对赣南客家民俗文化开展了诸多研究，并取得了较为丰硕的成果，但这些研究大部分是基于历史、社会或文学的角度，鲜有学者从文化地理的角度探讨其生成与演化的规律，对赣南客家民俗文化事项的系统分类与梳理也不足。

基于以上，我们迫切需要从民俗文化地理学的角度，探索发现并总结梳理赣南客家民俗文化事项，找出传统民俗文化的分布规律，深度挖掘客家民俗文化基因信息，系统分析客家民俗文化生成机理，提出拯救和保护客家民俗文化的策略，让客家民俗文化一代代传承延绵下去。这对于丰富民俗文化地理的系统研究大有裨益，也可以为客家民俗文化的传承与保护提供理论支持，还可以为政府部门制定文化建设的政策措施提供帮助。

经过几年的努力，笔者深入赣南各地，采取实地调研、文献查阅、资料收集、深度访谈和数据分析等方法，收集和整理了赣南各种民俗文化事项。在前期资料准备与分析的基础上，本书基于民俗文化地理学的视角，以赣南客家民俗文化为研究对象，以特征概述—机理分析—保护与开发为写作主线，从类型特征、空间分异、数字化表达、基因景观、感知与认同、开发与利用等多角度系统分析了赣南客家民俗文化的生成与演化规律（见图0.1）。

本书第一章从自然地理概况和社会人文概况系统地介绍了赣南地区的基本情况；第二章对赣南客家民俗文化进行分类，系统地介绍了各种民俗文化事项的基本情况，并分析了各民俗事项生成与演化的地理成因；第三章从县域尺度分析了客家文化景观的空间分异规律；第四章系统地分析了民俗文化数字化，并介绍了赣南民俗数字地图的制作过程与功能；第五章从景观基因的角度分析了赣南客家民俗文化的基因提取与识别，并提出保护措施；第六章讨论了民俗文化的景观感知与身份认同；第七章基于前文的分析，提出了客家民俗文化资源的开发利用策略。

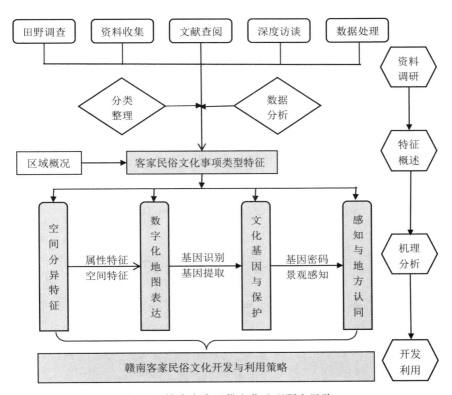

图 0.1　赣南客家民俗文化地理研究思路

# 第一章　赣南地区区域概况

## 第一节　赣南地区自然地理概况

赣南地区（今赣州市的俗称）位于江西省南部，为江西省的"南大门"，地理位置处于 N24°29′—27°09′，E113°54′—116°38′，地处赣江上游。赣南地区东邻福建省三明市、龙岩市，南毗广东省梅州市、韶关市，西接湖南省郴州市，北连本省吉安市、抚州市（见图 1.1）。土地面积为 39379.64km²，占江西总土地面积的 23.6%，为江西省最大的行政区。

赣南地区群山环绕，地势周高中低、南高北低，武夷山、雩山、诸广山及南岭的九连山、大庾岭等山脉环绕全区，断陷盆地贯穿境内。地形以山地、丘陵为主，占总面积的 80.98%，兼有 50 个大小不等的红壤盆地，有"八山半水一分田，半分道路和庄园"之称。平均海拔高度为 300~500m，有海拔千米以上山峰 450 座，崇义、上犹与湖南省桂东三县交界处的齐云山鼎锅寨海拔 2061m，为最高峰。地貌类型丰富，南部及西部以中、低山构造剥蚀地貌为主，中部以丘陵河谷侵蚀堆积地貌为主，东北部以低山、丘陵构造剥蚀地貌为主，于都的梓山及银坑、瑞金的云石山、会昌的西江等地有溶蚀侵蚀地貌发育。

境内山峦重叠、丘陵起伏，溪水密布，河流纵横，水系呈辐辏状向中心——章贡区汇集，有河流面积 14.49 万公顷，总长度为 16626.6km，赣江源头及东江源头发育于此。主要有上犹江、章水、梅江、琴江、绵

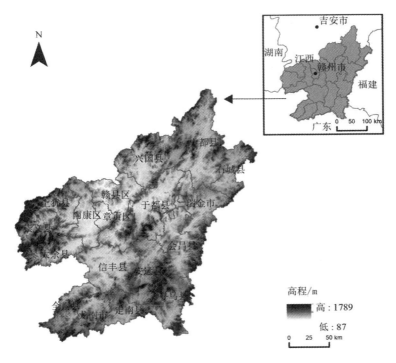

图 1.1　赣南地区区位及高程图

江、湘江、濂江、平江、桃江 9 条较大支流。其中，由上犹江、章水汇成章江；由其余 7 条支流汇成贡江；章贡两江在章贡区相会而成赣江，北入鄱阳湖，属长江流域赣江水系。境内水资源充沛，多年年均水资源量为 335.7 亿 m³。

　　赣南地区地处中亚热带南缘，属亚热带丘陵山区湿润季风气候，具有冬夏季风盛行、春季降水集中、四季分明、气候温和、热量丰富、雨量充沛、酷暑和严寒时间短、无霜期长等气候特征。境内现有 22 个森林公园，面积 203.39 万亩。其中，国家级森林公园 8 个，省级森林公园 14 个。现有自然保护区 29 个，面积 338.53 万亩。其中，国家级自然保护区 1 个，省级自然保护区 3 个。境内植物资源种类繁多，是中国商品林基地和重点开发的林区之一，保留有大量的第三纪植物区系，是古老植物种属的"避难所"。在动物地理区划上，赣州市属东洋界华中区东部丘陵平原亚区，有较多森林野生动物（昆虫）种类分布在境内各地。西南部的九连山是中国中亚热带南缘东端自然生态系统保存最完整的地段，保存有一些野生动植物的活化石和珍贵树种。

赣南地区是全国重点有色金属基地之一，素有"稀土王国""世界钨都"之美誉，是南方离子型稀土的发现地，也是南方离子型稀土矿山开采技术的发明地，保有矿产储量的潜在经济价值达 3000 多亿元。矿业已成为赣州市的支柱产业之一。

## 第二节　赣南地区社会人文地理概况

赣南主要由地级赣州市下辖的 18 县（包括 3 个区、13 个县、两县级市）组成，包括章贡区、南康区、赣县区、龙南市、瑞金市、全南县、定南县、上犹县、崇义县、大余县、信丰县、安远县、会昌县、寻乌县、于都县、兴国县、宁都县、石城县。章贡区、南康区、赣县区、赣州经济技术开发区、蓉江新区共同组成赣州市中心城区。赣州市统计资料显示：2019 年，赣南地区的户籍人口为 983.07 万人，常住人口为870.80 万人，约占江西省人口的五分之一。

赣州市有着 2200 多年的建城史，历来为江南政治、经济、军事、文化、交通重镇，是国家历史文化名城、全国文明城市、国家森林城市、国家园林城市、中国优秀旅游城市、全国双拥模范城市、原中央苏区所在地、万里长征的起点城市。赣州有着千里赣江第一城、江南宋城、红色故都、客家摇篮、世界橙乡、世界钨都、稀土王国和世界风水堪舆文化发源地等美誉，可以用"金木水火土，赣州啥都有"来高度概括。

### 一、金——世界钨都，稀土王国

中国钨资源储量丰富，在全球经探明的钨矿产资源储量中占比近70%，居全球首位；而赣州钨矿资源在全国最为丰富，其素有"世界钨都"之称，占全国同类矿的70%、世界的50%，是我国乃至全球钨的主产区，具有100年的钨矿开采历史，在钨的冶炼加工方面具有国际先进水平。

稀土作为不可再生的稀缺性战略资源，是17种金属元素的统称，素有"工业味精""新材料之母"等美誉，广泛应用于电子信息、石油化工、冶金、机械、能源等行业。中国稀土矿藏丰富，资源储量、稀土商品量及销售量雄踞世界第一。赣州拥有不可比拟和无法替代的稀土资源，其中重稀土占全国的80%，门类齐全、品位优越，素有"稀土王国"的美誉。稀土产业在赣州经济社会发展中具有举足轻重的地位。

二、木——脐橙之乡，家具之乡

赣州的山地以第四纪红壤为主，土层深厚，土质偏酸，有机质含量较低。赣州的气候属典型的亚热带湿润季风气候，雨热同季。赣州的自然条件适合脐橙生长。赣南脐橙年产量达百万吨，原产地江西省赣州市已经成为脐橙种植面积世界第一，年产量世界第三、全国最大的脐橙主产区。赣南脐橙已被列为全国十一大优势农产品之一，荣获"中华名果"等称号，并作为江西省唯一产品，入围商务部、质检总局中欧地理标志协定谈判的地理标志产品清单。

家具产业是赣州目前最具特色、规模最大的产业集群，也是江西省重点打造的工业示范产业集群之一。赣州是全国最大的实木家具生产基地，规模从2012年的100亿元做到了2019年底的1800亿元，增长18倍。从业者从10万人增长到现在的40万人，家具企业6000多家，家具物流企业492家。

三、水——两江之源，风水宝地

赣州境内有东江源头和赣江源头。

东江是珠江流域中与北江、西江、珠江三角洲聚汇广东境内流入南中国海的四大水系之一，是粤港居民饮用水的供给源。"江西九十九条河，只有一条通博罗。"这条河指的就是东江。东江发源于赣州安远县境内的三百山（也有发源于寻乌县境内桠髻钵山南侧的说法）。

赣江是江西省的大动脉，是鄱阳湖流域第一大河，也是长江的主要支流之一。赣江自南至北贯穿了整个江西省。赣江源头位于赣州石城县石寮岽武夷山西麓。赣江上游的两大支流为章水与贡水。章水和贡水在赣州城汇合为赣江，左章右贡构成"赣"字。

赣州还是堪舆文化的发祥地和盛行地。"世界风水在中国，中国风水在赣州。"赣州兴国的三僚村，被称为"中国风水文化第一村"，成为堪舆文化的发祥地、世界风水文化爱好者朝觐的圣地。风水祖师杨筠松（名益，号救贫），携弟子曾文辿、廖金精隐居三僚著书立说，创立中国赣派风水文化理论体系，并在赣州传道授业，将风水思想由此传扬海内外。古都南京、北京的明十三陵、故宫、长城清东陵等重要建筑都是三僚风水先生堪择。

### 四、火——红色政权，长征火源

赣南红色文化资源十分丰富。1931 年 11 月，中华苏维埃共和国在赣州瑞金成立，并定都瑞金。由中国共产党领导、劳苦工农大众当家作主的中国红色中央政权胜利诞生，并创造了伟大永恒的苏区精神——"坚定信念，求真务实，一心为民，清正廉洁，艰苦奋斗，争创一流，无私奉献"。"红都"瑞金被称为"人民共和国的摇篮"，人民共和国从这里走来。

赣南还是二万五千里长征集结出发地。第五次反"围剿"失利后，中央革命根据地日益缩小，中央红军被迫从苏区突围，实行战略转移。1934 年 10 月中旬，中央红军主力和中央党、政、军领导机关共 8.6 万余人，从瑞金、于都出发，开始了震惊中外的二万五千里长征。毛泽东主席说："长征是宣言书，长征是宣传队，长征是播种机。"长征的火种从这里点燃。

### 五、土——客家乡土，理学故土

赣南地区世称"客家摇篮"，是客家先民中原南迁的第一站，是客家民系的发祥地和客家人的主要聚居地之一。全市 18 个县（市、区）中，除章贡区和信丰县的嘉定镇以及其他几个居民点外，其余均属客家方言区，客家人达 870 万，占全市总人口的95%以上。赣南客家地区现今仍有 600 余幢神奇的客家围屋，被称为"东方的古罗马"。

赣南地区还是宋明理学的发祥地。理学的创始人之一——周敦颐在赣州发表了代表理学的经典之作——《太极图说》和《通书》。自周敦颐与弟子程颢、程颐在这里创立理学以后，许多追随者纷至沓来，在这里研究和传播理学。王阳明也是理学的代表人物之一，他一生中最重要的事业和功业都是在赣州完成的，其理学思想也正是在赣州完善并推向新阶段。

总之，赣南历史底蕴深厚，文化资源丰富，有很多独具特色的文化景观，成为南方地区不可多得的一张城市文化名片。在全国乃至海外均有一定的文化影响力。

# 第二章　赣南客家民俗文化的类型概述及地理成因分析

　　赣南客家民俗文化事项丰富多彩，类型多样，各具特色。为了系统介绍和分析赣南客家民俗文化，很有必要首先对这些文化事项进行分类梳理，并逐一介绍其基本要素及主要内容。现有的分类方法较多，主要有三分法、四分法、六分法等几种分类方式①，限于篇幅，这里不作一一阐述。根据民俗学大师钟敬文教授②及其他学者的分类方法，本书主要将赣南客家民俗文化事项分为三大类（物质生活民俗、社会生活民俗、精神生活民俗）及十小类，具体见表2-1。

表2-1　　　　　　　　赣南客家民俗文化事项分类表

| 大类 | 小类 | 具体民俗事项 |
|---|---|---|
| 物质生活民俗 | 生产民俗 | 农业生产民俗、手工业民俗 |
| | 生活民俗 | 服饰民俗、饮食民俗、居住民俗、出行民俗 |
| 社会生活民俗 | 人生仪式民俗 | 生育民俗、婚嫁民俗、丧葬民俗、生日民俗 |
| | 节庆民俗 | 春节、立春、祭社、花朝、清明、端午、六月六、中元、八月初一、中秋、冬至、过年 |

---

　　① 刘晓峰. 民俗学教学中对"民俗事项分类"的总结 [J]. 内蒙古教育（职教版），2013（4）：40-41.

　　② 钟敬文. 民俗学概论 [M]. 上海：上海文艺出版社，1998.

续表

| 大类 | 小类 | 具体民俗事项 |
|------|------|------------|
| 精神生活民俗 | 民间信仰 | 佛祖崇拜、道教信仰、祖先崇拜、风水思想、巫术信仰、俗神信仰、自然崇拜、圣贤崇拜 |
| | 民间禁忌 | 衣食住行、婚丧嫁娶、语言禁忌 |
| | 语言习俗 | 客家俗语、歇后语、童谣 |
| | 民间故事 | 传奇故事 |
| | 民间音乐与戏曲 | 赣南采茶戏、东河戏、山歌、道情、古文、灯歌 |
| | 游戏娱乐民俗 | 舞龙舞狮、张灯结彩、舞蹈表演、竞技娱乐 |

　　赣南客家民俗文化事项包罗万象、林林总总，且地域差异明显。本书所列举的民俗文化事项不可能穷尽赣南地区的所有民俗，主要以兴国良村及周边地区的习俗为基本内容，结合赴龙南、瑞金、宁都、于都、上犹等地田野调查的结果，并参考客家文化著名学者房学嘉①②、罗勇教授③、林晓平教授④、刘善群教授⑤、周建新教授⑥的研究成果系统整理而得。

# 第一节　赣南客家物质生活民俗概述及其地理成因

## 一、赣南客家生产民俗概述

### （一）农业生产民俗

1. 农事习俗

---

① 房学嘉. 客家民俗［M］. 上海：华南理工大学出版社，2016.
② 房学嘉. 客家风俗［M］. 广州：暨南大学出版社，2015.
③ 罗勇. 客家赣州［M］. 南昌：江西人民出版社，2004.
④ 林晓平. 客家民间信仰与民俗文化［M］. 北京：中国社科出版社，2012.
⑤ 刘善群. 客家礼仪［M］. 福州：福建教育出版社，1995.
⑥ 周建新，钟庆禄. 赣南客家传统服饰原材料之历史考察［J］. 华南农业大学学报（社会科学版），2010，9（3）：130-137.

赣南客家地区地处江南丘陵区，农作物以水稻为主。有关水稻种植的民俗较多，形成了一套较为完整的稻作生产习俗体系。

（1）播种。

客家农谚有："到了惊蛰节，锄头不停歇。"惊蛰节气一过，万物复苏，气温回升，客家农忙时节就算是拉开了帷幕。首先是浸种，将上等的稻谷种子浸泡在缸里或桶里，在上面放一张红纸，旁边烧香祭祀，祈求神明保佑种子生根发芽。其次是播种，如在大余县，播种俗称"点禾子"，时间一般在惊蛰日前后，因此又俗称"点惊蛰"。播种必须择吉日，播种之日一大早，各家户纷纷备齐香烛、纸钱到田头祭祀田螺菩萨，或是从长青树上取一根树枝插入田塍，祈求土地神、禾官菩萨（即五谷神）保佑秧苗无病无灾，苗壮成长。有的还会线香穿红纸插在田边，默默地把种谷播下，或用五根手指插一下田埂，意为"五虎下山"，主要是祈求秧苗不被鼠害、虫灾、鸟雀等糟蹋。最后是育秧，客家谚语有"秧好一半禾"，育秧期间会在秧田边上插三支香、挂三页纸钱，到了清明前后，还会用米浆和艾叶汁做好的艾米果提到秧田里祭祀。

（2）莳田。

莳田，也称"栽禾"，是农事活动中极为重要的一项，事关稻谷的收成，因此客家人特别重视，仪式感也特别强。插秧之前，户主一般会到秧田里拔几束秧苗，俗称"开秧门"。开秧门仪式后，就请莳田能手"开秧盘"，并带上晕腥酒菜、田艾米粿、香烛纸钱等，在田头及社官庙祭拜，祈求保佑丰收。"开秧门"时要做"莳田酒"，也称"食栽禾饭"，准备好酒好菜，邀请亲朋、邻里相帮。宁都客家人还要在祖宗堂上杀鸡或宰鸭，备办三牲、米酒、香烛到社坛、社公庙、五谷祠、祖宗祠堂供奉。大余客家俗谚云"莳田杀鹅，草子变禾"，认为待"莳田客"越大方，是年的收成就越好。

莳田时，第一个下田栽禾的人应该是栽禾能手，尊称"牵绳师傅"，或称"牵莳"，跨一步莳六行，要求竖、横、斜行对直，禾苗正，不能"打岔行"，俗称"打斧头尖"，否则意为不吉利，家里会出人命。

其余莳田手依次下田傍莳。中华人民共和国成立后，推行矮秆密植，每步七行，有的先莳框架，名叫"打格子"。在莳田行进中，前行者若被居后者超越，俗叫"笼住了"或叫"扛门框"，会受到嘲笑。故莳田手你追我赶，不甘落后。莳田还要"蘸秧"，在秧盆里放上农家肥，把秧苗放在里面蘸一下，可以让秧苗吸收更多肥。负责"蘸秧"的人是最不会干活的人。四餐茶饭坐首席者为莳田能手。莳完田，多余秧苗不可犁掉，而要用手拔除或要"做秧撮"，否则浪费禾苗，会遭雷劈。莳田结束，东家要办酒席款待帮工者，俗称"洗秧根"。

（3）帮工。

春耕秋收需要大量的劳动力，在农村劳动力紧缺的情况下，赣南客家人互帮互助，体现出了一种团结和谐的邻里氛围。在农忙时节，左邻右舍的居民们自带工具"换工帮助"，俗称"打伴"或"告伴"，今天你帮我，明天我帮你，并逐渐形成一种约定俗成的自觉行为，一方面加快了劳动进度，节约了收种的时间，另一方面也解决了家庭困难无钱雇工的窘境，确保了农业生产的顺利进行。这种互帮互助的劳动方式是客家人团结互助、相互支持、平等相待的精神体现。

（4）洗禾镰。

秋收结束后，赣南客家人都会请帮工或帮助收割的亲友会餐。东家备足酒菜，有的还会煎糯米糍粑，酿好米酒送给亲朋好友，俗称吃"洗禾镰"或"做满仓"。如南康的内良、河洞至今仍很流行打麻糍、包芭蕉米果分送亲友。"洗禾镰"代表着全年农事活动结束，庆祝丰与分享丰收的喜悦。（见图2.1）

（5）摘木梓。

赣南山区盛产木梓（油茶）树，其果实可以用来榨茶油。木梓是赣南客家人的主要经济作物之一。木梓有木梓寒露和木梓霜降两种，分别在寒露和霜降节气前后采摘。摘木梓时，邻里之间约定俗成，为保证木梓足够成熟，未到时间不可以开摘，否则招人谴责甚至要被关押。开摘之日，东家请帮工帮忙上山采摘，好酒好菜款待。采摘期间，大家唱山歌、摘野果、吹树叶、打野兽，十分热闹。采摘即将结

图2.1　崇义上堡梯田丰收图

束时，留几棵木梓树给前来帮忙的帮工共同采摘，俗称"打秋风"。采摘结束后，东家杀鸡鸭、炸米果，感谢前来帮工的亲朋，同时也是庆祝今年的木梓丰收，俗称"做下山"。木梓采摘完毕，有的还会带上箩筐到山上捡拾成熟后从树上掉落在草丛的木梓仁，或是到主人采摘完毕的木梓树上捡漏，俗称"捡木梓"。在20世纪八九十年代，每到摘木梓期间，中小学校都要专门放1~2周的农忙假，每名学生都要上山帮大人"捡木梓"，并将一定重量的木梓仁上交学校，以示教学任务的完成，这是真正意义上的"勤工俭学"。

（6）倒稿。

"倒稿"是在晚稻收成之后把土地重新翻耕过来，并灌溉上水分，让水稻的根系在水里腐败，形成丰富的腐殖质，确保冬天土壤肥力的保持，为来年春耕做准备，也叫"浸冬水"，因此有"隔年不倒稿，禾苗长不好""隔年倒稿，顶过捡窖"的农谚。"倒稿"完毕的耕地称为"冬水田"。实际上，"倒稿"一词源于瑶语，即丰收之意。瑶族人专门有"倒稿节"，家家户户都要宰鸡杀鸭，做糯米粑粑，全家人喝米酒，吃丰盛的"倒稿饭"，庆祝"倒稿"。客家人的"倒稿"之说或许源于当地瑶族人的习俗。

16

2. 饲养民俗

（1）养牛。

农家定清明节为牛的生日。牛是农家的主要劳动工具。主人对牛关爱有加，每天一早一晚都要牵牛出去觅食鲜草。冬季万物凋零，只能给牛喂食稻草和番薯苗、细糠等干粮，春耕农忙季节还要给牛加一些谷物类饲料。购买耕牛很有讲究，有专门的"牛牙人"或"牛倌客"（牛贩子）作为中介负责介绍耕牛的买卖、相牛和定价，不能私下交易。每逢集市，"牛牙人"就将联系好的待出售的耕牛拉到街上供买家挑选。挑选牛很有学问，主要看长相，"黄牛看齿，水牛看毛"。黄牛忌有"圈花、白舌、破刀花"，水牛忌有"蛇口、黄蜂针、棺材钉"。从长相看凶兆之说虽不可取，但从长相的好坏实际上可以看出牛的身体是否健康、进食是否良好等，这些会影响牛的生长情况及耕田能力。牛买好后，由买家在牛角上系红布或红绳，并系上新牛绳牵回家，买卖双方不可以反悔，俗称"牛过绳、马过索"。如果到家买牛的，买家还要付一笔"出栏钱"给放牛娃，否则不让出门。买回来的牛犊子还要训。训牛也要择日，先由一个人牵绳在前面引导，一个人在后面赶牛拉犁。训牛是一项考验耐心的工作，有叫"失教牛"的一般很难训好。

（2）养猪。

"有田要养猪，有儿要读书。"客家人十分重视养猪，猪是家庭收入的主要来源。养母猪主要用来产猪崽，养肉猪主要用来卖钱。挑选猪崽也很有讲究，有"嘴要短，脚要粗，身上没有箍"之说。猪的前脚要开，下嘴唇要长。忌养"鬼脚猪"（脚下长黑毛的猪）、"五爪龙"（多一个脚趾的猪）、"破鼻花"（鼻端有白毛的猪）、"夹骚猪"（未煽完全的猪），这种猪不好养。买回猪崽后，必须先用稻草烟熏一下猪栏。猪栏门上要书写"姜太公在此"，祈求姜太公驱赶瘟神、保佑六畜兴旺。如猪崽和牛同栏，主人还要大声吆喝不能让牛欺负猪。大猪出栏时，主人要说："大猪去，小猪转（回）。"宰杀猪的时候，主妇要唤猪，许了愿的要在户外宰杀，并点香禀告神明，俗称"大红花"。如果猪血没有凝固，民间认为是被神明吃了。

### （二）手工行业民俗

#### 1. 行会

赣南客家民间手工业都有行会。每个行会都有自己的"祖师爷"，并定期开行会，祭拜本行业的"祖师爷"。具体见表 2-2。

表 2-2 　　　　　　　　　　**赣南客家民间手工业行会基本情况表**

| 行业 | 祖师爷 | 行会名称 | 祭拜时间 |
|---|---|---|---|
| 缝纫、纺织、棉花业 | 轩辕 | 轩辕会 | 农历九月十六 |
| 木器、篾器、石器、匾对、棺木、泥匠业 | 鲁班 | 鲁班会 | 农历八月初五 |
| 金银业 | 吕祖 | 纯阳会 | 农历九月三十 |
| 铜、铁、锡金属制品业 | 李耳 | 老君会 | 农历二月十五 |
| 鞋帽业 | 孙膑 | 孙祖会 | 农历九月十三 |
| 笔墨业 | 蒙恬 | 蒙恬会 | 农历二月初二 |
| 造纸、印刷业 | 蔡伦 | 蔡伦会 | 农历七月十七 |
| 印染业 | 牟梅（福）、葛（洪）二仙 | 二仙会 | 农历十月十五、十六 |
| 雕刻业 | 苍颉 | 文昌会 | 农历二月十九 |
| 茶楼、酒馆、厨师业 | 王母 | 蟠桃会 | 农历五月初八 |
| 商业 | 赵公元帅 | 财神会 | 农历三月十五 |

#### 2. 行规

行业规矩是一个行业经历许多年代，经过反复实践、摸索、提炼，总结出的施业经验和规范准则，涉及人品修为和专业技术。这些经验和规范准则必须符合本地的文化思想意识，被社会和业内接受认可，同时能够便于本行业操作，又与其他行业有所区别。

（1）木器业。

木匠学徒多是未婚的年轻后生，一般年龄在 19 岁左右，拜镇上最有名的木匠作为师父。木匠学徒最好要有健康而且强壮的身体，这是以后当一个优秀木匠的重要条件。学徒进店须写"投师帖"、摆"敬师酒",并要缴纳一定的"师傅钱"。由介绍人领学徒在鲁班像前向师傅、师娘叩头。"一日为师,终生为父",这是社会上和行业内人人认可的信条。徒弟一生都以父礼尊崇师傅。拜师仪式完成,徒弟就留住在了师父家。学徒期间,要帮师父扛"家什",师父只拿一把鲁班尺。吃饭时要比师父后上桌、先下桌,并给师父倒酒、盛饭。晚上要给师父倒好洗脚水。给雇主干活儿,挣的工钱都归师父所有。逢年过节,要给师父提点鸡鸭鱼肉等东西送年节。干满 3 年,学成了手艺,师父认为条件成熟了就可以出师独立了。出师要摆"出师酒"。师父教徒弟总是要留一手,免得"教熟徒弟打师傅"。

木匠做活儿,都有工日标准,做什么活儿有什么活儿的工数。比如盖房子,有个上七下八的标准,即打做木架,平均每间房七个工日。做的快的,还要特意拖时间到标准工日。但因所用木料的加工难易度不同,工日有时候也有差别。顺手的木料,自然就省工,费事的木料用工就多些。

(2)缝纫业。

在旧社会,一般家庭一年请两次裁缝师傅,一次是上门做冬装,一次是上门做夏装。结婚前一般都要制新衣新帽,各地有名的裁缝都是"上请下迎",早早就要排好档期,定好到各家上门缝制新衣的日期。一把竹尺、一包弹粉(划粉)、一把剪刀、一把烙铁和熨斗、一个炉子是裁缝师傅的标志性工具。人们尊敬地奉轩辕氏为行业的祖师,所用量布的尺也名为"轩辕尺"。学做裁缝要先当三年学徒。当学徒的每天除了生炉子、烫熨斗外,有的还要为师父家做杂活,并且要学做"滚边"和各种花色的纽扣,三年满师才能上案板。用尺量身、剪刀裁布、针线缝纫,都得用心用功。裁缝做新郎(娘)或死者的衣服都要另外给红包。

(3)建筑业。

建筑业主要有泥匠(俗称"泥水")、木匠和石匠(俗称"打石")等工匠,均奉鲁班为祖师,按辈分排列,石匠为兄长,以下为木匠、泥水匠。农历六月十三为鲁班仙逝之日,石匠们要举行盛大祭祀仪式和宴会。因此，赣南客家地区请工匠干活时，均有"打牙祭"（东家出钱，好酒好肉招待工匠）的习俗。这些工匠十分重视预兆（俗称"彩头"），除尊奉"鲁班经"外，都有自己的"教"和"法"，这些"教"和"法"主要是用来对付雇主的欺骗手段，即暗中做手脚，让其看不出来。因此为了防止工匠使坏，保证家里的房屋建筑质量，东家都要热情招待工匠师傅，否则会遭到他们的报复①。木匠、泥水匠做活的时候都讲究"过字眼"，即尺寸大小须符合鲁班尺上的吉利数字要求，过不到"字眼"的话，东家是不高兴的。

（4）医疗业。

旧社会医疗卫生事业极不发达。赣南客家农村也是如此，行医问药都有讲究。在农村，行医的人能治病救人，比较受人尊重。在没有现代医学的时代，旧时行医有两种人：通过望闻问切看病的中医郎中（在外地行医能说会道、专治跌打损伤的叫"调皮郎中"）、看小孩惊吓或刮痧挑积的巫婆。诊断病情只能靠师父的经验传授和民间流传的常识总结，结合望闻问切来开展。郎中根据诊断结果对症下药，药材以中药为主，客家人称开中药为"点茶"。如果来不及请郎中，本村有经验的长者常常会采用一些土法或者上山采一些草药应对，有的家中有祖传偏方，有时往往行之有效。郎中一般不给临终之人开药，并会叮嘱家人要给病人喝些鸡汤等好吃好喝的，所谓"辞医"。

（5）理发业。

理发业在旧社会的地位比较低。只有男人需要理发，女人一般不理发，因此大部分理发匠为男人。理发一般是上门服务，每月剃三次，按年计费和结账，俗称"剃扎脑"。头一年年底或第二年年初，理发匠就要跟东家预定好次年家里有多少人要"剃扎脑"。但是特殊服务要另外收费，如剃"满月脑"或"剃新郎脑"要另外包红包。剃完"满月脑"要说"保佑媚媚（小孩的昵称）长命百岁"，剃完"新郎脑"也要说一些吉利话。（见图2.2）

---

① 房学嘉. 客家民俗 ［M］. 上海：华南理工大学出版社，2016.

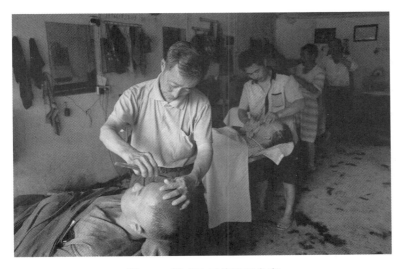

图 2.2 赣南地区传统理发店

## 二、赣南客家生活民俗概述

### (一) 服饰民俗

1. 客家服饰的基本特征

(1) 原料。

赣南客家服饰的原料以苎麻、葛、棉、蚕丝及蓝靛居多。这些原料大多就地取材，如苎麻和葛在赣南各县均有种植，棉的种植范围不大，主要分布在龙南和定南两县，蚕丝是辅助性材料。苎麻织物具有凉爽透气，出汗不贴身，传热导热快，防虫防霉，质地轻，色调柔和、大方、粗犷、耐脏耐用、宜于夏日穿用等特征，因此称为"夏布"。赣南客家传统夏衣最主要的制作衣料就是"夏布"。葛布经久耐用，具有良好的吸湿散湿与透气功能，不易污染，适宜人体皮肤的排泄和分泌，为上好衣料，但较为粗糙，和其他材料交织混纺会降低该织物的品质①。蓝靛

---

① 周建新，钟庆禄. 赣南客家传统服饰原材料之历史考察 [J]. 华南农业大学学报（社会科学版），2010，9（3）：130-137.

是一种天然植物染料，主要用于染布，也可药用。蓝靛的使用最初来源于瑶族。瑶家蓝靛不仅自己使用，还作为商品拿到集市上销售，是该民族特需的染料。用蓝靛染色的服饰不仅耐脏、耐晒、不易褪色，而且越经水洗越鲜艳，同时还具有药用价值。用蓝靛染色的客家蓝衫是客家传统服饰的典型代表。

（2）常服与礼服。

赣南客家服饰主要有常服和礼服两种。

客家常服传承了中原服饰"襟衫""大裆裤"的款式，并有冬头帕、童帽、围裙、鞋袜等客家地区特色的常服。男式的上衣是对襟、浅领、窄口长袖的对襟衫，对襟衫具有造型单一、结构简单、适宜性强的特点。男式的下装主要是大裆裤。大裆裤是不开裆口、裤腰头打褶的大裆长裤和内短裤（又称牛头裤），色彩以蓝、灰、黑等颜色为主。大裆裤具有造型简单、式样统一、色调单一、穿着方便等特点，适合各种场合和各个年龄段的男子穿用。女式常服上装主要是右衽的大襟衫（"三南"一带年长的女子受畲族文化的影响，喜欢在大襟衫上用彩布滚边滚袖），有短衫和中长衫两种，以蓝、灰、黑、红等颜色为主，下装是大裆裤（打褶裤）和抽头裤（裤头上褶边，包着裤头带，穿用时将裤带抽紧打结）。女装宽松舒适、不显脏、易换洗、简单朴实又不失大方，适合下地劳作和居家。

由于赣南客家与外界沟通联系少，处于相对封闭的社会，因此很少穿礼服，只有特殊身份、特别节日或红白喜事时才会穿礼服。礼服主要为长袍马褂，寿衣与孝服也属礼服的范畴。赣南客家人的寿衣通常为白色（或蓝色、黑色）的内衣内裤、长袍、大裆裤或马褂等。寿衣一般是人死后入殓用。客家人一般在六十大寿之后就要择吉日做好寿衣。其有两重功能：一是随时为死做好充分准备，二是可以用来"冲喜添寿"，人老病危之时穿上寿衣可以得到心理的慰藉，甚至可以驱赶病魔。寿衣一般要在老人咽气之前穿上，可以穿很多件，但必须是单数。客家孝服通常只有粗麻布衣和白布衫两种。孝子孝孙穿麻衣，戴麻帽，腰缚草索，穿草鞋；族亲、女婿、外孙戴白帽、腰束白带；房亲戴黄帽，腰缠黄带。重孝期间以素色衣服代替孝服。

（3）鞋帽配饰。

赣南客家人的鞋帽配饰比较多，比较有特色的有冬头帕、童帽、围嘴、绣花鞋及鞋垫等。

①冬头帕。

赣南客家妇女有戴头巾的习惯，这是秋冬季节用于防风、防寒的头帕，在"三南地区"（龙南市、全南县、定南县）较为流行。其头巾以手工织制而成，称冬头帕分条帕、抹额和花带三部分。装饰纹样有几何形、字形纹样、植物纹样。冬头帕一般在天气寒冷时使用，起保暖御寒防尘的作用；冬头帕去掉条帕即是半冬头。半冬头则只能扎在额头上，不能遮盖到脑心及后颈，是天气微寒或稍凉时使用，主要用于防风、防头痛。冬头帕作为一种配饰，不仅是年轻客家女子结婚时的嫁妆，而且还是客家产妇坐月子期间必戴之物。除了冬头帕之外，还有类似的头巾、花额、遮耳帽，如定南地区黑色或彩色花格头巾（见图2.3），会昌麻州等地的花格头巾，宁都地区布质的"满额"，上面装饰有玉石、玛瑙、珍珠。而花额是戴于额前防风、防头痛的护额之物。花额正面大多会绣上龙凤花鸟等纹样，装饰性很强，戴起来既朴素又美观①。

②童帽。

童帽是客家儿童的特色服饰。童帽可根据装饰分为绣花帽、银饰童帽和银饰花帽等，根据长短也可以分为齐耳帽和披肩风帽，还可以根据造型分为狗头帽、虎头帽、狮头帽等（见图2.4）。童帽的制作精美，工序较多，主要使用废旧布料和米浆水制作而成，颜色以蓝、灰、黄为主，绣花帽则多以红色为底色。童帽的绣花图案以动物造型居多，如蝴蝶、凤鸟等，并辅助牡丹及花瓣等植物图案，形成"花"与"蝶"的有机融合，"花蝶"与"瓜瓞"谐音，寄意为瓜瓞连绵，祈求子孙兴旺②。童帽往往还配有银饰、银链和银铃、铜钱、长命锁、寿桃坠子等

---

① 钟庆禄. 客家传统服饰研究［D］. 赣州：赣南师范学院，2011.

② 钟庆禄. 客家传统服饰研究［D］. 赣州：赣南师范学院，2011.

图 2.3　客家冬头帕

图 2.4　客家童帽

饰物，如有的地方的八仙帽就是在帽子的正面缀有十八罗汉或八仙银像，再在中间缀一个寿星。这些银饰既有视觉上的感染，也有听觉上的韵律，一方面可以起装饰美化和防丢失之用，另一方面还有驱邪避灾、保佑孩子长命百岁之意。

　　③围嘴。

　　围嘴在客家话中称"口澜枷"或"颈枷"，是用来防止口水、奶水或汤汁等弄脏婴幼儿的衣服时围在其颈部的一个配件。围嘴的图案精美，色彩斑斓，图案纹样以吉祥植物花卉居多，诸如莲花、荷花等，寄托着父母对婴幼儿健康成长的美好祝愿，兼具使用价值和较高的艺术价值。

　　④绣花鞋及鞋垫。

　　客家绣花鞋制作精巧，美观大方（见图2.5）。鞋帮均用青色、黑

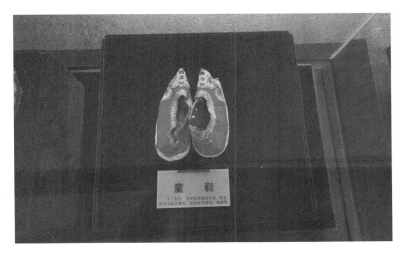

图 2.5　客家童鞋

色、蓝色或红色土布制作。鞋面主要绣有凤鸟、蝴蝶、蝙蝠等吉祥图案，鞋头多是大红、粉红、墨绿、紫蓝、淡黄、嫩白等各色丝线绣成的花样。鞋垫也十分讲究，花纹多样，既可以是动植物的造型，也可以纹有"囍""一路平安""天长地久"等字样，还有的通过简单的图案排列组成特别的造型。制作一双绣花鞋和鞋垫花费时间较长，客家妇女一般利用农闲时间制作。未出嫁的女子需要学习女红，要学会制作鞋和鞋垫。出嫁前可以集中一段时间在家赶制，俗称"赶嫁妆"。出嫁时作为嫁妆摆出来，给亲朋好友展示，鞋和鞋垫的制作工艺越精美，数量越多，说明该女子越心灵手巧，娘家大方，婆家和娘家都有面子。

赣南客家地区除了上述独特的服饰以外，在崇义、上犹一带山区仍保留有背小孩的传统背带。另外，在传统的客家婚嫁中，娘家必须为出嫁的女子准备三只特制的袋子，称为"子孙袋"（祖宗三袋）。此外还有围裙、小孩肚兜、草鞋、蓑衣、拦裙银链等具有地域特色的服饰，在此不一一赘述。

**（二）饮食民俗**

赣南客家饮食民俗文化丰富多彩，风格独特。形成了以"味型鲜辣醇厚见长、清淡脆嫩兼具、原料山野气息浓郁、烹调技法精妙考究、人文气息意蕴深远"为特色的饮食文化①。赣州被中国烹饪协会誉为"客家饮食文化的发祥地之一"。

1. 原料

赣南地处江南丘陵地带，受稻作文化的影响，主要以米食为主，即主食的主要原料为大米，饭（指干饭）和粥（指稀饭）为主要的主食形态。旧社会吃几餐饭主要由白昼时间长短决定。一般春天、夏天、秋天一日三餐，冬天一日两餐，俗语有"小雪大雪，三餐茶饭要撤歇（快速完成之意）"。农忙时节在三餐饭之间会吃茶点，俗称"打点心"，比如吃擂茶。番薯（红薯）、芋头、木薯、苞粟（玉米）等为杂粮。其中，番薯为主要的杂粮，番薯的种植面积和产量仅次于水稻，在饥荒年代被当作主食，解决了很多贫困家庭的粮食问题。菜肴的原料绝大部分来自本地的农业、畜牧业和渔业，多为自给自足。荤菜中猪肉为主要原料，其次为鱼、牛、羊肉，偶有野生动物作为珍稀菜肴的原材料，一般家里有客人才会上荤菜。蔬菜也主要取材于本地，茄子、辣椒、豆角、白菜等常见时蔬是主要原料，葱、姜、蒜为主要配料。腌菜、霉豆腐和萝卜干则是家中常备的传统小菜。一般采集棠梨树叶、嫩棘芯或莳田苞、鱼腥草茎叶泡开水，俗称泡茶或粗茶。每逢夏季，民间有饮用夏枯草、金银花等草药凉茶之习俗。

---

① 继承传统 推陈出新——赣州大力发展文化事业纪实 ［EB/OL］．［2019-10-31］．http：//jxgz.wenming.cn.

2. 烹饪方法

赣南客家菜肴的烹饪方法既继承了中原地区传统的烹饪技法，也吸收了粤菜和湘菜等南方菜肴的技法。用料以肉类为主，水产品较少；突出主料，原汁原味，真材实料，讲求酥软香浓，强调调和与搭配；注重火功，以炒、炖、烤、煲、酿见长，尤以砂锅菜闻名；造型古朴，乡土风貌明显。刀功以形粗而量多的面目出现。烹饪时间较长，实物吃起来比较脆烂。制作干饭大多习惯在大锅内将大米煮至半熟，然后捞起置入木甑大火蒸熟，米汤多用来喂猪。家家户户都长年备有浸泡酸菜的酸菜坛，内置泡萝卜、荞头、辣椒、豆角、生姜等块状或根状类蔬菜，加上盐水浸泡，俗称"浸东西"或"浸菜"。入冬之后，要腌制豆腐乳（俗称"霉豆腐"）和剁辣椒。晒腊肉、香肠、鸭子等腊味也是客家人储藏和保存食品的重要方法，有时候也会把火腿用纸裹好放在厨房房梁上烟熏。将原料抹上盐腌制几天，再在煦暖的冬日中暴晒2~3周，腊味就算制作完成。赣南客家地区制作擂茶工艺特别，先将细茶或粗茶之叶用擂罐捣碎，加入油、盐、生姜、芝麻、花生仁碾碎炒香，制成茶泥（又称为"飨料"），饮时取茶泥少许冲入开水，有的将做熟剁碎的大蒜、青菜、煎豆腐、肉丁、香菇丁、粉干、粉皮以及油炸碾碎的花生米、豆子、糍酥等添入茶碗内。这种擂茶色、香、味俱佳。

3. 饮食特点

赣南客家菜具有以下特点：

（1）原汁原味。在食物选料上力求野生、家养、粗种，尽量要求食物原料的自然种植或养殖，保持纯正的大自然味道。在烹饪技法上以煮、煲、蒸和炖等方法居多，尽量不破坏食物原有的鲜香味。在佐料选择上以葱姜蒜为主，大料使用较少。因此，很好地保持了菜肴的原味。

（2）风格多元。受赣菜、粤菜、湘菜等多种菜系的影响，赣南客家菜也表现出风格多元的特点。既有湘菜的香辣味道，又有粤菜的鲜美风格，还有赣菜的浓郁厚重。南北风味兼而有之。甚至在饮食习惯上也保留有周边地区的习俗。对菜肴的喜好较为多元，甚至因季节而变。一般冬季喜好大鱼、大肉、红烧狗肉等；夏季则讲究清淡。南部的安远诸县，民间有"春鸡、夏犬、秋鸭、冬牛"之说。

（3）特色多样。赣南客家特色菜较多，每个县都有本地的特色名菜。赣南客家具有代表性的名菜有三杯鸡、小炒鱼、烩鱼饼、鱼丸、荔枝鱼卷、烩肉皮、荷包扎（即米粉肉）、粉蒸鱼（肉）（见图2.6）、籴鱼丝、炒东坡（猪大肠）、炒田鸡、炒肚尖、肚片、酿豆腐、红烧狗肉、流浪鸡、炒仔鸭、酸酒鸭等。

图 2.6　兴国米粉肉

（4）内涵丰富。赣南客家菜不仅在色香味方面十分考究，而且很多菜肴的背后还有故事传说，赋予了丰富的文化内涵。如醋果子炒大肠（与苏东坡有关）、客家荷包肉（又名状元菜）、文山鸡丁（与文天祥有关）、"四星望月"（与毛主席有关）。这些菜肴故事是一张重要的文化名片，充分彰显了客家文化的无穷魅力，是不可多得的文化资源。

4. 酒宴习俗

热情好客是赣南客家人的优良传统。每逢重大节日或者家有喜事，如婚丧嫁娶、乔迁添丁、升学做寿，甚至喜庆丰收、开业庆典等，客家人都要摆酒设宴，盛情款待亲朋好友。有很多宴席的饮食习惯还保存至今，成为一种独特的文化现象。

（1）筹备。

为了筹备一场重要的宴席，客家人要提前大半年开始精心谋划：请地理先生选好黄道吉日，提前给亲朋好友发送请帖，购买糯米酿好米酒，根据宴请期间能够莅临的客人预算好桌数，并先购买好笋干、腐竹之类的干货。家中要先养好猪，如果没有养猪或没有快要出栏的猪，还要事前联系好一头活猪，待到宴会当天宰杀。一两周前要聘请好厨倌师傅和主事的"掌翰"先生。厨倌师傅通常由杀猪的屠夫担任，也可以由家族中能妇兼任，而"掌翰"先生则由深谙礼俗且文化水平较高的家族"笔杆子"担任。这两人在宴席中担任重要角色，宴席结束时东家要送上一块一两斤的"肉刀"（条形肉）和红包以表谢意。除此之外，还要请帮厨用工和搬运桌凳碗筷的勤杂工，都是亲朋好友来帮忙的。所有人员要在宴席前 1～2 天到东家筹备宴席，按东家开出的菜单配好酒菜，摆好桌凳和碗筷，确保一切就绪。

（2）迎客。

宴席都是在祠堂或自家厅下举行，日子的前一天的晚餐和当天的午餐都是隆重的正餐。客人一般都要在头一天到家道贺。客人进门后，负责接待的人员热情为客人端茶倒水，并端上瓜子、花生等零食和水果，供客人享用。重要的客人（如外公、母舅等）还要在大门口燃放鞭炮迎接（甚至要到家里去迎接），双手将客人的礼品接下。

（3）写礼。

每次摆酒东家会专门设置礼局。礼局是整个宴会的调度部门，负责处理宴会的所有事务，并接纳登记亲朋好友的贺礼及礼品。贺礼及礼品用礼簿登记成册。礼金的多少与客人的亲疏关系有关，一般而言，礼金的大小讲究"礼尚往来"，同等关系的礼金必须一样，否则被认为是"跌古"，没有面子。岳父岳母的贺礼最大，兄弟姐妹和女儿女婿的次之，其他亲朋好友均要比他们少，但也有一定的行情。礼金不包整数，一般要"出头"，如 102，320 等，寄意为"出人头地"。东家收的礼金越多，前来贺喜的人越多，摆酒的桌数越多，表明东家人缘越好，越有面子。

（4）坐席。

坐席也特别有讲究。如果宴会安排在祠堂，则上厅、中厅主要安排男宾客，下厅安排女宾客和孩子们。一般摆放八仙桌，每桌坐八人。开席之前，负责宴席的总指挥（"掌翰"或司仪）首先要安排好重要客人的位置，俗称"安席"，外公或母舅公必须安排在客厅最上面一桌靠近神龛的左手边位置，该位置为首席，上席还要安排人专门负责后勤。其他主要亲戚按照亲疏关系及辈分依次落座，主要亲戚落座之后，其他亲朋才可以落座，也要分清长幼尊卑。落座之前一定要谦让一番，以示尊重。安席完毕，鞭炮齐鸣，如有乐队，还要奏乐，宴席正式开始。

（5）开席。

待宴席开始之后，客家宴席的菜肴丰富，品种多样，各地有不同的习俗。譬如赣南北片石城、宁都一带，有围全席（官席）与普通席（民席）之分。中部于都、赣县、赣州市区及西片大余、上犹、崇义、南康市等地，宴席普遍有四盘五碗（称五烩四）、四盘六碗（六烩四）、四盘八碗（四盘八）、九大碗等，比这些规格更高的或以四盘八另加六小碟（称顺席），或以四盘八另加十二碟（称倒席），还有四炒、四蒸、四炸另加九小碟（称三滴水）。南片龙南、定南、全南、安远、寻乌等地，宴席有十碗四盘和四盘八碗，皆以鱼丝（代燕窝）为头菜，且皆有猪肉（约1公斤的整块熟肉）上席[①]。上菜的顺序也有讲究，有的地方先上一碗明笋（笋干），肉菜次上，最后上汤和青菜。特殊的宴席还要上特别的主食或菜品，如"满月酒"要上汤粉和三牲（俗称"打汤"）、红鸡蛋和米果，做寿要上长寿面等。

（6）敬酒。

赣南客家人热情好客，做酒必上客家自酿米酒。米酒越浓，代表东家越舍得。先上淡酒垫底，后上酒酿冲劲。东家还要到每桌为客人斟酒和敬酒，并感谢亲朋好友的大驾光临，热情叮嘱客人吃好喝好。客人也祝贺东家万事如意。席间，厨倌师傅还要为每桌添加几块红烧肉，俗称"加意"，也代表添喜添福。客人要夸奖厨倌师傅手艺好，菜炒得好吃。

（7）散席。

---

① 万幼楠. 赣南围屋研究［M］. 哈尔滨：黑龙江人民出版社，2006.

若主桌的主宾等重要宾客未起身离席，则其他桌也不能散席。待到主宾及主桌离席之后，整个宴席才宣告结束。散席后，客人们可以把没有吃完的菜肴按桌上人数均分好，各自打包回家，送礼了但没有参加宴席的也要算一份，这一习俗叫"折菜"。临走时，东家要给参加宴会的每个小孩子发红包，并给客人们回赠礼物或红包，俗称"打发"，客人一番推辞后也就收下了。对远道而来的客人，东家还要挽留其多住几天。所有客人都散席后，东家还要请所有前来帮忙的人将从各家借用的桌凳碗筷物归原主，并再次设宴款待，以感谢他们此次宴会所付出的辛勤劳动。

5. 日常家宴习俗

赣南客家传统饮食习俗中，日常家宴也很有讲究。传统社会里，餐桌一般为八仙桌，摆放在厅下或巷的位置。桌子的横板必须与上席的位置平行，饭前饭后碗筷的摆放都要整齐有序。正对大门、背靠神龛的位置为上席，又以靠左手边位置为大。坐席讲究长幼尊卑、尊老爱幼的原则，并有很多封建礼仪：六人共席，忌"两人对面、四人对席"，俗称"龟坐"。父子如果在同一张桌子，不能面对面坐，兄弟不坐在同一张凳子上，有俗称"父子不对面，兄弟不共凳"。家有客人时，客人必须坐上席，家中女人和小孩不上桌。客人要主动邀请家里的其他成员上桌。没有客人时，家中年龄最长的男性必须坐上席。爷爷坐上席，儿子不能一起坐上席，但可以让孙子一起陪坐上席。成年的小伙一般坐在门口上菜的位置，并要主动为全桌人端茶倒酒，把酒壶嘴和茶壶嘴朝自己放在手边，随时准备为他人服务。

用餐时，先上肉类等好菜，好菜必须摆放在中间位置，俗语为"肉不走边"，并留出一定距离摆放用餐人员碗筷。坐上席者未举筷夹菜，其他人不能先动筷夹菜。忌用筷子在菜盘里任意翻动。别人夹菜时忌从手的上方或下方交叉夹菜，也不能站起来夹菜。客人在夹菜时一般不主动夹荤菜，为表现热情，东家一边催促食菜："食菜食菜！家里冇什么好食的东西，不要演文（'客气'之意）"，一边会主动把荤菜大菜夹入客人碗里，甚至还要夹到其嘴边，客人要起身端碗接上，并谦让推辞说："认真吃囊了（'吃足了'之意，但不能说'吃腻了'），捱不晓得演文。"客家人称斟酒为"筛酒"，一般用酒壶筛。筛酒时不能把酒壶嘴正对着客人筛，也不能反手筛，否则不礼貌。客人也要起身，并用手挡住酒壶说："有有有！"东家要执意给客人筛满。客人吃完饭要等其他人吃完后，再把碗筷放下摆好，并提醒说："大家消停食（'慢用'之意）。"东家要说："就食这么一点?!"并主动为客人筛更浓的酒。进门后和退席后，东家均要端上一盆温水和毛巾供客人洗手。客人要返程时东家一定要主动热情挽留其多住几日，客人执意要走时，东家一定要给客人拿一些糖果带回家给小孩吃，如果客人来时给了红包，走的时候东家一定要加赠一些礼金包回给客人。

**（三）居住民俗**

1. 房屋建造民俗

在赣南客家人眼里，建造房屋是造福千秋万代、庇佑子子孙孙的丰功伟业。一代人甚至几代人会举全家之财富和精力建房做屋。建造一栋万载兴隆的房子既是赣南客家人能力和财富的象征，也是他们心中的毕生追求和留给子孙后代的宝贵遗产，是千百年来延续和传承的习俗。在房屋建造的过程中，选址、布局、破土动工、安门、上梁、乔迁等各个环节均保留有独特的风俗习惯，且种类繁多，故有"买田容易做屋难"的说法。

（1）选址。

赣南客家人十分重视房屋的选址问题。在建造房屋之前，首先要选择合适的地方。风水信仰对客家人的房屋选址影响十分深远，在客家人眼里，选择一块风水宝地作为屋场事关整个家族的兴衰成败与运势走向。因此，在有建房的意愿之前必请风水先生（俗称"地理先生"）看看风水。"负阴抱阳、背山面水"是房屋选址的基本原则。房屋的朝向、地势的高低、水源的位置、周围环境的情况是房屋选址要考虑的诸多因素。俗语有："坐北朝南，有食清闲（han）；坐南朝北，神仙住呒得。"一般而言，房屋坐北朝南、依山傍水、交通便利、通风采光、取水方便、视野开阔、前有朝山、后有靠山、流水环绕是好的选址，而出门见寺庙、坟墓、岔路口、巷子口、沟谷、直冲的河流或道路等被认为是"冲煞",是最为忌讳并要尽量回避的地方。十分理想的风水宝地往往很难找到,可以通过"修风水"的方式弥补选址上的不足。因此,在赣南客家地区,风水林、风水池塘、泰山石等风水景观在房屋周边十分常见。在阳宅和阴宅前选址建房,如果遮挡了视线,影响到他人的风水屋场,在客家人认为这是不可以容忍的,经常导致邻里纠纷甚至兄弟反目为仇。

(2)布局。

在新建房屋布局过程中,同样十分讲究风水思想。赣南客家人有句俗话:"不怕青龙高万丈,最怕白虎高一拳",指的是正栋(往往是客厅所在位置)的左边可以比右边高,但最忌讳右边比左边高。同时房屋还要讲究整体协调对称、主次分明。如"三南地区"(龙南、定南、全南)的围屋布局有住房、畜舍、农具间、厕所的设置,主次分明,清污隔离。围屋的上厅要比下厅的地势更高、进深更大一些,有利于通风、采光和排水,在视觉上也更具层次感。围屋大门前有供晾晒、活动的禾坪,以及照壁、池塘等,兼具功能性和美观性。围屋多依山而建,突出中轴堂屋,主屋旁边的附宅摆布要比主屋低一些,并讲求对称协调,这样既突出主题,又美观漂亮。

(3)破土动工。

破土动工是房屋建造的奠基之日,破土的仪式寓意着退避"太岁"的信仰,同样要请地理先生算卦择日,时间要精确到时辰,所选时间最好为历书中的黄道吉日,不能与主人及子孙的生肖相克相冲,同时也要考虑农事活动和气候的因素,每年雨水较少的冬天是房屋建造动工首选。赣南客家还有"五月不上屋"的禁忌,即五月里不砌房盖屋。破土动工时,同样要举行隆重的奠基仪式,一般由家族德高望重的长辈主持,先杀"三牲"祭祀土地神,再由工匠打桩定线(俗称"牵桩"),燃放鞭炮,开挖破土,象征房屋建造正式开始。动工之日,东家要宰杀头牲和炸米果,用好酒好菜宴请工匠,如宁都地区有"落石脚酒"的习俗。在房屋建造时,如果需要开挖山本,往往需要在房屋的后山挖出一层层水平梯级，即"阳段"，减少山体滑坡和山洪冲刷对房屋造成危害的风险。

（4）安门设窗。

房屋开始建造之初，就要首先确定大门的位置。大门一般安置在房屋的中轴线上。大门的朝向决定了房屋的整体朝向，甚至决定了整个房屋的风水。大门前方要有出口，视野要开阔，不应有其他建筑物或山丘树木等物体的阻挡，如远处有正对的笔架山峰或类似山峰的高大建筑，山峰山形美观，且具生气，风景宜人，则可出读书人，所谓"山峦培秀士，世代出人才"。安置大门也是一项重要的仪式，俗称"竖门""起门"或"安门"。"竖门"时首先把大门门框竖起，请地理先生用罗盘定好方位，并在门上贴"安门大吉""百世荣昌"之类的大红吉联，门楣悬挂俗称"门红"的红布，燃放鞭炮，亲朋好友在"竖门"之日也会前来贺喜。

（5）建房。

赣南客家人在建房时大多因地制宜、就地取材。传统民居的墙体一般分为夯墙和砖墙两类：夯墙用黏土夯制而成，而砖墙用黏土制成土坯，再由土坯与梁瓦组合堆砌而成。如常见的围屋主要是由夯墙构成。"基础不牢，地动山摇"，建造之初首先要打牢墙基。墙基一般用石块与灰浆砌造，有利于防震抗涝。墙基的高度一般为四尺左右。打好墙基后，再夯筑土墙或砌土坯。制作舂墙和土坯的原料往往是黏性极好的泥质红壤或犁底层土壤。夯墙的技术要求比较高，夯墙之前，先要对原材料进行筛选、填充小石料或石灰等加工处理，搅拌均匀做成熟泥之后，用木板做成墙体的模具，并加一些木条作为"墙板"，往模板中填充熟泥，用专用的木棒夯实即可。而砖墙则先往木板制成的小方格模具中填充熟泥，并加一些干稻草作为黏合物，用脚踩紧压实，用手抹平，抽出模具后土坯成型，水分经自然晾晒或晒干后，土坯便制作完成。再选用上等的黄泥作为黏合剂，将预制好的土坯按照设计的房屋格局层层码实，到一层楼高度之后加放上木梁和门窗，主体结构便基本成型。

做屋期间，东家要负责工匠师傅的一日三餐饮食，上午和下午还要安排一次"食茶"的休息时间，"食茶"主要是吃点米果和煮粉干之类的点心。做屋期间，东家舍得把家里最好的东西拿出来给工匠们吃好喝好，目的是希望他们尽心竭力把家里的房子做好，确保房子的建筑质量。做屋期间，家中主要亲戚要备办鱼肉鸡给娘家送"饭餐"，亲朋好友也会"赠工"（即出力帮忙）。主人及所有工匠在建房期间都要说吉利之言，忌讳说不吉之词，祈求一切顺利平安。

（6）上梁。

上梁是新居基本落成的重要标志性事件，因此赣南客家人对上梁仪式十分重视。上梁的时间一般选在正午，如果落成时间不合适，可以延后至第二天正午。客家上梁习俗甚为讲究，要请工匠头人"喝彩""撒粮米""撒富贵粑"。俗话说："上梁不正下梁歪。"上梁首先要选好生长时长、两端粗细均匀、笔直的上等杉木作为大梁材料。大梁选好后要钉红，即由木匠师傅将红布楔入大梁。钉红之后先抬大梁左端，后抬大梁右端。看着大梁升起，鞭炮声响起，工匠头人高声喊道："吉日上梁，来日发财，世代兴隆，富贵双全，高升！高升！"祈求房屋主人的子孙后代世代繁荣。在一片喝彩声中，大梁被牢牢安放在堂屋墙上。大梁正中要贴上"世代兴隆""财丁兴旺""世代书香"等吉语。为图吉利，新梁上要悬挂装有五谷种子的红布袋，朋友可随意赠送钱或物。内亲则要馈赠鸡、鱼、肉、粉干或面条，还要出力相助，名曰"赠工"。上梁之后，主人还要杀一只雄鸡，并围绕房顶走一圈，将鸡血洒在两垛架梁处，并将鸡丢入堂屋，意为满堂红，祈求每一房的子孙都繁荣昌盛。同样，主人也要在上梁之日设宴款待亲朋好友和工匠师傅。

（7）乔迁。

赣南客家人将建房和乔迁视为重大喜庆之事，同样要举行隆重的仪式。"乔迁"被客家人称为"过火""进火"或"搬新屋"。乔迁的时间同样要请地理先生择吉日。时间须在择定吉日的黎明前。一大早，由本族多子多孙的一对夫妇先站立门内，待外边祭过门神，他们便在鞭炮声中，边唱诵边开门："左门开，财丁来；右门开，富贵来；财丁富贵一齐来。"并打开房门。大门开启之后，走在最前面房屋的男主人挑出燃烧正旺的火炉和锅灶，所谓"搬家先搬灶"。其后是女主人抱着饭甑，拿着锅铲，甑内用红纸包着"五谷"；随后为子孙拿着火铲、捞勺之类的炊事用具，每样用具须贴上红纸，跟随他们后面的，不论男女老幼，人人都肩挑或手提家具、用物，切忌空手入门，新房子还有人要"接火"。这些仪式都是祈求乔迁之后日子红红火火、五谷丰登、子孙繁衍。乔迁之日，东家同样要设宴邀请亲朋好友到新屋共庆乔迁之喜。男主人的岳父则要送碗筷、盘杯、发糕、芹菜等日常用品或食品，内亲送鱼、肉、鸡、镜屏，一般亲友送贺礼等，有的地方亲戚朋友还会送菜或带菜，期待主人入住新家后勤俭持家、家业发达。

2. 主要的建筑形态

赣南客家民居大致可分为两种类型，即"厅屋组合式"民居和"围屋"民居。"组合式"民居分布于全区各县市，是赣南民居的主流形态。

（1）客家围屋。

赣南客家传统民居中最具特色的建筑景观为赣南围屋（见图2.7），

图 2.7  龙南客家围屋

俗称"土围子"，现存有 500 多所，主要分布在龙南县、定南县、全南县、安远县、寻乌县和信丰县等地。据考证，这是公元 3 世纪东汉中后期中原地区大庄园主的典型住宅形式。围屋的内部结构不尽相同，各具特色，详细可参阅万幼楠所著的《赣南围屋研究》①。赣南客家围屋有四个特点：①防御功能强大。围屋在主房四周围以高墙且在四角建有炮楼的特殊建筑，围墙上和炮楼开有许多枪眼炮洞，可交叉射击而形成抵御外敌入侵的火力网，具有很强的防御功能。②居住功能完善。围屋不仅具有强大的防御功能，而且在居住功能上的考量更是匠心独具。为了使坚守在围屋内的人员不断粮断水，大部分围屋内有水井，在储备粮食方面也有高招，如杨村燕翼围用红薯粉制成砖块状，在围内高楼上砌成假墙，还将食用粉刷在墙上，这种特殊方法储藏的粮食可供围内人食用半年以上。③建筑艺术高超，客家围屋的设计风格独特，符合传统建筑美学的要求。围屋中保存有大量精美的木雕、石刻、绘画，集精巧的建筑结构和精湛的建筑技艺于一身，堪称世界建筑史上的一枝奇葩。④文化资源丰富。围屋有大量的对联词句，洋溢着浓郁的文学艺术韵味。一代代围屋里的人上演着许许多多动人的故事和风俗习惯，这些故事、传说和习俗与围屋一起保存至今，成为不可多得的文化遗产。可以说，客家围屋是承载着千年客家文化的文化综合体，是研究和传承客家文化及中原文化的活化石，也是一部记载着客家人迁徙定居、繁衍生息的文化史。目前国内外有诸多学者对客家围屋开展了大量的相关研究，在这里不再展开论述。

（2）"厅屋组合式"民居。

另一种具有典型赣南地域特色的民居为"厅屋组合式"民居。这种民居一般由"厅"（或称"厅厦"）、巷、正间、横屋和附宅等组成，实质上是脱胎于古代中原庭院府第式民居。建筑结构主要以土木混合结构和砖木混合结构并存，但土木结构是主流。富裕人家用青砖灰瓦建造，普通平民以土坯建造居多。"四扇三间"（也称"三间过"）为

①　万幼楠.赣南围屋研究［M］.哈尔滨：黑龙江人民出版社，2006.

这种民居最为常见的平面结构（见图2.8），即一明两暗的三间房。

图2.8　赣南客家"四扇三间"传统民居

"厅"又可分为前厅和后厅，合称为"正厅"，正厅上很流行使用太师壁，壁上设神龛，壁前正中放神案。正厅是家庭的重要公共场所，红白喜事等重大仪式皆在此举办。正厅中间往往有"天井"，供采光通风用。整个民居以正屋的正厅为中轴线，加上两侧的巷和横屋，构成了一幢通称为"两堂两横"式房屋。房屋前面一般有禾坪，供晾晒谷子和平时娱乐休闲用，禾坪外加盖一圈围墙，并设置门楼作为主要出入口，与主屋形成相对封闭的空间。厅堂正门前的围墙外有一半圆形的池塘，既可以成为调节气候、娱乐休闲的景观，也可以作为养鱼洗衣、防火取水的重要功能用水来源。赣南大部分客家民居以此为主流，各县均有分布，但以东北部的宁都、兴国、石城、于都等县为盛，也最具代表性。规模大一点的"厅屋组合式"民居有"九井十八厅"和"九厅十八井"，这是当地人建房追求的最高境界，也是屋主人财富和身份的象征。

（3）祠堂。

祠堂，又称"宗祠"或"家庙"。在赣南客家地区传统村落中散布着各种大大小小的祠堂。据 2011 年结束的赣州市第三次全国文物普查资料统计（不完全统计），赣南地区共有 1100 余座祠堂，还有很多祠堂因规模大小和舍取原因没有在统计范围之内。祠堂属民间礼制性建筑，空间布局多为"两进三厅"合院式，以天井间隔分为两进院落，一般有前、中、后三厅，以厅为中轴线，其他建筑对称分布在两侧（见图 2.9）。前厅为迎送客人的地方，中厅为祭拜先祖和开展重大仪式

图 2.9　赣南客家祠堂

的地方，是祠堂的最核心部位，后厅为安放神灵的地方。祠堂又可分为总祠、分祠（房祠）和支祠，它们之间的族群关系反映了家族的谱系关系。祠堂既是族人安放先灵、开展祭祀活动的地方，维系着整个家族的血脉之情，也是村民们举办红白喜事的公共场所。祠堂的建造往往集中了全族的人力、财力和智慧。一般而言，无论从建筑规模、材质工艺还是艺术价值的高度，祠堂均是客家地区传统建筑中首屈一指的文化景观，记录了整个家族的兴衰史，承载了很多文化信息。它是一个家族的权势和地位的象征，也是客家人祖先崇拜的精神寄托之地。客家祠堂的研究也较为成熟，具体可参阅林晓平的《客家祠堂与文化》①。

---

① 林晓平．客家祠堂与文化 [M]．哈尔滨：黑龙江人民出版社，2006.

### （四）出行习俗

赣南客家人出行非常讲究时间的选择，出门之前均要请地理先生看黄历选日子和时辰。出门之后还要看看周围事物是否适合出门，因而滋生了许多具有客家特色的出行禁忌。出门办事忌逢"三煞日""空亡时"。有俗语称："初五、十四、二十三，外面有钱莫去贪。"意思为出远门应尽量避开的日子。最典型的是大年初三被称为"穷鬼日"，不外出，不宴请。外出做客，有"逢七不去，逢八不回"之说。即逢七的日子不去走亲戚，逢八的日子不回家，这里面含有"七生八死""七衰八败"之意。在客家人眼里，初一、十五是敬神敬祖宗祭鬼的日子，因此有初一、十五不探亲、不看望病人之说。看望病人一定要在上午，下午忌带礼物看望病人。惊蛰至春社之间和农历六月最后一天至七月十四日，忌走亲戚。

除时间的选择之外，赣南客家人出行还有很多忌讳。如有孝在身的人以及同死者有过接触的人不能到处探访、串门、接触别人，更不能到刚砌了新灶的人家里去串门。出门不能看见蛇交配，也不能看见赶种猪的人，否则会不吉利。遇到乌鸦叫，要连声"呸、呸、呸"地吐口水，并且说"好事来，歹事去""好事来来往往，歹事远走他方"，以求逢凶化吉。俗语有"正月莫捡鹰打鸡，二月莫捡死狐狸，三月莫见蛇相会，四月莫见茅拉锯"。儿童启蒙入学第一天，忌走牛先走过的路，否则有不吉利和愚蠢（因"牛"与"愚"谐音）之嫌，故多在凌晨由父兄背着，赶在农家早上放牛之前入学。

与出行密切相关的文化景观有赣南客家风雨亭（茶亭），在赣南大大小小的村落里均有分布。风雨亭一般建在人流量比较大的驿道旁边，交叉路口、隘口是较好的地点选择，成为行人避风躲雨、歇脚休息的地方，也是亲朋好友、爱者情人送别之处。亭阁的形态多种多样，有民居式的、有牌坊式的；有土木结构的、有砖石结构的；有全族人捐建的，也有一家人或几个人捐造的。亭子的墙上有很多题壁、漫画、打油诗、小笑话、警世良言等。每到夏天，当地居民每天都会无偿地烧好茶水放在亭子里，供南来北往的路人止渴解乏。在客家人看来，修路架桥、建亭修庙、多做善事是一件积善修德的好事。

## 三、赣南客家物质民俗的地理学解释

### （一）赣南客家物质民俗与自然环境的关系

自然环境是人类赖以生存发展的物质空间和能量来源。人类社会与自然环境构成人地关系地域系统。在这个系统里，人与自然相互影响、相互制约。人类社会在不断演进的过程中，创造了丰富多彩的社会文化，同时，也深刻改变着休戚与共的自然环境。可以说，社会文化是环境的一面镜子，是自然演化与发展的产物。民俗文化是由不同地域人群在与自然环境相互作用过程中形成的一种社会文化现象。因此，在民俗文化中有着深深的自然环境烙印。在一定程度上，民俗文化反映了人类认识自然和改造自然的基本过程。赣南客家民俗文化是在赣南独特的自然地理环境下生成、发育、演化和不断丰富完善形成的，是赣南人们智慧的结晶。在独特的赣南民俗文化里可以找到自然环境的影子。

在生产民俗中，农业生产活动受自然环境的影响最为明显。对于农业生产来说，自然环境是主要的生产对象和场所，也是农业生产活动的自然基础，并作为农业生产力的一部分参与了农业生产过程。农业生产活动很大程度上受制于自然环境。

赣南客家地区地处中亚热带南缘，属丘陵地区，受亚热带季风气候影响明显，雨热同期。独特的地貌类型和气候类型形成了一年两熟的稻作生产习俗。这种生产习俗表现出明显的季节性、不稳定性和周期长等特点。尽管随着科学技术的发展，传统的农业生产活动受地理环境影响逐渐下降，但还是不能完全脱离于自然环境。且受文化惯性的影响，农业生产民俗还保留得较为完整，并且在一定范围内长期存在。受自然条件（尤其是气候条件）的影响，不同时节开展的生产民俗均因时而动，因事而为，是人们受制于自然环境的反映，也是人们在掌握和利用自然规律的基础上创造出来的文化事项。如播种季节对土地神、禾官菩萨（即五谷神）等神灵的祭祀与崇拜，摆"莳田酒"和"做满仓"等宴请活动均是人们充分利用自然环境开展农事活动的表现。"倒稿"的习俗是利用自然生物过程的堆肥发酵的一个过程，充分反映了赣南客家人对耕地演化和作物生长规律的了解、认识与掌握，是认识自然和改造自然的文化积淀。赣南客家的主要经济作物——"木梓"是大自然丰厚的馈赠。"摘木梓"的习俗是当地人从自然界获取资源的直接体现。

除农事习俗之外，畜牧业和手工业也在一定程度上反映了人与自然的关系。猪和牛是赣南地区主要的饲养牲口，比较适合在赣南地区的自然环境中生长。因此，在挑选不同牲口品种的过程中讲究比较多，特别重视外观的筛选和疾病的防疫。这些习俗是人们在长期的自然实践中总结得来的，遵循着一定的自然规律。违背了这些规律，生产活动将会受到影响。木匠、泥匠、裁缝等手工业的民俗则反映出人们对自然产品的加工处理技术。掌握和传承这些技术既是一代代人的文化坚持与传承，也是人们利用自然和改造自然的经验总结与创新。

生活民俗与自然环境的关系更加密切，也更加显性，主要表现在人们在衣、食、住、行中，时时处处可以找到自然环境作用的影子。

服饰主要用于抵御寒冷和保护人身安全。从服饰民俗来说，气候对服饰的影响表现最为明显。在炎热地区，传统服饰薄而透气且宽松，颜色以浅色为主。而在寒冷地区，传统服饰则厚实而注重防寒，颜色以深色为主。相较于北方地区，赣南地区气温较高，冬暖夏凉的传统服饰较为常见。从原料的选取来看，大多数的服饰原料均为就地取材，以苎麻、葛、棉、蚕丝及蓝靛居多。从服饰的款式来看，为了适应当地气候，服饰乃以中原服饰"大襟衫""大裆裤"为基础，加以简单改造成为客家特有的常服。这种服饰具有造型简单、穿着方便、透气通风、适合湿润炎热的环境穿着等特点，方便客家人居家起居和田间劳作。从服饰的色彩来看，客家传统服饰以蓝、白颜色居多，淡雅清爽，与当地气候较为协调。以具有客家特色的冬头帕为例，冬头帕是客家中老年妇女常戴在头上的一种配饰，具有保暖御寒、防风防湿气的功能，这与当地的气候密切相关。客家地区大多处于空气潮湿、冬季温度较低的地方，在头上戴上冬头帕可以抵御寒风和湿气，这是一种典型的文化适应现象。

饮食民俗也与自然环境密切相关。一般而言，气候宜人、物产丰富的地区，人们的饮食风格比较精细，菜系品质也比较丰富，而气候恶劣、物产匮乏的地区，人们的饮食风格比较粗陋，菜系比较单一。传统农业社会里，不同的耕作制度和作物种类是与地区气候条件相适应的。"南米北面"的饮食基本格局就是我国水热条件空间差异的最明显表现。在赣南客家饮食民俗中，从选材来看，大多来源本土，主食以大米居多，用料讲究鲜嫩，讲究野生、家养、粗种；从加工手法来看，以煮、煲、炖、炒的方式居多，讲究粗刀大块，不破坏食物营养与纤维，强调养生保健。晒腊货是赣南客家地区最为常见的一种特色保存肉制品的方式。腊货的晒制就是充分利用了赣南地区冬天气温低、湿度小、阳光足的气候特点。可见，饮食文化也是人们在长期生活过程中与自然环境协调融合的结果。

自然环境对居住民俗也有较为深刻的影响。我国民居的种类繁多，如口袋房、四合院、窑洞、账房、吊脚楼、围屋等，这些民居不仅在房屋的造型、结构、布局、材料、建筑工艺、功能等方面千差万别，而且在房屋选址、建造程序、建房禁忌等方面的习俗也各有不同。这些居住民俗的地域差异很大程度上源自自然环境的地域差异。赣南地区地处江南丘陵地带，独特的地形地貌和气候水文条件形成了具有典型地域特色的居住民俗。从房屋选址来看，背山面水、藏风得水的"风水宝地"是房屋营造的好地方；从房屋空间布局来看，"四水归堂"的天井式民居较为常见，屋顶大多采用高而尖的斜坡顶，有利于通风、透气、排水和采光，冬暖夏凉；从房屋的取材来看，墙面以黏性极强的泥土夯制而成，房顶用黏土烧制的瓦片铺盖，石材较为丰富的山区则以石块为基础，对稳固房屋结构很有帮助；从建房习俗来看，重视破土动工、安门、上梁、乔迁等各个环节，表面上是一种仪式或象征，深层次则反映了人们对自然环境的自我调节与适应过程，也可以理解为是面对自然的心理慰藉与敬畏。

交通民俗的形成与演变也受自然环境的影响与制约较为明显。河网密度、河流的水文特征及地形等多种自然环境要素会产生具有不同特色的交通方式。河流较多的地区桥与船较为常见，而地势平坦的平原地区车和马较为常见。赣南客家地区山高路远，传统的出行方式主要以步行为主。因此，赣南客家风雨亭（茶亭）散落在每一个村落。风雨亭的选址往往会充分考虑地形因素。道路的选线也要根据山的走向、海拔高度、河流的流向等要素合理布局。

**（二）赣南物质民俗文化的传承与扩散**

民俗文化不是一成不变的，它会随着时间的变迁和空间的位移而发生变化，具体表现为在时间上的文化传承和空间上的文化扩散。文化传承是民俗的形成、发展与演变的时间过程，文化扩散是民俗在不同区域间的空间过程。这两种过程均具有复杂性、可变性、差异性和多样性的特点。在赣南客家地区，民俗文化的传承与扩散也具有显著的地域特征。

客家人有"宁卖祖宗田、不忘祖宗言"的说法，因此文化传承是客家人长期的坚守。从文化传承的角度来看，客家民俗文化自古传承至今，在传承与发扬的过程中不断吸纳和融合外来文化的优秀基因，逐渐形成自己的文化特质。所谓"客从中原来"，客家人从中原地区大举南迁，在南蛮之地把中原文化作为联结族群凝聚力的纽带。因此，客家文化中带有很多中原文化的痕迹。譬如，物质民俗文化中的天井式民居，是古代中原汉族府第风格民居形式的沿袭。这种民居布局严谨，秩序工整，讲究中轴式对称，大堂多，天井多，做工讲究，工艺精美，多为崇儒世家所建，秉承了中原儒家文化的精髓。客家服饰中的长袖男装"大襟衫"，正面开缝，用布纽扣，从形制至名称均与中原地区的"唐装"极为相似。客家妇女爱穿的围裙，俗名"围身裙"，用以蔽胸腹，也是袭自"汉时犊鼻裤旧制"（清·黄钊《石窟一征·礼俗》）。可见，客家物质民俗文化中处处有中原文化的印迹，是与中原文化一脉相承的。

从文化扩散的角度来看，人口迁徙是文化扩散的一种重要途径。在人类历史上，战争、灾害或其他原因迫使某个民族或某个地区的人群发生大规模且较长距离的迁徙。在人口迁徙的过程中，民俗文化也会随着人口的迁徙而实现空间上的扩散。空间的扩散结果有两种，一种是原有的民俗迁出后，因为失去了存在的自然基础或社会背景而逐渐消亡，另一种是原有的民俗与迁入地的民俗相互交融，形成新的民俗。客家民系的形成就是一部中原地区汉人大迁徙的历史。客家民俗文化是中原民俗文化在南方地区的传播与扩散，它既保留有中原民俗文化的特性，又与当地文化交流融合，形成独特的客家文化。譬如具有典型特征的客家围屋，在形制上既保留有中原建筑的风格，又受到南方地区独特自然环境的影响和本土土著文化的胁迫，造就了形式和功能上独具特色的客家建筑景观，是当地少数民族文化与中原文化在地理空间上的一次完美融合。

另外，地理环境的差异性也会导致民俗文化在空间传播中发生"基因变异"。譬如在我国长江中下游地区和珠江流域地区，地势相对平坦、河流水域面积开阔、水流平缓，很多地区都有赛龙舟的习俗。而这种赛龙舟的习俗在赣南地区却与众不同，龙南的池塘赛龙舟活动就是在地势不开阔、水域面积不足的情况下催生的一种特殊习俗。可见，民俗文化在空间传播的过程中也会受到地理环境差异性的影响。除此之外，地理环境对民俗文化空间传播的影响还表现在地形上。从客家人口迁徙的路径可以看出，河谷平原、山间盆地和低矮丘陵是客家人迁徙过程中的主要通道，也是客家人主要的聚居地。崎岖的地形不仅阻碍了交通，更阻碍了民俗文化的交流与融合。在信息社会的今天也是如此，远离都市、交通相对闭塞的乡村往往是赣南客家民俗保存较为完整的地区。从这个意义上而言，封闭的地理环境一方面有利于本土文化的保存，另一方面又不利于与外来文化的交流与融合、吸纳外来文化的优势，是文化空间传播过程中的一把双刃剑。

## 第二节　赣南客家社会生活民俗概述及其地理成因

### 一、赣南客家人生仪式民俗概述

赣南客家人对生育、成人、结婚及丧葬等人生大事均非常讲究，往往都有隆重的仪式。

## （一）生育民俗

我国古代一向重视"生"。"生"在人类长期的繁衍生息过程中起着非常重要的作用，也因此积淀了丰富多彩的生育文化。受传统道德观念的影响，自古以来，客家人对新生命的降临都有很多禁忌和礼仪。生育民俗主要是妇女在怀孕生产期间及产后一定时间内的一系列风俗和习惯。

### 1. 备产

在赣南，妇女在怀孕之前都要去拜菩萨（主要是送子观音），祈求菩萨保佑生一个"长命崽"；有的地方还信奉觋公，请觋公（茅山教）跳觋"包花"，祈求生育，怕怀孕早产，请觋公"藏海水"报平安①。妇女怀孕后，有很多禁忌，比如不能在娘家留宿，不能看棺材、参加丧葬礼仪，不能摸别人小孩，不能在床头摆放剪刀之类的利器。旧社会因家庭条件不好，劳动力不足，孕妇虽然有很多禁忌，但还是要从事挑水、砍柴等体力劳动，只是劳动强度稍微小一些，也无特别的营养饮食。娘家人一般会在怀孕期间给孕妇杀只童子鸡、做一些酒酿蛋或炖一两个猪肚补一补，俗称"晴肚"。怀孕早期一般不让人知道，生怕惊动了"胎神"。怀孕之后，家婆最关心生男还是生女，会到处求神拜佛，祈求儿媳生个儿子，还会许下心愿。

### 2. 分娩

旧社会因医疗条件有限，孕妇一般在家里分娩，大部分在床上。快要生产时，请村里有经验的"接生婆"到家里帮助接生，把破碗瓦片或剪刀用火烧一下再剪脐带。婴儿胎盘不能随便扔，要用纸包好埋藏起来。因卫生条件差，婴儿和产妇死亡率较高，因生产而死的都称为"阴生死"，会变成"阴生鬼"。分娩时忌讳外人进入产房，如果家里有外人来，就是"撞生"了，"撞生"的人不吉利，东家要给他打汤。婴儿降临的第二天，家人就要提上酒和鸡到岳父、舅父、姑父、姐夫等各

---

① 刘善群. 客家礼仪 [M]. 福州：福建教育出版社，1995.

家，告诉"打姜酒"（或称"请姜酒"）的日期，"打姜酒"一般在产后 10 天举办，"打姜酒"喜事一般来女客，产妇娘家客人坐首席。小孩出生后，亲朋好友都会来家里祝福，家里随时要准备鸡蛋给前来道喜的亲朋吃，鸡蛋要用食用红曲染红，俗称"摸脑蛋"，接到红蛋的都要回礼。

3. 洗三

出生第三天要"洗三朝"，也是一项很重要的仪式。婴儿出生要用艾草煎水洗澡，在盆里放一把锁和一个秤砣，寄意为把孩子锁住，不让他夭折；还会在盆里撒钱，俗称"添盆"。洗三朝时外婆要送阉鸡、鸡蛋以及小孩穿的衣服裤子、披风、围裙等，主人要备好酒菜款待前来贺喜的客人，俗称打"三朝酒"。

4. 做月

产妇坐月子俗称"做月"，有很多规矩。产妇做月期间不能接触冷水，忌吃生东西，不能吹风，不能洗头，不能碰冷水，不能干重活。饮食也有讲究，要食用老姜炒鸡煮的老酒（也称"姜酒"）。前两天要吃雄鸡炒的姜酒，促使产妇排除体内瘀血。三天后，瘀血排净后改吃用"鸡鋬"（还未下蛋的母鸡）炒的姜酒，主要是给产妇补气补血强身子。做月期间，产妇要用菖蒲、艾草煎水洗澡，一般不出门，要特别注意保养身体，满月后才能下地干活，否则日后容易留下"月家病"。

5. 满月与过周

婴儿出生一个月称"满月"，满一周年称"过周"。家里有婴儿"满月"与"过周"的，主人均要宴请亲朋好友，亲朋好友也要送礼，以外公外婆为最多，为"头礼"。"满月"的时候要开斋，要选日子剃满月头。黄钊的《石窟一徵》中有记载："俗生子弥月，宴宾至酒半时，父抱子至筵前，众宾皆整冠起立，父抱子以授上座者，饔人捧盛熟肉一方，生鱼头一，熟鸡腿一，葱一根，水一盂，银印一，置于水盂。上座者每取一物，各因其义为吉语，咳而祝之，谓之开斋，言小儿从此食荤也。""过周"（或称做对岁）的时候要举行"抓周"。"抓周"时，在香案上摆上各种小物件，如纸笔、食品、珠宝、玩具等，烧香点烛，小孩洗好澡，穿好新衣新帽，父母亲抱小孩至案边，让其任意抓取一样东西，首先抓到什么就昭示他今后干哪个行业。

6. 安名

"安名"就是给小孩取名。名字虽然只是一个代号，但在客家人眼里，它是人的一生幸福所托，因而十分重视且慎重。"安名"之前会让八字先生为小孩算好生辰八字。小孩名有乳名和大名两类。小孩取名前都统称"赤伢毛子"或"毛毛子"。乳名通常通俗易懂，乳名的前面或后面有时候会加一些词语，男孩加"阿""古""保"等词语，女孩加"妹""婆"的词语，如阿财、太阳古、观音保、莲妹、招娣婆等。大名则按照族谱规定的辈分取名。姓名的第一个字是姓，第二个字是字辈，第三个字自由选择。因此同一家族的同名现象较为常见，但这种取名方式可以很好地厘清辈分，字辈在前的辈分就高。取名时通常要根据生辰八字中五行的生克来确定，五行缺什么，名字就补什么。

7. 过房

过房就是"过继"。在客家地区的传统思想里，"不孝有三、无后为大"的观念仍然十分严重。因此，结婚后没有生儿子的夫妇需要找一个"继子"来延续家族的香火。当然，也有因小孩八字与父母亲相冲的，需要过房才能相安无事。过房一般在同辈的近亲兄弟之间较多（也可以同姓过房），这种过房可以保持家族血统的纯正。如果兄弟也只有一个儿子，也可以"半过房"，俗称"一子顶两房"。过房时，双方家长先协商约定，择日请族人及外氏（母亲的娘家人）到家，写好"过房契"，在场所有人签字画押作证，继父子关系正式确立。这种关系一旦确定，父子间的抚养、赡养及财产继承等权利与义务便随之生效，族谱和墓碑也将加以"继子"记载。

当然，以上礼俗在赣南客家地区较为常见，也有一些地区有本地独特的习俗。例如，会昌县做满月酒的时间一般安排在第二年农历正月逢九的日子举行；在宁都石上镇，添丁人家会在每年的正月十四下午四点，有"割鸡""游担灯""放添丁爆""游桥帮灯""游兔子灯"的习俗；定南产妇生小孩时，男子不准进入产房，产妇也不许去别人家；石城在小孩出生三日后要做汤饼酒，亲友们要送上红鸡蛋、红糖以示祝贺，主人设宴相待并分送红鸡蛋以答谢。

**（二）婚嫁习俗**

赣南客家人受中原文化影响较为深远，所以在婚嫁习俗中也保留有中原地区的文化传统。受儒家思想的影响，婚姻是个人、家庭及社会的大事。《礼记·昏义》中有言："昏（婚）礼这，将合二姓之好，上以事宗庙，而下以继后世也。故君子重之，是以昏礼纳采、问名、纳吉、纳征，请期，皆主人筵几于庙，而拜迎于门外。"可见，自古以来，婚嫁就成为各地民俗中重要的内容之一。赣南客家婚嫁习俗的流程较为繁琐复杂，主要有以下几个流程：

1. 相亲

相亲在客家地区的说法是看妹子（也称看妹崽子、看女客、看老婆），即为古礼中的"纳采"。男大当婚，女大当嫁。赣南客家的男女青年成长至 16 岁就可托媒人说媒，介绍婚事。在传统的客家社会里，媒人在男女婚事中担当重要的中介人角色。一般是由男家父母托媒去女家说，也有女家请媒人先访男家的。在媒人的撮合下，两家如都有意愿，就会约定一个时间"看妹子"。"看妹子"当天，父母亲和儿子会同媒人一起去女方家看"老婆"，俗谓"看妹子"。看妹子时一般会先告知女方家，使对方有所准备。若男方相中了女方，就要付"见面礼"，如果没相中，也要付"面花钱"，并付误工费给媒人。礼金的数额尾数一般为九，寄意为长长久久。若女方相中了，红包就收下了；若没相中，就会托媒人将红包退回。如果双方均有意愿，女方家还要组织"亲友团"再到男方家"睄家"（"查家"），"睄家"的时候，男方都要包红包给女方家，如果满意则收下，不满意则退回。

2. 传庚帖

经过双方家庭的"互访"之后，如达成初步合婚意向，则要"赞鞋样"与传庚帖（"开八字"）。"赞鞋样"是男方将新郎的鞋底尺码用纸板或布片剪成底样，同时准备简单的礼物交予媒人转交女方，以备女方为男方新郎做鞋用（旧时女子出嫁时要为家官、家婆和丈夫做很多布鞋）。而"传庚帖"是指男方请求女方开生日，女方将女子的年庚（生辰八字）写在红纸上送给男方。

3. 合婚

男方收到女方传来的庚帖之后，请算命先生将男女双方的生辰八字排一下，即"合八字"，分析双方八字是否相生，如果有四字以上相生，婚姻则可定下来。如果相克，男方即将庚帖送回，说明没有姻缘。八字如果相合，媒人便请女方家开礼单。礼单主要明确聘礼、礼物数量及陪嫁等事项，一般都会按照本地的基本行情和双方的实际情况确定。女方家开出礼单后通过媒人转交给男方，在媒人的斡旋下，经过一番讨价还价商定之后，男方会约定一个时间设宴邀请女方到家里，俗称"做亲家座"。"做亲家座"时，女方家族的主要成员和娘亲将"组团"赴男方家做客，席前要签订彩礼和嫁妆的相关协议，即"签红单"。离席时，赴宴的女方家代表团成员均可得到男方家的红包，红包的金额主要由与女客（待出嫁的女子）亲疏关系确定，红包金额的大小也有一定的行情，但也反映了男方家的阔舍程度。"做亲家座"也称"定事"或"定数"，实际上就是定婚。"做亲家座"之后即宣告婚姻关系已经确立，双方不可反悔。否则，悔婚一方将承担全部损失。"做亲家座"之后，双方称谓也随即改口。

4. 送日子

送日子也称"报日子"，古时候称"请期"。婚事定下以后，男方要请算命先生根据双方的生辰八字情况，择定过门的日子，包括新娘出门的日子、时辰，到男家后归门的时辰等，有的地方还要把女方裁红衣和"斗床"（男方铺床）的日子同时择定。要带上礼物专程送给女方家，征得女方家同意后才能最终定下来日子。一般要在婚期前半年左右敲定。送日子的时候要把先前议定的大部分礼金付清，余留的少部分待接亲的时候再付清。

5. 完婚

完婚在男方称"接亲""归亲""迎亲"或"过门"，在女方称"行嫁"或"转门"。完婚的仪式最繁琐也是最重要的。婚期前较长一段时间，男女双方都要提前筹备婚礼事宜。

男方首先要"铺床"，即由男方父母亲（或契父母）帮忙铺好床，缝制好被子，新床铺好后，请家里的男童先睡，床上要放枣子、花生、桂圆和莲子，希望"早生贵子"。门窗上要贴好对联和大红"囍"字。在兴国、宁都等地，婚前还有请"契爹契娘"的习惯。"契爹契娘"一般由男方家请有权势或富贵人家的夫妇担任，也可以是自己的内亲长辈（类似"干爹干娘"）担任。婚后"契爹契娘"是主要亲戚，重要性仅次于岳父岳母。客家有"不请不贺"的习惯，因此在婚期前男方还要给自己的内亲发请帖，同村人可以不发，靠口口相传。男方母亲的外氏（如外公、舅舅）还必须派人当天到家里去接，以表达尊重和诚意。外氏家人到达男方家门口时，要放鞭炮相迎。婚期前两三天，家里就要开始请本族人帮忙杀猪杀鸡，筹备宴席。

女方家首先要备好嫁妆，嫁妆包括衣帽首饰、生活用品等，嫁妆的厚薄全凭父母亲的心意，也彰显了父母亲的面子。每件嫁妆都要贴上红纸或红"囍"字。一般要请富贵人家的妇女（俗称"配娘"）来摆放装箱，并在最上面放上芹菜、韭菜、香葱、大蒜等，用红绳系好，表达"生活勤快、天长地久、小孩聪明、精打细算"之意。女子"行嫁"前要梳妆打扮穿新衣，还要由配娘开面、洗头、沐浴等，之后就不能再穿鞋下地。

婚期前一天，男方家要派庞大的迎亲队伍去女方家接亲。队伍中有唢呐锣鼓乐队，有写文书的，有找礼数的，有抬花轿和抬彩礼的，总人数要逢单。走在队伍最前面的是一个挑担的，俗称"挑头担"，一头挑带路鸡（一公一母）、猪耳朵、大肠、猪尾巴等，另一头是两个盛满酒娘的酒壶、鞭炮、蜡烛。找礼数的和媒人要扛蚊帐走在最后。接亲队伍要扛去鱼、肉、酒、糕饼、香烟、鞭炮、蜡烛等物。古时候有抬花轿的习惯，花轿是整个队伍的核心，供新娘乘坐，布置颇有讲究，轿门要贴对联，由男方家写好上联，待到女方家后，由女方家对下联。这种对对联的方式是双方家族文化水平的大比拼，出对子和对对子的水平事关整个家族的面子。当天晚上，男方必须把未缴清的礼金和礼品全部付清，

51

并就一些未尽事宜与女方家进一步磋商沟通。女方家总会找点理由为难对方，男方都只能以礼相待，双方你来我往，甚至会吵到第二天凌晨。一般都会要求男方添一点礼金，所谓"添子添孙"，俗语"找礼数"，礼数如果不清，女方家是不让出亲的。

婚期当天吃完早饭，吉时已到。女子就要开始准备出嫁。赣南客家有哭嫁的习俗。"不哭不发、越哭越发""新人不哭、娘家冇福"。想起父母亲含辛茹苦将自己抚养成人，如今就要分别，新娘都会有感而哭。哭得越伤心，意味着与娘家感情越深。哭时还要有说辞和韵律，娘家人也要陪哭，有时候还要在前几天"预演"。哭的时候娘家人要给赠钱，俗称"上轿礼"。

新娘上轿由配娘（或新郎）从出嫁的房间背上轿。鞭炮和唢呐锣鼓响起，迎亲队伍启程往男方家走。队伍到男方家后，如果时辰未到，还要在门外等。时辰一到，队伍进门，花轿停在厅下，新娘不能马上下轿，待契父母给了红包（俗称"下轿礼"）以后才能下轿。下轿之前要宰杀一只雄鸡，并滴血绕花轿一周，新郎走到轿前，手拿装满五谷的锡壶用脚轻踢轿脚，俗称"踢轿"。新郎的弟弟或侄子用锡盒装满糖果在轿前鞠躬，俗称"揖轿"，然后由"契爹契娘"打开轿门，将新娘牵下轿。新娘子下轿后，一直要坐到拜堂的时间，时间比较长，俗称"坐性"，寄意新娘在家可以住得长久。

接下来是拜堂（有的地区是迎亲第二天）。大厅点上两支大红烛和线香，新郎穿戴上新娘家置的郎衣郎帽站在左边的草席上，新娘坐在右边的簸箕里（有的地方新娘也站着），大厅东边站父母、长辈，西边站外戚，北边站房亲，南边站小辈。拜堂仪式一般由族中有权威的长辈主持。首先新郎单拜祖宗、父母和天地，接着双拜。拜完之后，主持人高举一只雄鸡并唱赞歌，赞歌有固定唱词，要求声音洪亮，抑扬顿挫，并有韵律感。唱完赞歌，唢呐声响起，主持人宰杀雄鸡之后面朝大门向后抛雄鸡，落地后鸡头若向外则昭示先生女儿，向里则先生儿子。年轻人通常会准备一些锅底黑灰在拜堂仪式结束之后涂抹在新郎新娘的脸上，或者用杉树枝、牙签等锥状物刺新郎新娘的脸，俗称"打花面"，以示对一对新人的祝福，大厅顿时热闹起来。

拜堂完毕还要举行合卺。由"契爹契娘"将新郎新娘牵入洞房，主持人说一些吉利话，新郎新娘各吃一口染红的去壳鸡蛋，并喝交杯酒。新娘把准备好的糖果或硬币撒在床上，小孩子们争相抢拿，俗称"抢新人果子"。晚上，还要在新房中"闹洞房"。闹洞房以年轻人居多，各种游戏花样百出，有的甚至较为粗俗。"新婚三日无大小"，闹洞房期间，众人可以无大无小，不讲规矩，主要围绕新娘逗，闹得越欢越高兴，一直闹到午夜方停，所谓"闹喜闹喜，越闹越喜"。

新婚仪式结束的第二天，还有一些仪式要完成，如"拜厅头"（拜祖宗、家中长辈及家婆外氏等），"拜灶"（下厨给家官家婆做菜）等。第三天或第五天要"转门"或"回红""哨三朝"，由女方派新娘的姐妹等女眷来请新郎新娘一起去作客，女儿女婿要以客人的身份带上礼物回娘家，岳父家放鞭炮相迎，设宴款待，吃罢午宴，当天回来，不能在娘家夜宿，否则会吃穷娘家。新婚的头年春节期间（一般是正月初二开始），郎家先要请娘家主要亲戚到家里作客，俗称"做生客"或"请生亲家"，第二年娘家也要请女儿女婿回家，并拜访娘家的主要亲戚，俗称"请上门姑丈"，当年冬天，娘家要再置一些彩礼给女儿女婿，仪式也比较隆重，俗称"打返铺"。

赣南客家地区的婚礼仪式大同小异，基本如此。也有部分地区有一些特殊的习俗，如于都县要在新娘过门前一两天送菜和抬嫁妆，即男家要请宗亲将红单规定的聘礼和鱼、肉、禽、面条等物，由十多人送到女家，回来时就把妆奁、家具等带回男家。大余在迎亲过程中要以"彩旗"（用红布扎彩缚于两竿带枝叶的青竹上）前导，鸣征鼓（又称状元锣，形似铜锣）随后。安远等地有结婚三日之时"送油"的习俗：女方父亲或兄长必须到男方家"送油"，清油两斤、火笼两只、剪刀两把、锤子一把、烙铁两把、箩筐两个。宁都有"送甑盖"的习俗：指人们给头年娶亲的人家送礼的道贺形式，它的礼品是特定的，有红漆的饭勺、筷子等，蕴含着生子添丁、儿孙满堂的祝福。寻乌"看妹子"时还有三看：一是偷看，二是小看，三是大看。全南的寡妇再嫁时，出亲、迎亲均忌大门出入。

瑞金、信丰、南康等地的贫寒之家还有几种特殊的婚姻形式,如换亲(姑换嫂)、转亲(兄死,弟取嫂之类)、带童养媳(又称等郎女)。崇义、瑞金、上犹等地有定娃娃亲的习俗。有的地方还有"入赘"(或称"招驸马")的习俗:女方家无儿,为传宗接代,女方免彩礼招女婿,男女双方结婚后,男方搬至女方家住,儿女随女方家姓。于都还有"披被抖席"一说:同姓中有的男人娶不起妻,有的无儿但要招女婿,男女愿结为夫妻,有女到男家,也有男到女家,婚事从简,生的男孩一家一半,还有的"顶两房",即过继了的男人娶两个妻子,分属生父和继父的两个家庭,俗称"顶两房",每个妻子是平等的。

**(三)丧葬习俗**

出生是人生的起点,去世是人生的终点。客家人对生与死的仪式都非常重视。丧葬礼仪是对死者的一种告别、哀悼和超度之礼。丧葬礼仪比起其他的习俗更加庄严肃穆,且礼节繁缛,不敢越雷池一步,生怕"稍不如俗、群斥不孝",这也是当前客家传统习俗中保存得最为完整的一部分。

一般而言,客家人认为,人过"花甲"之岁去世才算"善终"。未满60岁就去世了的被称为"短命鬼",死者的遗体不能陈放在祠堂或厅下,在外面去世的是"野鬼",也不能进屋。不能"善终"者均不办丧事。客家人称丧事为"白好事"。丧葬习俗遵从"死者为大,入土为安"的礼仪,大致可分为如下几个过程。

1. 送终

送终又称"送死"。老人临终前,子孙们需跪于床前,听其遗嘱,安排后事,看着他断气。客家人认为:为老人送终的子孙越多,老人越有福气。老人咽气之后,要给死者沐浴更衣(有的会在临终前换好寿衣),男要剃头,女要梳头,俗称"剃孝脑"。亲人跪拜嚎啕,焚烧纸钱和香烛,将死者遗体放入棺材内,并将棺材抬至厅下或祠堂,点上长明灯,开始守灵。

## 2. 报丧

老人去世后，要安排人报丧，也称"报死"。报丧有两种形式：一是以讣文的形式进行告示，二是派专人前往告知。报丧一般由子孙或本族男丁完成。报丧时必须面见后下跪。如果是女性死者，必须赴死者外氏家当面相告，并说明死因。

## 3. 设灵堂

灵堂也称"孝堂"或"奠堂"，一般设在祠堂或厅下。首先要请地理先生根据死者生辰八字卜选吉日、吉时入殓、出殡、入葬，并告示生者与逝者犯冲的人回避，并写灵牌，设灵堂。设灵堂时要打开中厅门，遮住天井，在厅中央摆好灵桌，灵桌上摆放逝者遗像，遗像上披黑纱，遗像前摆放灵位和烛台，并放置饭菜、茶酒及脸盆、毛巾、牙刷等，昭示老人还在家里生活。灵堂内张贴道士所画符咒。灵堂门口用白纸书写挽联。

## 4. 成服

成服是指逝者子孙根据与死者的亲疏关系披麻戴孝。孝子孝孙穿麻衣戴麻帽，腰系草绳，脚穿草鞋，手执孝丈棍。房亲戴黄帽，系黄带。外孙带白帽，系白带。一般在重要仪式如参社、游街、祭祀和出殡时才要成服。闲时只"戴孝"，即手戴黑纱或白纱，一直从开始戴至出殡时。

## 5. 礼身

亲朋好友获丧讯后，会带上花圈、挽联、被单等到丧家吊唁，外嫁的女儿回来奔丧时，要在村口的时候就开始恸哭，家中的儿媳妇要在家迎哭。吊唁者于灵堂前向逝者跪拜或鞠躬默哀，孝子（或侄子）跪伏拜谢；对重要来客，要跪伏于大门前相迎以示尊重，待吊唁者礼毕，由吊唁者牵扶，子孙方可起身。

## 6. 入殓

入殓也称"落馆"，就是一个封棺仪式。客家人一般会提前为上了年纪的老人准备好棺材放置家中，棺材一般选用上等的木材制作而成，并刷上油漆做好密封。入殓也要请地理先生卜定吉时。入殓前必须请宗亲叔伯到场验视,对于女逝者还要请外氏到场,确认无争议方可入殓,并用长钉(俗称"子孙钉")盖棺定闭。此时哀乐齐鸣、家人痛哭。

7. 做道场

做道场俗称"做香火"。客家人信奉道教,人死后都会请道士到家超度亡灵。时间一般持续三天三夜。做道场的内容十分丰富,主要有诵经、点长明灯、引魂过桥、招魂、辟邪、接煞、放灯等活动,因篇幅有限,不一一赘述,可参见刘善群的《客家礼仪》① 一书。

8. 祭奠

祭奠分为堂祭和路祭。入殓后选吉时开堂祭奠,一般在出殡前一天晚上。祭奠的主要活动是念祭文、献酒敬茶、叩首跪拜、放鞭炮、烧纸钱等,主要目的是缅怀吊唁亲人。祭奠前,所有亲友都要发白。祭奠从直系亲属开始,然后是亲戚朋友。每祭完一次,其子孙都要出帷"回好",跪拜答谢。路祭是指出殡之日将灵柩抬至空坪或三岔路口,进行起灵前的一番祭奠。

9. 出殡

出殡也称"出葬""出灵",有的地方叫"还山""归山"。出殡时间一般选择在天亮之前。亲朋好友都要前来"送葬"。送葬队伍要根据亲疏关系戴孝服、系红绳。队伍前有人鸣锣开道,有人鸣放爆竹,有人撒路纸钱。长子端着灵牌和引魂竹,孝子孝孙披麻戴孝,手持"孝丧棍",躬身前行,由四人或八人(俗称"八仙")抬着灵柩缓缓向墓地行进,女眷一般不送行或只送至分叉路口,朋亲只送一程。送葬队伍经过的地方,两边人家要堆火土,孝子要朝其下跪。送至墓地之后,孝子孝孙跪拜告别,道士念完经文,鞭炮响起,"八仙"将灵柩安放至墓穴,落葬完毕。八仙留下修整坟头,孝子孝孙另路返回(不可走原路),到家之后脱去孝服,沐浴换衣,将逝者遗像悬挂厅下神龛上,由族人主持龛炉仪式,孝子孝孙再次祭拜敬香。仪式结束之后,丧家设"斋饭"宴请前来吊唁过的亲朋好友及处理丧事的"八仙"和吹师等。

---

① 刘善群. 客家礼仪 [M]. 福州:福建教育出版社,1995.

10. 连山神

"连山神"又称"谢山神"或"送火把"。安葬后第二天，孝子带领家眷到坟前烧香敬神，磕头哭泣，女眷肩挑事先用粳米做好的丸子——"山神丸子"，并沿着坟墓转3周，撒山神丸子，以供奉山神。有的地方用稻草扎成火把（死者多少岁就扎多少匝）并点燃，绕坟墓3周。

11. 做七

做七又称为"七七""应七"或"烧七"。从死者逝世之日算起，每七天算作一个单元。农村有"撞七"的说法。所谓"撞七"，就是每七天的最后一天撞上农历末位为七的日子。一般以"撞头七"为好，最忌"撞四七"。

12. 拦社和挂衣

拦社是在春社之前去世举行。一般由出嫁的女儿完成，届时要准备各种祭品和三牲到墓地祭祀。

客家人认为，人死后在阴间也和人一样生活，需要房屋、衣服及各种生活用品。因此，在当年或第二年七月半，家人都要备三牲、粉干、香烛及祭品等，并用彩纸和竹子等做成灵屋（用纸做的房子）、纸衣服及各种生活用品，在家里给死者焚烧，以给在阴间的死者用，俗称给死者"挂衣"。

客家地区的丧葬习俗大同小异，以土葬为主，无水葬、岩葬、火葬等特殊葬俗，但也有一些地方有独特的习俗。以前赣县一带于人死后，有滥加谥号的风习，"虽贩夫贩妇，亦必有谥"。"虽屡禁而不止。"（乾隆《赣县志》卷一《疆域志·风俗》）于都一带有选丧期相沿四十九日不剃头的习俗。（同治《雩都县志》卷五《风俗志》）会昌有路祭的习俗："亲族各被仪制、诔文至奠堂。凡祭奠者，发给白帽，亲族俱穿素服。枢出，一路设奠，各点临时搭棚，中途祖饯，谓之路祭。"大余有的丧家为节省开支，选择吉日，往往停枢在家几年甚至几十年，有的停枢数具，选择吉日一次出殡。兴国旧时父死，子女先跪告家族，后跪告亲友；母死先跪告母舅，后跪告族人亲友。

赣南客家人还有"二次葬"的习俗。"二次葬"又称"捡金"或"修风水"。通常是在下葬三四年后再将骨骸挖出择吉日重葬。赣南客家人风水观念十分盛行。认为先辈的墓地风水将影响后辈的兴衰。因此一旦家中有不顺的地方就想在坟墓风水里找原因,要请地理先生对祖先的风水查一遍。十个风水九个破,一般地理先生都会对原有墓地的风水说三道四。后辈便会重新找一块风水宝地安葬先人,保佑阳世裔孙财丁两旺。"二次葬"需要对坟墓进行开棺捡骸。开棺捡骸仪式很重要。开棺时间一般选择在清明或冬至日,其他时间则要请地理先生择定。开棺后如果发现尸体仍未腐烂,说明这个地方好,族人说该地为"养尸地",则要重新掩土。若发现棺内有蛇、蜈蚣等,不能打死,应放生,让其自由离去。开棺后要将每根骸骨先用茶水擦洗,后用草纸抹干,再用山茶油拭净,并按先脚后头的顺序,用棕皮包好,装入一种长形宽口的瓮式陶罐(又叫金罂、金埕)里去,下垫以红纸,纸上写死者姓名①,待下次选好新址、择好吉日重新安葬。

## (四)生日习俗

客家人做寿,俗称"做生日",尊称"寿辰之喜"。一般而言,每隔十年,客家人都要做"生日"或称"做十",一般五十岁以上才可以算是"做寿"。六十岁以上才开始庆祝。有俗语称"三十没人晓,四十没人知,五十杀只鸡,六十杀只猪子满天飞"。六十一甲子,一般做寿选择在 59 虚岁或 61 虚岁,很少整数的时候做。做寿的日子既可以是生日当天,也可以是另择吉日,一般由女儿提出为父母做寿。客家人做寿一般"不贺不请"。做寿时有拜寿仪式。拜寿仪式一般设在厅下,在桌上摆好礼品,点上寿烛,燃放鞭炮,寿星夫妇坐于中央,先由儿孙开始拜寿,后由女儿女婿及外孙拜寿,寿星要给每一位拜寿者发红包。亲属拜完寿,其他亲朋好友开始来祝寿,送寿饼、寿烛、布料、三牲及贺礼等。寿星在家设宴款待前来祝寿的亲朋好友,必须吃长寿面。

不同的地方做寿的习俗不一样:如会昌有小孩(主要是男孩)年

---

① 房学嘉. 客家风俗[M]. 广州:暨南大学出版社,2015.

满十一岁就做"十二岁生日"，由孩子的外婆或姑姑发起，择定农历正月逢九的日子，由孩子家里设宴请客。宁都的寿筵有两餐，即头天的"暖寿酒"和正日的"拜寿酒"。60岁以上高龄庆寿仅限于内亲庆贺。赣县只有花甲以上老人兴做生日，整十岁的生日称"大庆"。男做虚（虚岁），女做实（足岁）。"大庆"时，男由家族女由外戚送寿匾，亲友祝寿多送寿桃、寿面、寿饼、寿烛、寿幛，做寿3天，设筵4次，称暖寿筵、祝寿筵、拜寿筵、谢客筵。除富户或权贵外，一般不举行拜寿礼式。赣州市城区的夫妇也可同做生日，额之曰"梁孟同庆"。

## 二、赣南客家节庆民俗概述

### （一）春节

春节是中国传统节日中最重要的节日，为新年之首。赣南客家地区大年初一这一天，家家户户张灯结彩，一大早就争先恐后起来放鞭炮、点香烛，换上新衣服开门以迎接新年。这一天，客家人不扫地、不向外泼水、不骂人、不借钱、不干农活、不串门，逢人都要说吉利话，相互祝福新年。早餐后带上香烛和祭品成群结队向本年吉方外出行走，俗称"出行"，并赴祠堂拜祖宗和拜社官。初一饮食很有讲究，全家老少都要"食斋"，米饭要吃除夕夜留下来的剩饭，象征年年有余粮。吃敬完祖神的斋祭品，吃了将全年"眼康脚健"。还要吃蒜、葱、芹菜、豆腐等，蒜代表会划算，葱象征聪明能干，芹菜意表勤劳奋勇，豆腐象征"头富"，祈求一年事事顺意。

大年初二开始可以探亲访友。出嫁了的女儿带上礼品红包，带着丈夫和小孩回娘家，俗称"转外氏"。如果是刚刚结婚的女儿女婿，还要在娘家多住几天。娘家的亲戚都要邀请他们到家里吃饭，俗称"做生姑丈"。客家人热情好客，如果家里来客人了，左邻右舍都要端上自家果子和酒茶到他家里去，邀请远道而来的客人品尝。

初三为送穷日。客家人称初三为"送穷日"，这天不走亲戚、不请酒。家家户户打扫卫生，把垃圾扫出门外，边扫边说"穷鬼出、富人入"，并把垃圾拉到野外烧掉，燃放鞭炮，祈求今年招财进宝。

初五为"开小正"。要以牲礼果品敬灶神（俗称"灶君"），燃放鞭炮迎接灶神从天上过年重返人间。传说灶神在腊月二十四日回天宫过年，要把他接回来重新执掌。这天是"出年界"的日子。

初七为人日。宁都、石城等地在这天要食"七种羹"，一般以芹菜、蒜、葱、韭菜、芫荽、芥菜、白菜、菠菜等蔬菜共煮而食。有谚语："吃了七种羹、各人做零星"，意思为从这一天开始，可以开始下地干农活了。

初二至十五，各地均会组织传统的娱乐活动，如唱戏、赶庙会、搞龙灯、游神、练火兵、捉魍魉等，这些活动各具特色，以青年人和小孩参与为主，一般都是安排在晚饭之后。详细内容见后。

十五为元宵。元宵节又称"正月半"。客家人的元宵节与其他地区无特殊之处。元宵节要吃汤圆，闹花灯，南康地区有饮"花子酒"（丁酒）的说法。出了十五元宵之后，客家地区的年才算过完。

十六要送神。各地要把本地的"隍神"扛至河边，点香燃炮，众人跪拜祈福。

**（二）立春**

"立春"俗称"交春"。在中国传统社会里，立春为一年春天的开始之日，各地有很多习俗迎接春天的到来。在赣南客家地区，先要用通书查好立春的时间，准备好接春的东西。时辰一到，家家户户都要放鞭炮，点香烛。有的地方有鞭春牛的习惯，每人轮流用"彩杖"鞭打春牛三下，俗称"鞭春"或"打春"，以示春耕即将开始。也有的地方用纸做成牛的形状送到各家各户。石城还要把油菜花插到神台上，祈求新年风调雨顺。

**（三）祭社**

祭社之日为"社日"。"社日"可以分为春社和秋社，一般在春分或秋分前后。春社为立春后第五个戊日，秋社为立秋后第五个戊日，有的地方也将"二月初二"视为"社日"。祭社之日家家户户杀鸡买肉，炸米果，磨豆腐，焚香点祝参拜祭祀社树，祈求本年风调雨顺，五谷丰登。

### （四）花朝

农历二月十五为"花朝日"，赣南客家地区有"扑蝶会"，后来演变成为更具有地方特色的花朝嫁女、爆米花、吃擂茶、做花朝丸、烧花灯等民俗。各家做花朝糍，焚香敬花神，可外出踏青、游春、采花。在客家地区，花朝节亦称花朝日，乃百花仙子、十二月花神生日，是一个难得的黄道吉日，故在这天结婚者较多。客家民间相信是日成婚的男女，必然得到花神、花仙们的眷顾和保佑，不仅可以白头到老，更能够百子千孙。清光绪二十九年《于都县志》载当时花朝习俗曰："贫不能为酒食召乡党、僚友者，于是日草次结婚。"宁都在花朝日夜晚还有"烧花灯"的节庆习俗。头年结婚的客家新妇，要将由娘家和内亲送来的麒麟灯，在花朝日晚上烧化，而同时送来的观音送子灯则要到该新妇诞生子女后的次年花朝节晚上才烧去。

### （五）清明

赣南客家地区的清明节与全国各地习俗基本一致，主要有扫墓和春游。扫墓在客家地区又称"挂纸"。扫墓时，客家人要对先人墓地进行清理，并把滴涂抹有雄鸡血的草纸挂在坟头上，摆放三牲果品等祭祀品，并焚香点烛，叩拜祖先，近些年有的地方还大兴祭祖活动（见图2.10）。"挂纸"一般要在清明节前完成。清明节客家人有"做清明"或叫"食清明"之说。同族同房的族人一起参加完祭祖活动和祭扫完祖先之墓之后，要自筹资金，设宴摆酒，供族人享用。费用一般按照每家的鸿丁数平摊或由族人自愿捐助。外嫁的女亲也可参加，但无需集资，只要自带鞭炮香烛即可。族人较多的姓氏往往"做清明"的规模宏大，开支甚多。清明期间，有些地方还有插柳枝的习俗。

### （六）端午

过端午节时，赣南客家人保留了中原传统的端午节风俗，也融入了赣南本地人的习惯。端午的习俗比较多，主要有：

1. 做艾饭

客家人有做艾饭的习俗。端午节前夕，家家户户都要从野外采集各种供食用的青草药，用来做艾饭。

图 2.10  客家族人扫墓

2. 洗花草浴

男女老幼都要洗药水澡，客家人相信"艾蒲洗身，百病消除"。这一天以百草为药，洗药草水可以去湿驱瘴以健身。

3. 喝雄黄酒

客家人还要饮雄黄酒，并用雄黄酒涂抹额、手、足，小孩耳、鼻、眼涂雄黄，室内外洒雄黄酒，以杀蛇蝎；在屋角燃艾叶熏蚊蝇，以辟病消灾。

4. 插艾草

赣南普遍传说农历五月瘟疫滋生，是恶月，而五月五日又为最不吉利的日子，因此家家户户门上插艾篙、菖蒲。楣上悬挂葛藤，家家都洒扫庭院，以菖蒲、艾条插于门楗和悬于厅堂中，用以辟邪祛病、驱蚊蜗虫蚁和净化空气。

5. 赛龙舟

在章贡区、龙南杨村、上犹县城及沿河圩镇、信丰古陂等地有赛龙舟的习俗。

6. 吃粽子

五月初五这天，家家户户包粽子，赣南俗谚"食过五月粽，寒衣收入箱"。意思是吃过端午节的粽子，御寒的衣物就可以收到箱里了。

7. 佩香包

小孩佩戴丝绒绣成的内装丹砂、雄黄等香料的鸡心状小香包和挂蛋袋，意在防疫病，保平安。有的系"蛤膜藤"（藤蔓草药）于腰间，以防止腰痛。

8. 送端午

于都县在节日前后，娘家普遍给已出嫁闺女赠蒲叶扇，而闺女这天都要挑上粽子和其他食品、礼物，回娘家看望父母，谓之"送端午"。

9. 扛菩萨

南康有些地方还有庙会，庙里请道士做法事，"马脚"扛菩萨游村，每到一村，要杀鸡公，"马脚"吃血碗，卖果品、凉食的围观人群人山人海，好不热闹。（见图2.11）

图2.11　客家人扛菩萨

10. 祭祀土地神

每逢农历初一和十五以及逢年过节都要敬土地神，端午节也不例外。祭土地神时摆上三牲、果品和酒肉，点燃香烛席地而跪，祈祷土地神保佑全家安好、生产丰收。

### （七）六月六

六月初六又谓"太阳生日"或"食新节"。六月初六是谷子新出的季节，客家人都有"食新"的习俗，即吃上新米饭的意思，俗语有"六月六日好食新"。农谚云"小暑小食，大暑大食"。"食新节"之日，家家用新米煮饭，备好酒肉，端上三牲、酒肉等祭品及新米煮的饭，祭拜祖宗和天地各路神明。这一节日既是庆祝丰收，又是感谢神明天赐五谷。

### （八）中元

中元节又称"七月半"，在客家地区为较隆重的节日。中元节主要是吊祭亡灵的日子，所以又有人叫"鬼节"，以祭典阴间鬼魂为主。在民间传说中认为，是日为"鬼聚会"。这天日落之后，各路大小鬼都要出来，有"七月半，鬼上磡"之说。因此，在天黑之前，各家买好冥币及纸钱，并用草纸包好，滴上鸡血，点火焚烧，并焚香点炮，摆上祭品。祭祀祖宗亡灵及孤魂野鬼，既要为在阴间的列祖列宗送些钱财物品，也要为孤魂野鬼施舍一些，免得野鬼给人们添加麻烦，求得平安度日。有的地方还要在村口或者经常发生事故的地方烧些纸钱，或者在夜间点上蜡烛放置于纸折的船上，放在河中顺流而下，俗称"放水灯"。（见图2.12）从七月初一至十五的天黑之后，客家人一般都不外出，生怕碰上孤魂野鬼。

### （九）八月初一

八月初一传说为道教四大天师之一、道教正一净明派祖师许真君（俗称"真君老爷"或"许仙"）生日。赣南客家部分地区信奉道教，其中一个分支为南昌西山万寿宫许逊创立的净明派，其影响较为深远。真君生日这天，善男信女都要斋戒一日，并携香烛与爆竹到各地万寿宫为真君祝寿，并祈求真君保佑全家大小安康幸福。八月初一之后，有的地方还要请当地的戏班子唱戏、拜文书、念经，以增添节日的气氛。唱戏所需费用由善男信女为感恩神明保佑及祈求辟邪消灾所捐。

### （十）中秋

中秋也称"仲秋节""团圆节"或"八月节"。中秋节吃团圆饭、

图 2.12　放水灯

赏月和吃月饼是全国各地的共同习俗，赣南客家人也十分重视中秋节，习俗也较多。除了有全国共有习俗之外，还有烧瓦塔、舞火龙、请扁担神、走月亮、抬故事、挂通草灯等中秋习俗。

1. 烧瓦塔

烧瓦塔是赣南地区特有的习俗，在晒谷场上，人们用瓦片和砖头砌成一座座空心塔，高 3 米多、塔围 2 米多，把各家各户拿来的柴草树枝填进塔中点燃，大家围着火塔又唱又跳、喝茶吃饼、谈古论今，好不热闹。（见图 2.13）

2. 舞火龙

各地还会举行盛大的舞火龙活动。火龙有长有短，用稻草扎成龙身，上面插满线香。盛会之夜，十多个年轻人生龙活虎地高举龙身，一阵鞭炮响过后，一条蜿蜒起伏的火龙在灯光与锣鼓声中欢腾起舞，火苗迅速化成一条条长长的火龙，煞是壮观。

3. 请扁担神

一人假睡竖扁担身旁，一人向书符念咒，念至一定时候，扶假睡人起，此时，假睡人似睡非睡如痴如狂，观众叫做什么就做什么。在游戏中只呼其为师傅，呼其真名则解。此项活动类似巫术。

65

图 2.13　客家中秋烧瓦塔

4. 走月亮

中秋晚饭过后，小孩邀三集五手拿月饼走月亮，口中念念有词唱邀月亮姑姐下凡的儿歌："月亮姑姐月亮凉，请您下来照屋场。照得屋场风水好，年年割禾喜洋洋。"

5. 抬故事

抬故事是寻乌县民间节庆的重要民俗活动，以历代传说中的神话故事、古典戏曲及现实生活中的人物或情节来展示喜庆丰收。一般选择 8 岁以下的小孩进行人物造型和化妆，并站在特制的故事棚木架上表演。故事棚多为方形木架，用彩布装饰起来，由青壮年轮流抬着巡村游乐，长达三四个小时。

6. 挂通草灯

中秋节的傍晚，每个村都用稻草烧瓦罐。待瓦罐烧红后，再放醋进去。这时就会有香味飘满全村。自八月十一夜起就悬挂通草灯，直至八月十七日止。

（十一）冬至

冬至日又称"冬节"，是客家人较为重视的节气之一。冬至的民俗活动主要是祀祖，有的地方也有扫墓习惯，或者祭祠与扫墓并举，与清明节的习俗有点类似。从气候特征来看，冬至日之后温度较低、阳光充沛、雨水偏少，又进入农闲时间，适合制作各种食物。因此客家地区有酿冬酒、晒腊肉、做"霉豆腐"的习俗，俗语云："冬至酒，留到明年九月九。"冬至日之前，农事活动基本结束，进入冬藏阶段。各地有进补的习惯，吃鸡杀狗，俗称"补冬"，有"同年同年，杀狗过年"的说法。

### （十二）过年

赣南客家地区过年习俗也较为丰富。时间进入阴历腊月二十四日，过年的习俗便拉开帷幕。进入二十四日表示已经"入年界"了，家家户户都开始筹备迎接新年的各项活动。二十四日是客家人过小年的时间，也是送灶神的时间，灶神又称"灶君"。民间认为，这天灶神要到天上启禀玉皇大帝，祈求玉皇大帝来年保佑人间风调雨顺、五谷丰登、六畜平安。因此在临行前要举行欢送仪式。送灶神的主要供品为酒果香纸，不设三牲与猪肉，据说灶君吃斋。灶君在客家人的地位较高，一般逢年过节甚至家里做了米果都要请灶神享用，家里有困难也要请灶神消灾避难。当然，其他诸神也无例外，过年期间都要送诸神上天启奏，祭祀规格相当。小年之后，家家户户都开始制备年货，做年糕、炸米果、做豆腐，购买鸡鸭鱼肉、水果糖果、鞭炮蜡烛等，为过一个丰盛的大年做好充分的物资准备，也为开年初请客添置菜肴做准备。客家人一般不欠债过年，因此，有外债的都会想方设法在年前还清，有"年难过，钱难赚"之说。年前还有大扫除的习惯，这一习俗与其他地方类似。

除夕之夜是客家人最为重视的一个重要节点。远在他乡的亲人都要回家团圆，但出嫁之后的女亲一般不在娘家过年，兄弟较多的一般轮流请吃"过年饭"。"过年饭"是一年中最为丰盛的一餐，一般用"像过年一样"来形容饭餐丰盛，但再丰盛，象征长命百岁的"长命菜"一定要上，一般为不切的完整芹菜或芥菜之类的芹菜。吃完"过年饭"，长辈们要给未成家的小孩发"压岁钱"（俗称"压线铜钱"）。除夕之夜还有守岁的习俗，一般用茶油放上几根灯芯，点燃后放置在厅下、灶头和屋外，由除夕晚上一直点至大年初一。主妇还要先煮好米备来年初一吃，灶膛里还要留有火种到第二天。

过年期间，各家都要带上祭品和香烛到祠堂或众厅里祭拜祖先，既是表达感谢祖宗神明之意，又是祈求列祖列宗保佑全家平安。有的地方从小年开始一直到出元宵前，一日三餐都要燃炮、点香、祭祀，以除夕之夜最为隆重。

以上为赣南客家地区较为常见的节日习俗，还有的地区有些独特的节日习俗。

上犹朝神的习俗尤为盛行。六月初一，要到东山寺拜罗汉。七月初九要朝拜康王，扛着康王菩萨出街巡巷。八月朝拜许真君。九月初一起拜斗母，凡信佛教的妇人组织起"观音会"，到各家各户轮流吃"九皇斋"。十月十五朝太阳，祭廖公菩萨，也称"廖太阳"，请戏班子来演戏。

南康期间要唱元宵龙船歌，饮花子酒。《地方志》曾有记载：元旦至望日，谓之元宵。悬所画神舟，日间祀以牲醴，曰"叩神"；夜间群执歌本曼声唱之，曰"唱船"；持桡执旗回旋走，曰"划船"；每次加吉祥语，曰"赞船"；金鼓爆竹之声不绝于耳，即乃饮而罢。活动从正月初一一直到正月①。

宁都的节日民俗较多，特别是游灯最有特点，各地都有自己独特的游灯方式：如元宵节晚上"打甑盖""玩火老虎"；正月十四"割鸡"（石上镇石上村）、放"添丁爆"；正月十五晚游桥帮灯（田埠乡马头村、湛田乡新田村、石上镇石上村），游兔子灯、游扛灯（东山坝镇大布村）；正月初二至十六，中村傩戏是一项祛邪祈福的活动（黄石镇中村）；正月十二、十五两天镶古史（田头镇田头村）；正月初十至十六，洗马拆牌表演（梅江镇小湖村）；正月十一至十五，游草龙（石上镇西布烟村）；正月十四至十五，发轿（石上镇富源村、江背村）；二月十五日晚"烧花灯"；四月初八游神（田埠乡东龙村）；七月半搬火龙

---

①　江西省博物馆学会客家专业委员会编．江西省博物馆学会客家专业委员会成立暨首届客家学术研讨会论文集［M］．南昌：江西人民出版社，2011．

（梅江镇、里面村、下廖村、县城附近）；中秋夜游竹篙火龙（洛口镇南云村）；中秋游"火老虎"（石上镇胡岭村）等。

瑞金有迎神的习惯。在大年初四举行的家族祭祖活动别有风情。当日，家家户户为迎"神"光临，早早地就把一只只大活鸡摆在家门前，地上摆好香烛以及敬神用的红纸和草纸。"神"过家门时，点燃鞭炮相迎。从大年初一，各宗亲家族的迎神队伍，会把头一天祭祀礼毕的"神轿"从另一家族祠堂请出，吹吹打打轮番迎过去，供在同姓宗亲的祠堂以供族人团祭，直到出元宵。"神轿"请进祠堂，香火鼎盛，族人供上祭品，宰鸡祭血以示敬奉，满堂烟雾缭绕，把虔诚祭神的仪式演绎得惊天动地。

石城的拜社公年是一大特色项目。正月初三必须向社公拜年，各家各户必须备好鸡鸭鱼肉、米酒到社公下上供，焚香、点烛、烧纸钱。正月初五有祭祀米谷神诞辰日，这一天不可以笤饭，并要祭祀米谷神。重阳节又称豆荚节。这天有携伴登高之俗。儿童放风筝，设家宴聚餐。亦有吃柚子、尝豆荚的风俗。

赣县白鹭村有抢打轿的习俗。正月初七迎彩灯结束后，紧接着就是由一群赤膊短裤的彪悍后生，簇拥一个"井"字形的粗大的木架——打轿，窜到祖堂——世堂上，点烛焚香之后，礼炮轰鸣，鼓乐喧天，众手高擎打轿，三起三落，重重地击地三下，雷暴般怒吼三声："发！发！发！"人潮便如决堤山洪般地涌出祖祠到祠外广场。把打轿抢往各自的目标。

大余腊月打黄元米粿是备年货的一大特色项目。大禾籽（糯谷的一种）辗成大米后，将其煮成米饭，然后将黄元柴熬成的灰水洒在米饭上，搅拌均匀，放入石碓坑中，由七八个汉子用黄元棍打将起来，合着节奏，喊着口号，转着圈子，换着花样；时而直打，时而换棍，时而将打烂后黏成一团的黄元米粿挑上头顶，而后又跃落碓坑中。打制过程体现出客家人团结协作的精神，因为打黄元米粿，单家独户不行，一般都要几家人合伙。打黄元米粿的地方，往往也是小孩们喜欢聚集的场所。

此外，于都重阳节有"米果节"之称，每家每户必煎薯包、芋包、豆浆米果等，尤喜欢米酒泡薯包。全南立夏之日习惯镶豆腐、包蛋饺、煮蛋吃。农民爱炒田螺肉过节。民谚有"立夏立夏，田螺食夜"。崇义正月初四以后，大搞龙灯、狮子，有的还扮演历史和神话故事人物，名为"搞春"。兴国过年时晚辈须给长辈奉"年汤"，表示尊老。于都大年初一早餐必吃大菜（芥菜），意示财运亨通发"大财"。南康、大余诸县还有舞"青菜龙"的习俗，即在大菜（芥菜）中插上香火，在野外狂舞，意在祛灾免祸，祈求人畜平安、五谷丰登。

### 三、社会生活民俗的地理学解释

#### （一）社会生活民俗与节气时令

节气时令是指某个节气的气候和物候。在我国，很多地方会按季节之序举行重大的仪式和节庆。在我国传统的农业社会，通常运用二十四节气并结合气候、物候的变化，指导农事活动，并确立了一些类似节气的日期，或长或短，且具有一定气候特点的时段名称，称作"节令"。节气时令是中华民族悠久历史文化的重要组成部分，也是古人观天察地的重要劳动成果，凝聚着中华文明的历史文化精华，不仅在农业生产方面起着指导作用，同时还影响着古人的衣食住行，成为重要的民俗文化。在赣南民俗文化中，很多节气均有丰富的民俗活动，成为民俗文化中的亮点。譬如，立春是一年之始，代表天气回暖、万物复苏的春天即将开始，赣南各地都要以隆重的仪式迎接春天的到来。清明和冬至日是两个祭祀先祖的重要日子，祭祖活动在各地十分流行。按《岁时百问》的说法："万物生长此时，皆清洁而明净。故谓之清明。"而冬至日则有"冬至一阳生"的说法，意思为冬至一过，阳气回升，是阴阳二气的自然转化，是上天赐予的福气。在客家人眼里，这两个日子整理和修缮祖宗的坟墓不犯忌。除此之外，客家人还对"社日"（又可以分为"春社"和"秋社"）比较讲究，举办一些祭祀活动祈求风调雨顺。"社日"的确定也是跟立春和立秋时间相连。这些民俗活动均与节气有关，是人们从事农事活动过程中所创造的文化事项，反映了人们对日月轮回的自然规律的认识与总结，也体现了人们对美好生活的向往。

### （二）社会生活民俗与人地矛盾

在社会生活民俗中，还有一些民俗反映了客家地区突出的人地矛盾。赣南客家地区地广人稀，人地矛盾主要表现在耕地投入产出率低，落后的生产技术和数量不足的劳动力难以满足强度较大的农业活动需要。在传统农业社会，农村的体力劳动主要靠青壮年男性从事，加之客家人自中原地区颠沛流离南迁至南方，与土著居民争夺地盘的事情时有发生，"抱团取暖"的宗族观念更加强化了男性的突出作用。因此，重男轻女的思想在赣南地区特别流行，妇女在家庭成员中的地位相对卑微。在很多社会生活民俗文化中体现了客家人男尊女卑的观念。如没有男丁的人家要想方设法"过房"，以延绵香火、传宗接代。"入赘"（或称"招驸马"）的习俗也是如此。在丧葬习俗中，孝子孝孙与女眷的分工有明显不同，地位也差别较大，比如女儿的名字不能上墓碑等。唯有在婚俗中初婚女性的地位略显得高一些。

### （三）社会生活民俗与地理环境

一方水土养育一方人。在赣南社会生活民俗中，很多民俗活动与当地独特的地理环境息息相关。雨水节气过后，赣南地区进入梅雨季节，大部分天气潮湿多雨，很容易滋生细菌。因此在端午节习俗中，赣南客家人家家户户都要插艾篙、菖蒲，以辟邪祛病，目的就是要营造健康良好的居家环境。大米是赣南客家人的主食，是自然界对人们最好的馈赠。他们逢年过节都要以米为原料，制作各种点心或零食，于都重阳节专门有"米果节"。在客家人心中，"米谷大神"神圣不可侵犯。除此之外，在赣南很多地方都有庆祝丰收的节日，如六月初六称为"食新节"，节日活动主要为摆酒设宴邀请亲朋好友相聚，同时也要祭祀各路神仙（尤其是掌管农事活动的大神）。这些节庆活动是人们感谢自然、回馈自然的一种象征仪式，也可以理解为是处理人与周遭环境关系的一种思维方式。

# 第三节　赣南客家精神生活民俗概述及其地理成因

## 一、赣南客家民间信仰概述

民间信仰是根植于广大民间的文化创造，也是民俗文化里最核心的部分，不少学者做了大量的研究工作。赣南客家信仰是典型的多神崇拜。既受外来的佛教文化影响，又汲取了本土的道教文化之精髓。既有地域特色的地方崇拜，又有影响深远的祖先崇拜。既与中原地区的儒家思想一脉相承，又与当地土著文化有机融合。下面以信仰的对象作为分类对赣南客家民间信仰作一梳理。

### （一）佛祖崇拜

佛教自两汉时期传入我国以后，对我国各地宗教信仰影响十分深远。在魏晋时期传入赣南地区，成为赣南地区主要的民间信仰之一。在赣南地区，很多地方建有佛教寺庙，明清时期尤为盛行，现今也保存或新建有 1000 余所佛教寺庙。寺庙中一般供奉如来佛祖、阿弥陀佛、观音菩萨、普贤菩萨、文殊菩萨及地藏菩萨等。菩萨们的诞辰日、忌日或出道之日均要有重要的纪念仪式，如作法诵经、叩拜斋戒、募捐烧香等。平时也经常烧香拜佛、避灾求福，祈求菩萨保佑全家老小平安。各地每年都有类似的佛事，吸引各地信徒前往参与。近几年，此风有盛行之势。

### （二）道教信仰

道教是中国的本土宗教，崇尚"修身养性、得道成仙"。江西也是道教思想的重要发源与传播地之一。赣南客家先民自北方南迁过来之后，也将道教带入本地，在明代以前，道教在赣南客家地区十分盛行（见图 2.14），西晋时期五斗米教在赣南广为传播，东晋时期的道教大家葛洪曾在赣南地区传道，大大促进了道教在赣南的传播，甚至出现很多道教名师。各地道教庙观极为常见，明清时期仅宁都就有 60 余座。道教的传播与扩散主要通过道士的各种活动或仪式来实现。道士可以通过诵经念咒、画符作法等形式帮助人们消灾化难、超度亡灵、请神驱鬼、呼风唤雨等。在客家人眼里，家中如有天灾人祸或者亲人去世，都要请道士来化解或超度。

图 2.14　赣南客家道士作法

### （三）祖先崇拜

客家地区受传统的儒家思想影响深远，其中儒家思想的祖先崇拜尤为突出。客家先民自中原地区南迁赣南后，与土著居民的土客之争更加强化了他们的宗族意识。他们通过尊祖敬宗、祭祀祖先的活动形式，来加强宗族内部的力量，以应对外部势力的入侵，是一种自我强化的精神支撑。赣南客家地区的祖先崇拜主要表现在：（1）日常生活、重大节日或婚丧嫁娶等红白喜事均要举行拜祖仪式，如清明节和冬至日的祭祖活动，全族人都要燃香备酒，缅怀与供奉祖先，宗祠和厅下是拜祖的重要地方，每家每户都有神龛供奉祖先灵位，香烛、鞭炮及祭祀品等是与祖先沟通的重要物品，虔诚叩拜是主要的仪式（见图 2.15）。（2）同族同房建祠修谱。为维系血脉关系，赣南客家人会举全族之力修建祠堂、续修家谱。祠堂既是全族人追根寻源、祭祖思亲的重要活动场所，也是客家人血脉相连、光宗耀祖的精神圣殿，还是彰显本族权势和财富的重要地方。祠堂内设有列祖列宗的牌位，本族的重大节庆、祭祀活动和重要事情均要在此举行。而与建祠意义相关联的是联族修谱。通过修谱可以进一步厘清清宗族内成员的尊卑长幼、亲疏远近关系，加强宗亲彼此之间的血脉联系，最终实现认祖归宗、敬祖收族的目的。赣南客家人修谱之风盛行，据 20 世纪 80 年代的不完全统计，仅宁都就有 1000 余部旧家谱，由此可见一斑。

图 2.15　赣南客家祭祖仪式

### （四）风水思想

赣南是风水文化的发祥地。唐朝末年杨筠松避居赣南，潜心研究创立风水学派，带领其兴国、宁都弟子曾文迪、廖禹、赖文俊等创立了风水学说中的"形势派"，世称"江西派"，实则为"赣南派"。赣南客家人有"一命二运三风水"之说，阳宅和阴宅的选址极为重要，其风水直接影响子孙后代的吉凶祸福，因此客家人在营造居所、修建坟墓、安名作灶时一定要先请地理先生寻龙点穴、察砂观水，有的甚至理发裁衣、沐浴出行等日常生活也必请地理先生择日选时。可以说，风水思想已经深入客家人心，渗透到每一个行业和每一处角落。赣南客家人迷信风水在旧志书上也有载："好谈风水，多惑形家言，清明、冬至改葬者纷纷。""然人信堪舆，惑于福荫，更有改葬、迁葬，难免洗肋抹骨之惨。”"俗信风水，往往葬后十余年，自行开视，以验穴之吉。"

### （五）巫术信仰

巫术信仰是人类社会较为早期的一种信仰方式。古人认为，巫能够与鬼神相沟通，能调动鬼神之力为人消灾致富，如降神、预言、祈雨、医病等。女巫称为巫婆，男巫叫"觋公"。赣南客家人的巫术活动比较频繁，遇事不分大小，都要巫师帮忙解决。巫师通神主要有两种方式：一是请神附体，巫师是神的化身，代神言行。二是巫师的灵魂可以出走，到鬼神所在的地方去，与神仙及亡灵沟通交流，接受鬼神的指示。当人们有心灾病痛或家庭不顺的事情时，要请巫师做法，巫师可以通过"跳神"（或叫发童）、招魂、求仙茶等方式驱鬼问神、治病救人、寻人问事。古时候客家人有"喊魂""兜魂"的习俗。"喊魂"是指有小孩夜晚惊哭或白天情绪不宁，经"查神""问仙"认定为"失魂"时，于傍晚在大门口呼魂回屋的一种仪式①。"兜魂"是指人的灵魂被鬼魂摄走，需要把它找回。"兜魂"最少需要三个以上的身体健壮的人，到丢魂的地方去敲锣打鼓、焚香祭祀。

### （六）俗神信仰

如果说宗教信仰是信仰中的高大上，那俗神信仰则更加市井世俗，更接地气，并因其就在身边而深受广大人们爱戴。在赣南客家地区，主要俗神信仰有"伯公"崇拜、"坊神"崇拜和灶神、财神崇拜。"伯公"有的叫"土地神"，俗民又叫"土地伯公"，体现了客家人对土地的崇拜。"伯公"神位随时随处可见，神位也十分简单，一块石碑、石头、木牌或一张红纸便可。俗民在从事生产或其他活动之前，总要先敬伯公，有"入山先问伯公""伯公唔开口，老虎唔敢食狗""宰牛杀羊，问过公王"之说②。"坊神"是本地的保护神，主要保佑本村落的一方水土，避灾消难、求子得福、除恶扬善，是离俗民最近的一方神仙。"灶神"也称"灶君"，是掌管一家福运的家神，因此与家里的命

---

①　房学嘉. 客家风俗［M］. 广州：暨南大学出版社，2015.

②　房学嘉. 客家风俗［M］. 广州：暨南大学出版社，2015.

运息息相关，"觋公"查家里的诸事，如果把灶膛口堵住，"灶君"不说话了，家里的什么事都查不出来。"财神"也是最为普通的一种俗神，对于经商的人而言，财神能保佑其财运亨通，一般商店里均有设置财神的神位，随时供奉，没有特定的仪式。"社官"（或社公）一般在村口的位置，管辖范围为本村，比"坊神"管辖范围要小，但权力很大，俗称"老虎进村，参拜社公"。

### （七）自然崇拜

在传统社会里，人类改造自然的能力较小，在抵御风险、抗击灾害之中表现乏力，寄希望于超自然的力量主宰世界，因此，对自然的敬畏深化为崇拜与信仰。在客家地区，自然界的山川河流、日月星辰、花草树木、山石田土皆可被神化为崇拜的对象。如对自然界的雷电，有俗语称"天上的雷公、地上的母舅公"，把雷公作为很重要的崇拜对象。每个村口都有年代久远的风水树，树龄较长，生长茂盛，见证了整个村庄的兴衰，在客家人心中逐渐演化为树神，将影响村庄的祸福与家族的命运，凡重大节日或家中遇有灾难，必然要燃香点炮，跪拜祭祀，期望树神保佑全村风调雨顺、人丁兴旺。于都有"雩山神"的记载："山川之神，则实有功德于民者，分非得祀，而情有可致。吾邑北四十里，有山峤起而干霄者，以祷雨有验，名之曰雩，不知始於何时。而县以山名，则山之神异，所以从来远矣。"（《雩都县志》卷13·《艺文》引《雩山神行田引》清·同治十三年）。这段记载便是对山神崇拜的最好印证。

### （八）圣贤信仰

圣贤信仰是对历史名人或圣贤的崇拜敬仰，并逐渐神化为心中的神明。如对孔子、武侯、关公、刘邦、项羽等。这些历史上被人尊崇的精英豪杰被演绎神化之后，在人们心中变得神秘并符号化，成为一种精神象征。这种信仰符号寄托了客家人在精神上的诉求。借助圣贤的力量，以达到保佑本人平安吉祥的目的。如有的地方将历史人物唐代秦叔宝与尉迟敬德作为守护大门的门神崇拜，在大门上绘有全身披挂、手执兵器的两员大将之形象，以镇邪驱鬼，保佑全家平安。这种信仰与客家之外的其他地区信仰无异。在赣南地区，对许真君（许逊）的信仰较为常见。许真君为东晋南昌人（239—374），据说他为政清廉，施惠于民，尤其在治理水患中有重要贡献，在江西影响甚大，信徒甚众，被认为是江西的福主。在赣南地区，到处都可见纪念许真君的万寿宫，并有相关的庙会活动。

## 二、赣南客家民间禁忌概述

"禁忌"是指犯忌讳的话或行动。"禁忌"与信仰相伴而生，有的禁忌是不允许随便使用神明或神圣化的物品，也有的禁忌是对不好的东西的回避。与其他地区的禁忌一样，客家地区认为违反约定俗成的禁忌会招致不幸。在长期的生产与生活之中，客家地区也形成了很多禁忌，主要表现在衣食住行、婚丧嫁娶、语言等方面。

### （一）衣食住行

在衣食住行等日常生活中，赣南客家人有很多禁忌。

1. 衣

穿衣忌穿反衣服，忌戴白帽子，不用麻绳系在腰间，认为这是戴孝，不吉利。寿衣袖子要长，忌露出双手，否则子孙会要饭。女人的衣服忌晒在男人衣物上面，特别不能从晾晒的女人裤子下面钻过去，这样做会带来晦气，小孩会长不高。女人的洗澡帕只能挂在暗角处。

2. 食

吃饭时，饭不能盛太满，更不能将筷子竖着插在饭里，像祭祀用饭一样，不吉利。祭祀用的酒菜和果品在祭祀前不能食用，祭祀后才可以食用，在外面的祭祀供品不可以食用。祭祀前一定要洗干净手，否则对神明不敬。吃饭时掉筷子了要说"明天有人请"，忘了筷子未洗要说"明天有客来"。不能敲打碗，不能用大碗蹲着吃饭，不能用手直接抓饭菜，否则会变乞丐。小孩被人或畜惊吓，要剪其指甲或羽毛给小孩洗脸，以免生病。别人为你斟酒时要站起用双手捧碗接酒，酒壶嘴不可指向客人存放。若主客未退席，同桌人最好不先退。请客时桌上不能摆三碗、八碗、十一碗。

3. 住

做屋时房屋朝向很有讲究。门前忌正对寺庙、坟墓、道路或者别人家墙角。卧床上面忌有大梁，大梁压顶不吉利。床不能与梁平行摆布，睡觉时忌头冲门，床忌对厕所，易得病。不能用东西敲打灶台和神台，否则会"犯灶神"，对灶神不敬。建房、做坟不能合罗盘绝线等。扫把不能指天，屋后的土不能乱动。

4. 行

出门必须选日子，忌逢"三煞日""空亡时"。做客"七不去，八不归"，有"七生八死""七衰八败"之意。"初五、十四、二十三日，外面有钱莫去贪"，这几天不宜出门。乌鸦在门前屋后啼叫，预报凶事来临，忌出门。戴孝之人丧期不能入别人家门。生人忌入新妇产房内。惊蛰至春社之间和农历七月初一至十四日，忌走亲戚，忌办酒席，忌夜行，有给已故人"拦社""悬衣"之嫌。走路时忌踢脚趾或小孩摔跤，如遇要"呸！呸！"猛吐口水，以吓跑拖脚鬼。另有"三十六人不过渡，五人三姓不同行"之说。老人去做客，最好"七十不留宿，八十不留餐"。

### （二）婚丧嫁娶

婚丧嫁娶也要择日选时。新娘入门时，家公家婆要躲避。结婚闹洞房时，忌打破碗盘、茶杯等器皿，不吉利，新人不顺。二婚的妇女再嫁、出亲、迎亲均忌大门出入，只能在晚上坐夜轿出嫁，且穿的鞋都要丢到社公里，不能走后龙山，也不可回头看原来自己家，俗称"夜轿婆"①。已出嫁的女儿忌在娘家过除夕及春节。喜庆送礼最好用红纸，不能用白纸包。无"立春"之年称"寡妇年"或"哑年"，不宜婚嫁和做灶。婚嫁建房忌在七月上半月进行。婚嫁节庆日，忌小妾、孤寡、再婚妇女进门，忌孕妇摸新娘的嫁妆。

父母逝世后百天内不能理发，三年内赴宴不能坐上席，否则视为不孝儿孙。每逢清明、冬至前后三日，才能到祖坟动土，否则犯忌。死人

---

① 房学嘉. 客家民俗［M］. 上海：华南理工大学出版社，2016.

忌逢农历初一、十一、二十一。死后七天逢七叫"撞死",认为家中会闹"风煞"。

**(三) 语言禁忌**

客家语言也有很多忌讳。"无"说成"有","少"说成"多","死去"说成"归仙"或"老了""走了","四"与"死"谐音说成"红数"。渔船上及平时乘船,忌谈"翻、沉"及其同音字,讳说"食饭"。进山讳说"斧头""柴刀"。猪舌头要改说"猪利子",猪耳朵为"顺风",猪血为"猪旺子"。小孩不能当面说好漂亮,应说"好丑"。新年打碎碗盘要说"岁岁平安",出门踩到狗屎要说"时高运大"。

## 三、赣南客家语言民俗概述

**(一) 赣南客家语言的分布**

客家方言被称为研究古代汉语的"活化石"。它既保留有古代中原地区的语言元素,又与当地语言糅合,形成独特的语言系统。罗勇认为:"赣南客家方言呈同一的多样性,主要是因为明末清初粤东、闽西的客家人大量回迁赣南,使赣南的客家方言不像粤东、闽西那样同一,而是同中有异。"①,其分布特征见图2.16:

从整体上来说,赣南客家方言分布广泛,除章贡区(河套以内老城区)及信丰小部分地区之外,绝大部分地区有客家方言分布,发音与语意大体一致,但如果要进一步细分,则可以分为中心片区和环形片区两大区域:中心片区主要包括赣县、南康、大余、于都、兴国南部、信丰北部及上犹和崇义两县东南部,其方言内部比较统一;而环形片内部又可以再分为宁石小片区、散形小片区和交叉小片区。宁石小片区主要包括宁都、石城两县;散形小片区包括定南、龙南、寻乌、会昌东南部、瑞金东部及上犹和崇义两县的西北部;交叉小片区包括中心片和环形片的交接地带,即信丰南部、安远、会昌西北部、瑞金西部、兴国中

---

① 罗勇. 客家赣州 [M]. 南昌:江西人民出版社,2004.

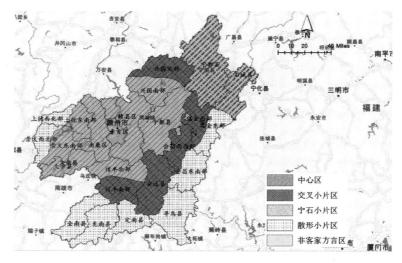

图 2.16　赣南客家方言分布图

北部。它们既有环形片方言的某些特点，同时又有中心片区方言的某些特点①。

**（二）主要的客家俗语介绍**

赣南客家方言里有很多俗语，这些俗语通俗易懂、形象生动、幽默风趣，蕴含了深刻的哲理思想，是客家人在生产生活过程中的实践总结，也是客家人观察事物的智慧结晶，具有典型的地域特色。我们对赣南客家俗语进行分类整理，并节选一些比较有代表性的放在这里。这些谚语主要摘选自《客家网》（http：//www.hakka.com/），经整理而得。

1. 农业气象类

（1）春

春暖春晴，春寒春雨。

春雷十日阴，半晴半雨到清明。

春雨贵如油，有雨人不愁。

---

①　罗勇.客家赣州［M］.南昌：江西人民出版社，2004.

正月蛤蟆叫，禾种下三道。

春东风，雨咚咚。

雷打立春节，惊蛰雨不歇。

清明要明，谷雨要雨。

清明前后，种瓜种豆。

清明冇雨三月旱。

（2）夏

立夏起东风，早禾收割丰；立夏起北风，十口鱼塘九口空。

立夏小满，河满缸满。

莳夏禾，吞（喂）鸡婆。

唔怕五月五日雨，只怕六月六日风。

五月端午雨生虫，六月六日雨灭灾。

芒种芒花开，夏至禾爆胎。

芒种火烧天，夏至雨连连。

小暑一声雷，晒谷搬去又搬回。

头伏有雨二伏旱，三伏有雨吃饱饭。

夏至西北风，菜园一扫空。

（3）秋

秋雨隔层皮。

立秋番梗（晚稻）处暑豆。

立秋有雨得丰收，立秋冇雨禾半收。

雷打秋，禾半收。

地怕秋冇雨，禾怕钻心虫。

白露白茫茫，番梗（晚稻）豆子要塞行。

重阳冇雨看十三，十三冇雨一冬旱。

霜降并重阳，死了冇人扛。

八月旱，番薯压得扁担断。

（4）冬

立冬禾到立冬死，有青禾无青米。

81

小雪大雪，煮饭唔察。

冬至在月头，无被唔使愁。冬至在月腰，有米无柴烧。冬至在月尾，冻死老乌龟。

冬至唔过唔寒。

小寒唔寒大寒寒。

十月雷打冬，十只牛栏九只空。

2. 饮食生活类

人是铁，饭是钢，一餐唔食饿得慌。

有食就火气，冇食就起火。

食就十足，着就九六。

有食想到冇食时，等到冇食倒悔迟。

食得几碗饭，神仙都唔贪。

冬食萝卜夏食姜，唔劳医师开药方。

想好又想好，猪肉捞（放）油炒。

要想食饭，就得流汗。

别人龙屋再好，唔当自家狗薮。

蒸酒磨豆腐，唔敢逞师傅。

3. 人生哲理类

懒人有懒命，锅头唔洗狗舔净。

糯米蒸酒，粘米煮粥，擂锤打凿凿打木。

天冇三日雨，人冇一世穷。

食不穷，着不穷，无划无算才会穷。

说话要留言，斟酒要留沿。

馊粥馊饭好食，冷言冷语难听。

禾就怕寒露风，人就怕老来穷。

近河莫枉（浪费）水，近山莫枉柴。

会划会算，钱粮唔断。

有嘴话别人，冇嘴话自家。

4. 读书励志类

养子不读书，不如养头猪。

祖业分呃富，创业富长久。

人穷力出，山崩石角。

养子呃读书，不如养只猪。

子弟呃读书，好比瞎眼珠。

秀才呃怕衫破，最怕肚中冇货。

捡漏趁天晴，读书趁年轻。

天光呃起误一日．少年呃学误一生。

读书肯用功，茅寮里面出相公。

人穷志呃穷，蟒蛇脱壳变成龙。

5. 婚姻家庭类

千拣万拣，拣个烂灯盏，千铎万铎，铎个烂瓠杓。

养仔呃知娘辛苦，养女才知苦了娘。

买屋看梁，娶妻看娘。

兄弟和好土变金，子嫂和好家业兴。

好子不要爷天地，好女不要爷嫁衣。

茶香酒香，子孙满堂。

公婆是公婆，床头打架床尾和。

食酒食肉，不如夫妻和睦。

相骂莫帮言，相打莫帮拳。

人情一到，谷种都要粜。

(三) 主要的客家歇后语

冷水打布壳——呃相粘

驼背子冇落席——两头空

猴子捡到一饼姜——欲弃不忍

聋子的耳朵——做样子的

鼻公头上的饭——捋下就台

两角钱买甑刷——试一把

鸡婆带子——一大拉

手心手背都是肉——样亲

脱掉帽子见痂痂——公开

黄鼠狼给鸡拜年——冇安好心

鸭婆背上倒勺水——装冇进

两公婆拜年——多了的理（礼）数

蛇过了来打棍——做作

黄鳅（泥鳅）听水响——跟祥

半斤八两——一个样

番鬼子吹大筒——冇下台

看等狗牯屙死猫——冇上前（不相救）

卖糠壳——枭（调）皮

屎窖门——懒搭［答）

饭甑肚里放铁尺——蒸（真）家伙

挨了袜（裤子）来放屁——多此一举

钝刀切菜——爱缸"帮"（相帮）

打米问仙——同鬼讲

阎王冇着裤——笑死鬼

觋公铁撇印——无法

纸做猪头——哄鬼神

刀切蕹菜——两头空

阎罗王开饭店——鬼来食

圩背摆摊——外行

孵鸡冇出——坏蛋

**（四）主要的客家童谣**

1. 小郎读书

白饭子，白珍珠，打扮小郎去读书。正月去，二月归，挑担箩夹等嫂归，归来花缸冇滴水。鹅担水，鸭洗菜，鸡公舂谷狗踏碓，狐狸烧火猫炒菜，猴哥偷食燂疤嘴。

2. 先生教人之初

先生教𠊎人之初，𠊎教先生打山猪。山猪漂过河，跌得先生背驼驼。

**3. 排排坐**

排排坐，唱山歌，爷打鼓子倻打锣。新妇灶背炒田螺。田螺谷，刺到家官脚，家官呀呀呀，新妇笑哈哈。

**4. 拍手歌**

一打一，松树屋上一管笔。两打两，两子亲家打巴掌。三打三，脱去棉袄换单衫。四打四，两子亲家打斗趣。五打五，五月十五好嫁女（音"吭"）。六打六，河背村庄火烧燎。七打七，天上落水地下湿。八打八，穷苦人家挦粥缸。九打九，两子亲家饮老酒。十打十，糍粑粄子软泥泥。

**5. 荷车子**

荷车子，嗬呀嗬，吭莫笑𠊎有老婆。再过两年讨一个，牵手搭脚两公婆。

**6. 新人子唔要叫**

新人子唔要叫（哭），

哥哥背你上轿，老公牵你下轿，

过只田塍过只坳，打个爆竹就会到，

唔见你家石灰屋，只见你家石灰灶，

灶角一只鸭婆呱呱叫；

灶角一只蛇，以为是你爷；

灶角一把台扫，以为是你娘姥；

灶角一脚盆，以为是你舅婶……

**7. 妈呀妈，𠊎要嫁**

妈呀妈，𠊎要嫁，

嫁得犁头坝，吃了西瓜来吃蔗，

瓜子剥到夜，花生伴擂茶……

**8. 月亮姑姑**

月亮姑姑月亮凉，请你下来照屋场；

照得屋场风水好，年年爬起割大禾。

9. 归归路

归归路，归得姐门口过；

姐姐叫我歇，涯又哇学打铁；

打铁难牵炉，涯又哇学打屠；

打屠难磨刀，我又要学熬硝；

熬硝难剜壁，我又要学打锡；

打锡难拍扇，我又要学开店；

开店难推磨，我又要学做勺；

做勺又会暴（破），我又哇学养猫；

养猫又会走，我又哇学养狗；

养狗又会癫，我又哇学养鸡；

养鸡又会飞，飞到天上当神仙。

10. 麻雕子，尾巴长

麻雕子，尾巴长，讨了老婆认唔得娘，

娘是路边草，还是老婆好，

娘是路边青，还是老婆亲，

娘要酒，哪里有，

娘要肉，割不脱，

老婆要肉割瘦肉，

娘要钱，手沙沙，

老婆要钱大把抓。

## 四、赣南客家民间音乐与戏曲概述

### （一）赣南采茶戏

赣南采茶戏主要分布于安运、信丰、于都、石城、赣县等地。赣南采茶戏形成于明末清初安运县九龙山一带的茶区，艺人在演艺中将粤东传入的采茶灯融于赣南的灯彩艺术之中（见图 2.17）。经过长期锤炼，到清初时就从唱茶歌、舞茶灯的原始形态衍变、创造形成了有简单情节，以大姐、二姐、茶童三个人物角色表演的最早赣南采茶戏——三角班。它载歌载舞，气氛轻松活泼，语言幽默风趣，融民间口头文学、民间歌舞、灯彩于一体，具有浓郁的生活气息。由于采茶戏源于劳动人民，有着深厚的民众基础，所以发展很快，迅速传入信丰、于都、石城、赣县等地。清乾隆年间，赣南采茶戏向外传播成为赣中、赣东、湘中、闽西、闽北、粤东、粤北及广西一带的流行戏剧。

图 2.17　赣南客家采茶戏

**（二）东河戏**

东河戏主要分布于赣县与兴国交界的田村、白鹭等地，是诞生于赣南的古老剧种之一，因发源于赣南贡江流域故称"东河戏"（见图2.18）。明代嘉靖年间，在赣县与兴国交界的田村、白鹭等地流行一种以高腔曲牌清唱故事的坐堂班，坐堂班又在民间庙会游神，"扮故事"形式上发展到以高腔大本戏为主的舞台演唱，形成东河戏雏形。传统剧目在1950年以前保存有一千余种。代表剧目有《雷峰塔》《挽发记》《玉簪记》《扫秦》《六国分相——刺股记》等。

**（三）山歌**

山歌主要分布在兴国、瑞金等地。赣南客家山歌是随着客家民系的

图 2.18 赣南客家东河戏

形成而形成并发展的，是中原移民文化与本地土著文化相融合以及周边文化影响的产物。它产生于客家劳动人民间，人们在山上砍柴、摘木梓、伐木放排、铲松油、挑担及田间劳动时，或为寻觅同伴，以驱野兽强盗；或为消除疲劳对歌打趣；或诉幽怨；或泄愤懑；或表男女爱慕之情，等等，都用山歌的形式来表达，是客家人民生活的一面镜子。歌是民歌的一种，其起源应该是远古先民的劳动和生活。兴国山歌的起源，也要追溯到远古的劳动场面。中国最早的民歌集《诗经》里，就有一首《小雅·伐木》，歌中唱道："伐木丁丁，鸟鸣嘤嘤……嘤其鸣矣，求其友声。"表现了远古的伐木者在一片斧头铿锵声中，像鸟儿一样放声唱歌的情景。他们唱歌的目的，是在劳动间隙与朋友交流。兴国山歌的起源，就是源于这种伐木的劳动场面。2006 年 5 月 20 日，兴国山歌经国务院批准被列入第一批国家级非物质文化遗产名录。

(四) 道情

道情主要分布于宁都、石城、瑞金、于都、兴国等地。道情原系明代从外地传入的曲艺，是清初与当地民间音乐相融合、发展而形成的，是具有本地特色的地方曲艺。由 1 人或多人演唱，节奏变化较大。曲调不板腔，联曲混合体有引子、曲头、尾子。传统节目有 3000 余种，以

《銮刀记》《烟刀记》为独有。

### (五) 古文

古文主要分布于宁都、石城、瑞金、于都、兴国等地。清道光年间流行于于都，多为盲人用地方语言演唱，演员、乐师系一身，说唱结合，以唱为主，用勾简式渔鼓、竹板、小鼓伴奏。一般有 4 句，上、下对应，即兴表演成分多。传统曲目多取材于历史故事和民间传说，大多是演唱三四小时的中篇，有《珍珠塔》《朱买臣》《秦香莲》等 30 余部。以"十八搭"形式编唱过《送郎当红军》《抗日救国》等曲目，动员工农群众参加革命斗争。

### (六) 灯歌

灯歌主要分布于于都部分乡镇（段屋、葛坳、沙心、宽田、黄麟、盘古山、祁禄山等）。灯歌是赣南民间古老的传统歌舞，有龙灯、鲤鱼灯、摆字灯、高灯、狮子灯、云灯、茶篮灯等近 20 种。大多用锣、唢呐、鼓伴奏，载歌载舞非常热闹，灯歌则是在灯彩表演中演唱的小调音乐，常见的有斑鸠调、进坑歌等。花灯有耕田花鼓与灶背花鼓，又有进门歌和出门歌等，趣味盎然。

## 五、赣南客家游戏娱乐民俗概述

### (一) 舞龙舞狮

舞龙舞狮的习俗在全国各地较为普遍，在赣南客家地区尤为盛行。各地舞龙舞狮的习俗层出不穷，种类繁多。据吴玉华[①]等人统计，一共有 48 种舞龙类、17 种舞狮类，其中较为典型的舞龙类有：宁都洛口的竹篙火龙、全南及龙南的"香火龙"、安远的"瑞龙"、信丰的子孙龙及会昌的"拜字龙"等。典型的舞狮类有：上犹营前的"九狮拜象"（见图 2.19），信丰古陂的"蓆狮""犁狮"，定南的"瑞狮"等。舞龙舞狮的时间一般在大年初二至十五的晚上。人们用线香、竹竿、稻草、

---

① 吴玉华. 赣南客家节庆民俗体育 ［M］. 北京：北京体育大学出版社，2014.

火把等制成龙和狮的形象。晚上蜡烛或火把点亮之后，乐队奏乐，首先要到祠堂或者庙里举行祭拜仪式，祭拜结束后，表演队伍走街串巷，到各家各户举行表演。表演队伍到家之前，主人必须把厅下大门打开，点上线香与蜡烛，准备好鞭炮。表演队伍到家以后，先进厅下祭拜祖先和灶神，据说拜完之后家里的六畜兴旺。祭拜完毕，队伍到空旷的地方（一般为禾坪）开始表演，表演时鞭炮齐鸣，锣鼓喧天，龙腾虎跃，活灵活现，十分热闹。表演完毕，领队高唱赞歌，众人齐声喝彩，并说"添子添孙""添福添寿"等吉语，东家要递上红包致谢，好酒好茶招待。头一年如果家里有做新屋、娶媳妇、添丁等喜事，表演的时间会延长一些，并突出一下主题，东家要多给红包。龙是天上主管天气的神明，龙能行云布雨、消灾降福，象征祥瑞。客家人用舞龙来祈祷龙的保佑，以求得风调雨顺、五谷丰登。而狮子外形威武，动作刚劲，神态多变，客家人用舞狮来祈祷狮子的保佑。人们相信狮子是祥瑞之兽，舞狮能够带来好运，所以每逢春节或其他一些庆典活动，都会在阵阵锣鼓鞭炮声中，舞狮助庆祈求吉利。

图 2.19　上犹营前的"九狮拜象"

### （二）张灯结彩

赣南客家地区有关灯彩类的娱乐活动也较多，共有 20 余项，其中最有代表性的有石城的"板桥灯""茶篮灯""蛇灯"，南康的"鲤鱼灯"（见图 2.20），宁都石上的"割鸡担灯"，全南的"车马灯"等，表演时间一般是在正月上旬。这些灯彩主要以自然界各种动物或常见的物体为原型，用竹子作为框架，内置蜡烛或油灯，框架上糊上各种剪纸图案。入夜后点上火，灯罩在火光的照映下通天透明，各种造型栩栩如生。灯彩表演队伍少则两三人，多则十几二十人，一般由有经验的长者、青年小伙和小孩组成，乐队和演员均为本村人。游灯流程一般由出灯、祭祖、开财门、扫场子和收灯几部分组成。游灯仪式类似舞龙舞狮队伍，先是祭拜，然后表演，再唱赞词喝彩，最后奉上贺钱。如有添丁做寿、新居落成或结婚升学的均要另外加演。游灯也是赣南客家民俗的一个亮点，集剪纸艺术、灯光造型、音乐舞蹈、健身娱乐、运动休闲等于一体，有很强的观赏性、娱乐性和文化艺术性，也是人们祈福求荣、保佑平安的一种民俗表现形式。

图 2.20　南康的"鲤鱼灯"

### （三）舞蹈表演

赣南客家地区也有很多特色鲜明的舞蹈表演，如大余南安的"罗汉舞”、全南的“花棍舞”、宁都黄石的“中村傩戏”及安远的“上刀山”等节目。这些表演节目各具特色，意义非凡。

大余南安的“罗汉舞”俗称罗汉送喜，是大余县仅有的祈神求子的民间舞蹈。“罗汉舞”也是在正月上旬表演的主要节目。表演的基本仪式与舞龙舞狮基本类似，但因罗汉是神明，所以一般表演时间会在舞龙舞狮之前。“罗汉舞”集音乐、舞蹈及技巧表演于一体，极具观赏性。主要以模仿罗汉的形象为内容，表现罗汉崽从天庭降到人间的神话情节。可以分为罗汉头表演、罗汉崽表演、人体重叠造型这三部分。主要以儿童表演为主。舞蹈具有典型的宗教神话色彩，客家人希望通过这种方式祈求得到神明的保佑，保佑家庭多子多福、儿孙满堂。

全南的“花棍舞”是全南客家地区瑶民的一种民俗风情舞蹈。该舞蹈是瑶族文化的集中艺术体现。花棍舞最原始的舞蹈形式可以追溯到师公“还愿”仪式和祭拜祖宗的活动。表演时间一般是在农历的十一月至次年的二月，当地瑶族人都要举行重大的祭祀活动，并跳起这种舞蹈，以表达对美好生活的向往。舞蹈源于“朝黄仪式”，舞者和着优美的山歌曲调，手持绘有人头、狮身的点兵棍，主要模仿瑶民在生产生活中打猎、筛米、擂茶、挖笋等动作。舞蹈承载着过山瑶许多重大文化信息和原始生产、生活记录。舞蹈通过歌舞娱神、娱人的祭祀仪式，成为过山瑶传统文化得以保存和延续的重要载体。

宁都黄石的“中村傩戏”（见图 2.21）是当地村民每逢过年过节，用来祈福的一种传统戏曲艺术，它以动作原始优美而著名。“中村傩戏”表演有一定的程式，其特点有些类似道教的“踏罡”“踩灵”等步伐，表演动作较简单原始，但粗犷、热烈、火爆，虽无行当之分但有男女之别，不论演什么角色，都要戴面具。面具由木头雕凿制作而成。“中村傩戏”一年有两次表演时间。第一次由农历正月初二到正月十六日，演出活动范围达两县（宁都、瑞金）三乡（黄石、对坊、瑞林），历时 15 天。第二次从每年的农历九月十一开始至十七日结束，历时 7天，全在黄石镇境内。每次禳神出神，都要抬菩萨游村，村民以香烛敬神后即演傩戏《打保安》，然后戴着钟馗面具的傩到各个厅堂走一圈，也有群众请他们去走，以示驱邪逐疫。

图 2.21 宁都黄石"中村傩戏"表演

"上刀山"是我国传统宗教文化，源于道教正一派中的混元派红头道士（"阳师"）的一种祭祀仪式。安远的"上刀山"（见图 2.22）是由师傅一人或师徒二人共同表演的一种绝活，在一张 1 米高 1 米见方的方桌上竖起一根 12 米高的柱子，柱子上双向每隔 50 厘米，安插一张刀口朝上的利刀，共 36 张利刀。表演人头扎红法帕，再戴龙凤呈祥、三大仙师云冠，身穿古代女装，腰束五彩腰带，上刀山前要做梵香、祭祀仪式，仪式开始时由 6 名乐手（5 名打击乐，1 名唢呐）演奏道教音乐伴奏，手拿镰刀锡角，随着道教音乐唱念，摆动舞姿起告，脚沾祭水，脚底盖"太上老君印"，然后双手扣住上面的刀刃，再将光脚板踩在刀刃上，一步步向上攀登，直到刀山的顶端，在刀山顶端表演倒立等各种高难度的动作。安远的"上刀山"主要通过仪式祭祀神灵、驱邪镇煞，祈保国泰民安、风调雨顺。

**（四）竞技娱乐**

竞技娱乐是赣南客家人茶余饭后的一种休闲娱乐、体育竞技方式。较为典型的有赣县白鹭村的"抢打轿"、龙南杨村的"池塘龙舟赛"、宁都田头的"抬古史"等。

图 2.22　安远"上刀山"表演

　　赣县的"抢打轿"是赣县白鹭村独有的一种古老的习俗。一般安排在正月初七迎彩灯结束后举行。首先在祠堂下准备一个"井"字形的大木架——打轿，并举行祭拜仪式，点烛焚香，礼炮轰鸣，鼓乐喧天。年轻的小伙上身赤膊，众手高擎打轿，三起三落，重重地击地三下，雷爆般怒哄三声："发！发！发！"并一起向祠堂外奔跑。各家各户都会请年轻的小伙子把打轿抢回自己家，帮忙的人越来越多，场面越来越大。大家以抢到打轿为荣，尤其是那祈求添丁生子的家族，愿望更加迫切，企图领到打轿，带来好运、心想事成。抢打轿常常通宵达旦才见分晓。抢到打轿的人家会把打轿供奉起来，并请参与抢轿的人到家里开怀畅饮。

　　龙南杨村的"池塘龙舟赛会"（见图 2.23）起源于明朝弘治年间，是一项以龙舟竞渡形式祭祀龙神、祈福求吉的传统民俗活动。一般安排在每年的农历五月初一至初五，无论多远，在外地的杨村人都会赶回来参加千人宴，交流经验，共商发展，同祈平安。龙舟赛有祀奉龙神、请龙神、龙船会、扫邪、决赛、游船、龙神归位、送游船鸭等传统民俗活动事项。"池塘龙舟赛"是全国独有的在池塘里举行的一种端午民俗赛事，也是世界上最小的龙舟赛，其间要举行各种祭祀仪式，仪式隆重，场面热烈，具有很强的娱乐性和观赏性。

图 2.23　龙南杨村的"池塘龙舟赛会"

宁都田头的"抬古史"是在宁都县田头镇举办的抬古史民俗活动，一般都是伴随新年庙会进行的。活动时，用木制衔轿式小轿，以彩绸、纸花、金银首饰装点得绚丽别致，将孩子打扮成一些历史人物、君王、将相、妃子等，抬着他们游街而行，受人迎接与供奉。据了解，这种民俗代表的是客家地区对汉民族文化的一种信仰，目的是祈求吉祥如意、人寿年丰。

## 六、赣南精神民俗文化的地理学解释

### （一）民间信仰与地理特征

民间信仰是一套神灵崇拜观念、行为习惯和相应的仪式制度。它以自然崇拜、图腾崇拜、祖先崇拜以及其他地方神灵崇拜为核心，来源于人们对现实世界的理解和对虚拟世界的想象，根植于乡土地域社会，是人类认识自然、了解自然和重构自然的一种虚拟表达方式。民间信仰最初起源于原始崇拜和自然崇拜。在生产力相对低下的传统农业社会，人类认识自然、改造自然的能力较差，对周遭的地理环境了解不深。在当初的知识水平和技术能力基础上，很多自然现象或规律得不到科学的解释和有效的预防，而这些自然现象或规律又密切影响着人们的生产生活。因此，人们习惯于想象现实世界之外还有一个虚拟的世界。这个虚拟世界掌控着人类没有的"超能力"，这种"超能力"成为主宰着宇宙万事万物的"潜规则"，人类如果不按照这个"潜规则"来办事，必然将遭受来自神明的惩罚。在赣南客家地区民间信仰中，有很多信仰都与自然密切相关，蕴含着朴素的人地观思想。譬如"伯公"崇拜就是客家人对土地的一种敬仰。土地是人们生产生活和资源获取的重要场所，人们很早就认识到土地的重要性，把土地当成一种敬仰的对象，凸显土地在人类社会和虚拟世界的重要性，是对人地关系的另一种理解与阐述。更值得一提的是，赣南地区的风水思想极为盛行。风水思想是中国古代思想一种重要的人地观。风水思想所倡导的寻求藏风得水的"风水宝地"，实际上是良好人居环境的营造。风水观念在认识人与自然的关系中主张"天人合一"，把人看成是自然的有机组成部分，人不能违背天道，更不能对抗自然，但可以适应和利用自然。由此可见，在处理人地关系中，风水思想强调的是人地和谐观。同时，风水思想里还有现代地理学的整体观、区域观、时空观、系统观等学科思维，某些地方有异曲同工之处。譬如风水思想中的"五行"相生相克观可以理解为地理要素之间的相互联系、相互制约。

民间信仰还表现有典型的地域性特点。每个地方的自然环境、交通运输方式、乡土意识形态、移民特征及历史文化都不同，也造就了不同地域的民间信仰存在明显的区域差异。从信仰的对象来看，不同地区都有着不同的地方神灵组合，河流沿岸的村落水神崇拜居多，而依山而建的村落则注重山神的崇拜。在赣南客家地区，每个地方都有自己的"坊神"，保佑地方一方平安，这些"坊神"崇拜在传说故事和仪式活动等方面都表现得千差万别、各具特色。还有些地方有独一无二的信仰，如于都有雪山神崇拜，于都县洛口南岭村有火龙崇拜，上犹县城则信仰廖公菩萨。

此外，在赣南客家信仰中，祖先崇拜十分明显。这一崇拜盛行与客家文化形成与发展的历史及所居住的地理环境是密不可分的。祖先崇拜强化了客家人的宗族关系。在传统社会，客家人从北方地区大举南迁、客居他乡。赣南地区大多属于交通闭塞、土地贫瘠的山区，自然环境相对恶劣，土客之争在相当长的一段时间存在。为了应付新的自然环境与人文环境的双重挑战，客家人抱团取暖、聚族而居。认祖归宗、血脉亲情成为维系家族的精神纽带。从这个意义而言，祖宗崇拜是客家人顺应自然环境所作出的一种积极的精神反映。

### （二）民间谚语与地理现象

民间谚语是广泛流传于民间的言简意赅的短语。多数谚语反映了劳动人民的生活实践经验，而且一般是经过口头传下来的。有很多谚语是人们群众与大自然和谐相处的过程中积聚下来的宝贵经验。在生产、生活实践中，人们仔细观察风云雷电、雨雾雪霜、日月星辰、动植物等，不断总结这些地理现象的基本规律，以简明扼要、形象生动的语言描绘它们的千变万化，并预测它们的动静走向。在赣南客家谚语汇中，有很多谚语来自人们对地理现象的观察和总结。譬如"春雷十日阴，半晴半雨到清明"概括的是清明节前后的气候特征，"芒种火烧天，夏至雨连连"总结的是芒种和夏至的天气规律。"白露白茫茫，番粳（晚稻）豆子要塞行"描述的是气候与农产品丰收之间的关系。"六月秋，紧揪揪；七月秋，慢悠悠"归纳的是节气与农事活动安排的联系。从这些谚语可以看出，地理现象具有明显的规律性，掌握了这些规律性的知识，便可以预测天气的变化，很好地指导农事活动。这是赣南客家人对地理现象观察和总结的最好总结，也成为优秀民俗文化的重要组成部分之一。

### （三）音乐艺术与自然环境

艺术源于生活而高于生活。很多民间艺术来自田间地头，是人们生产生活的写照和提炼。赣南地区地处丘陵地带，人们常年居住在山间盆地或河谷平原，从身边的自然环境获取了艺术创作的灵感和素材。譬如，山区的温度和湿度比较适宜茶业、伐木业的生产。赣南采茶戏就发源于客家人在安运县九龙山一带的茶区，是当地人们在采茶过程中加工创作出来的一种艺术形式。因此，在采茶戏中，不论从舞蹈形式还是故事内容中均可以找到采茶的元素。兴国山歌最早起源于伐木工人的劳动号子，是当地人们在山上伐木过程中对劳动场面、生活琐事、感情诉说的描写和记录。还有诸如舞龙舞狮、游戏竞技等民间艺术活动，也与当地人的生产生活习俗和自然环境有关：全南的"花棍舞"有很多模仿打猎、筛米、擂茶、挖笋等动作，信丰古陂的"蓆狮""犁狮"的雏形就来源于生活中的"蓆"和"犁"。这些艺术形式均有人们利用自然、改造自然的场景呈现。

　　我们还注意到，在赣南一些民间艺术活动中，还有一些祈福仪式或宗教活动。这些仪式或活动也与自然环境密切相关。譬如在客家信仰中，龙能行云布雨、消灾降福，舞龙就是期望来年风调雨顺、庄稼丰收。赣南客家很多地区正月都有扛菩萨游行的习俗，目的是希望通过这种重要的仪式与神灵沟通，保佑一方地区无灾无难、村民平安幸福，达到人地和谐、人神共存的境界。这些仪式表面上是一项宗教活动，实则为人与自然环境对话的一种表现形式。

# 第三章 赣南客家文化景观
# 地域分异特征

客家文化是以汉族传统文化为主体，融合了当地土著民族文化而形成的一种多元文化。它不仅保留了古老汉民族固有的优秀文化传统，还吸收畲族、瑶族等的优秀文化和风俗，形成了风格独特、多姿多彩的客家文化景观。这些客家文化景观广泛分布于赣南 18 个县（市、区），具有典型的地域分异规律。分析赣南客家文化景观地域分布的规律，对探索赣南客家文化的产生与发展、空间分布与空间扩散特征和传承保护赣南客家优秀传统文化具有重要意义。

我们将赣南客家文化景观按照其物质形态，分为物质文化景观和非物质文化景观。考虑数据可获得性，物质文化景观主要采用赣南地区所有的文物保护单位（国家、省、市级文物保护单位）、中国传统村落（第一至第五批）、风景名胜区（省级以上风景名胜区或 3A 级以上景区）的数据，非物质文化景观主要采用非物质文化遗产（国家、省、市级各批次）的数据。

研究方法主要采用数理统计法和 ArcGIS 中的核密度分析法。核密度分析法是基于地理事件在区域上的发生概率来进行估计的方法。核密度分析易于实现，并能较好地反映地理现象空间分布中的距离衰减效应①。运用 Excel 工具对赣南客家文化景观在各县（市、区）组合状

① 焦利民，李泽慧，许刚，张博恩，董婷，谷岩岩．武汉市城市空间集聚要素的分布特征与模式［J］．地理学报，2017，72（8）：1432-1443.

况、分布数量、经纬度位置等进行收集汇总和统计分析。利用 ArcGIS 中 Arctoolbox 的 Spatial Analyst 模块中的 Kernel Density 工具进行核密度分析，计算赣南客家民俗文化的核密度值，并将其值按照自然断点法进行分类，得到关于客家物质文化景观和非物质文化景观的核密度分布图，探究其空间集聚特征。

## 第一节　赣南客家物质文化景观地域分异特征

### 一、文物保护单位地域分异特征

赣南地区历史悠久，在宋朝时期发展成为全国三十六大州之一，近代又是红色革命的核心区——赣南苏区所在地，历史文化底蕴深厚，文物古迹甚多。国务院文化和旅游部、国家文物局发布的数据以及赣南地区文广新旅局提供的数据统计显示：截至 2019 年底，赣南地区现有市级以上文物保护单位 310 个，其中，全国重点文物保护单位 29 个，省级文物保护单位 182 个，市级文物保护单位 99 个（第二批、第三批）。

#### （一）国家级文物保护单位地域分异特征

赣南地区共有国家级文物保护单位 29 个（见图 3.1），它们分布于赣南多个县、市、区，并具有一定的集中性特征。从空间集聚特性来看，主要有三个集聚区：中心城区章贡区、南部地区（尤其是龙南市和安远县）、东北部地区（尤其是瑞金市、于都县、宁都县）。具体而言，章贡区有 6 个，瑞金市、宁都县和龙南市各有 4 个，于都县有 3 个，安远县有 2 个，这 6 个县市的总数占全区总数的 80% 左右。其他地区的国家级文物保护单位分布较少，位于西部及西南部地区的崇义县、上犹县、南康区、全南县、定南县、石城县共 6 个县市区为空白区。从国家级文物保护单位的类型来看，主要以历史遗迹、传统建筑及红色遗址居多。章贡区的国家级文物保护单位多为历史遗迹类的，如赣州城墙、通天岩石窟。南部地区的国家级文物保护单位多为客家传统建筑类的，如龙南关西新围、安远东升围。而东北部地区的国家级文物保护单位多为红色遗址类的，如宁都起义指挥部旧址、瑞金革命遗址、中央红军长征出发地旧址等。

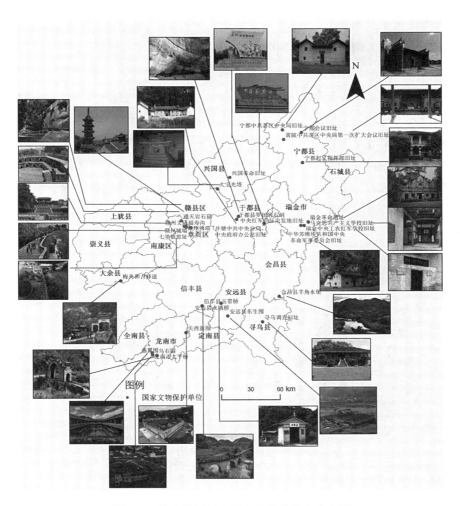

图 3.1　赣南地区国家级文物保护单位分布图

**（二）省级文物保护单位地域分异特征**

境内共有省级文物保护单位 182 个，在赣南 18 个县（市、区）均有分布（见图 3.2）。从数量上来看，瑞金市省级文物保护单位分布数

101

量最多，达 26 个；数量由多到少的县（市、区）依次为兴国县（19
个）、宁都县（15 个）和石城县（15 个）、于都县（13 个）、章贡区
（12 个）和会昌县（12 个）（见图 3.3）。这七个县（市、区）是省级
文物保护单位的主要分布地区，总数占整个地区总数的 61.5%。分布
较少的县市为南康区、龙南市、信丰县，各有 4 个，总数只占全市总数
的 6.6%。从全域的空间分布来看，省级文物保护单位主要分布于东部
及北部地区，西部地区分布相对较少。此外，结合实际情况可知，省级
文物保护单位的分布数量与空间位置与历史事件存在着紧密的联系。历
史上曾发生过重大历史事件的地区，其省级文物保护单位分布密集、数
量较多。例如"红色故都"瑞金、"将军县"兴国、"苏区摇篮"宁
都、"中央红军长征出发地"于都等地区，历史上都是红色革命的核心
区域，其省级文物保护单位分布数量较多、分布较密。

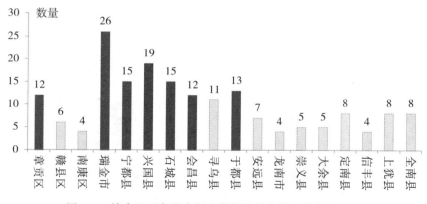

图 3.2　赣南地区各县省级文物保护单位数量分布特征图

**（三）市级文物保护单位地域分异特征**

境内共有市级文物保护单位 99 个（第二、三批统计数据），广泛
分布于各个县（市、区）（见图 3.4）。从空间分布核密度图（见图
3.5）可以看出，市级文物保护单位有 4 个分布密集区：东部（瑞金
市）、东北部（石城县和宁都县）、南部（龙南市）以及中心城区章贡
区，而西部、中部以及东南部地区的市级文物保护单位分布较稀疏，究

图 3.3　赣南地区各县省级文物保护单位空间分布特征图

其原因，章贡区地处赣南中心区，是赣南的政治、经济、文化中心，发展历史悠久，文化底蕴深厚，文物保护单位数量多。龙南市内围屋众多，有大小围屋 360 余座，客家围屋作为客家传统建筑大多年代久远，具有较高的保护价值，很多被政府列为文物保护单位。瑞金、石城、宁都在红色革命时期是我国重要的革命根据地，红色文化特色鲜明，众多革命遗址被列入文物保护单位名录。

## 二、中国传统村落地域分异特征

从发生学的角度来说，传统村落是指中国古代先民在农耕文明进程中，在族群部落的基础上，进而因"聚族而居"的生产生活需求而建

图 3.4　赣南地区市级文物保护单位分布图

造的、具有相当规模的、相对稳定的基本社会单元①。中国拥有悠久的农耕文明史，传统村落是伴随着农耕文明发展而来的。赣南是中原百姓南迁的重要移民地区，在赣南客家大地上保留着众多有着客家文化特色、传承着历史记忆的客家传统古村落。如宁都东龙村、兴国三僚村、赣县白鹭村、寻乌周田村等，都是赣南客家人世世代代居住的传统古村落。客家传统村落年代久远，少则数百年，多则上千年，具有深厚的历史文化内涵，集中体现了赣南客家文化的特色，因此也成

---

①　胡彬彬，李向军，等．中国传统村落保护调查报告（2017）［M］．北京：社会科学文献出版社，2017．

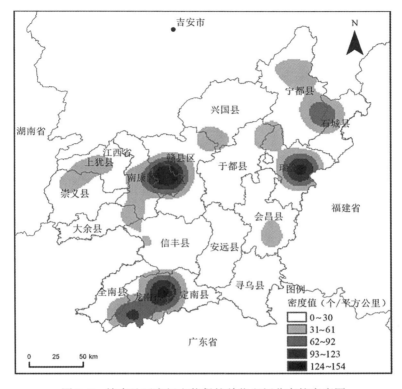

图 3.5　赣南地区市级文物保护单位空间分布核密度图

为赣南客家文化的重要物质载体。据赣州市住房和城乡建设局政府公开信息显示，截至 2020 年底，赣南地区共有 51 个村落入选"中国传统村落"名录。

从赣南地区各县域的客家传统村落分布数量图（见图 3.6）来看：客家传统村落分布范围广泛，除赣南的章贡区外，其余 17 个县市均有分布。从数量上来看，传统村落分布最多的县市为于都县和龙南市，各有 7 个，其次为瑞金市 6 个，赣县区和兴国县各 5 个，这 5 个县市传统村落的总数占全市总数的约 60%，其余各县市有 1~4 个不等。从空间位置来看，传统村落主要分布于东部（如瑞金市、于都县）和北部（如赣县区、兴国县）以及南部的龙南市，而中南部以及西部的各县市分布相对较少。

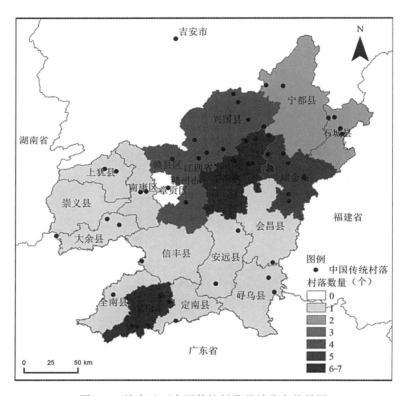

图 3.6　赣南地区中国传统村落县域分布数量图

　　通过赣南地区客家传统村落的高程分布图（见图 3.7）可以看出：赣南地区的传统村落大多沿河流两岸布局，靠近河流布局的村庄超过一半，这与自古以来人类逐水而居的定居规律相符。例如，被称为"千里赣江第一村"的夏府村，是位于赣县区湖江镇的一个客家文化深厚的古老村落，位于章江和贡江合拢形成赣江之后顺水下行 30 千米之处的江边绿洲。夏府村深藏古建筑群和深厚的客家文化，是民族英雄戚继光的祖籍地。

　　依据海拔高度对赣州市地形划分为平原、丘陵、山地地区。以平原海拔为 0~200m，丘陵海拔为 200~500m，山地海拔为 500m 以上为划分

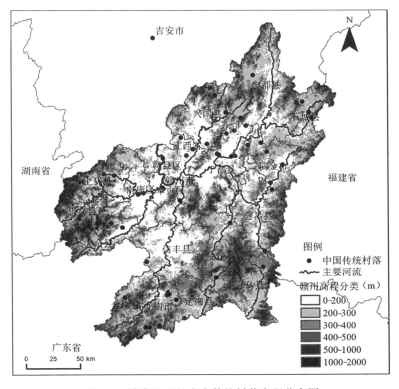

图 3.7　赣南地区的客家传统村落高程分布图

标准，对赣南地区的传统村落的高程进行统计分析可知：51 个中国传统村落中，有 21 个分布在平原地区，有 30 个分布在丘陵和山地地区。究其原因，客家先民是因北方战乱南迁的外来群体，为躲避战乱和其他土著族群的攻击，他们大多依托地形上的防守优势，盘踞在山区丘陵乃至层峦叠嶂之中，故谓"逢山必有客，无客不住山"。例如，位于于都县银坑镇北部的传统村落平安村，是于都县现存规模较大、保存较好、历史悠久、文化底蕴深厚的一个客家古村落。和赣南许多古村一样，平安村也属于同姓聚居，村民基本上都姓张，为宋淳祐年间从兴国良村迁徙到此聚居而来。关于村名的由来，据记载是因为此处"大河绕于前，三面群山环绕"，寓意着"平安之村"，故名平安村。可见，群山环绕的地形特征是客家传统村落的首选。平安村是南宋时期抗金名将岳飞南下赣南平乱率领"岳家军"驻军的地方。

### 三、省级以上风景名胜区和3A级以上旅游景区地域分异特征

风景名胜区一般指具有观赏、文化或者科研价值，自然、人文景观比较集中，环境优美，可供人们游览或者进行科学、文化活动的区域。在划分上，分为国家级风景名胜区和省级风景名胜区。国家 A 级旅游景区是根据景区旅游质量评定的景区等级，从低到高分为五级。从区别上看，两者的侧重点不同，省级以上风景名胜区着重于景区观赏、文化、科学价值，而国家 A 级景区注重于景区的旅游交通、游览区域、旅游安全和接待能力等。值得注意的是，一个景区既可以是省级以上风景名胜区，又可以是国家 A 级旅游景区。根据赣州市文广新旅局公布的数据显示，截至 2020 年上半年，赣南地区共有 3A 级以上旅游景区 54 处，有国家级风景名胜区 4 个、省级风景名胜区 6 个。其中瑞金市的共和国摇篮景区为国家 5A 级旅游景区，会昌县的汉仙岩景区、安远县的三百山风景名胜区、龙南市的小武当山风景名胜区、瑞金市的瑞金风景名胜区为国家级风景名胜区。

根据赣南地区风景名胜区与 3A 级以上景区分布图（见图 3.8）可以看出，赣南地区省级以上风景名胜区或 3A 级以上旅游景区在赣南地区的 18 个县（市、区）均有分布，分布范围广，其中章贡区（9 个）、龙南市（8 个）、瑞金市（8 个）三地分布数量最多，数量占全域总数的 39%，为景区分布的密集区。此外，不同地区风景名胜的类型也存在一定的差异：龙南市的景区主要以客家围屋为主要特色，例如龙南市的栗园围景区、关西围屋景区；瑞金市的景区主要以红色文化景观为主要特色，例如位于瑞金市沙洲坝镇的瑞金风景名胜区、瑞金共和国摇篮景区以及下肖景区；章贡区的景区主要以宋城文化为主要特色，例如章贡区的江南宋城历史文化旅游区、宋城壹号文化创意产业园等；其他地区的风景名胜区主要是以名山大川为主要特色。

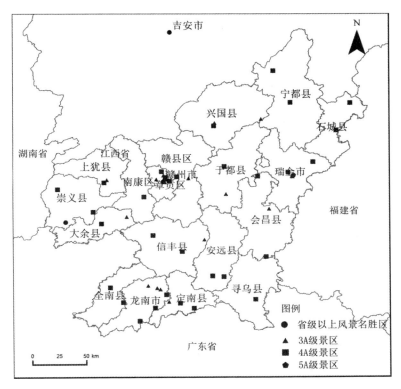

图 3.8　赣南地区风景名胜区与 3A 级以上景区分布图

# 第二节　赣南客家非物质文化遗产地域分异特征

非物质文化遗产又称无形文化遗产，是指各族人民世代相承的、与群众生活密切相关的各种传统文化表现形式和文化空间①。赣南客家大地上文化源远流长，赣南客家先民用智慧创造了极其丰富的非物质文化遗产。目前，赣南地区有数量庞大的国家级、省级、市级非物质文化遗产。这些文化遗产内容丰富、价值极高。赣南地区的客家非物质文化遗

---

① 钟福民，李瑞英. 论江西文化景观遗产的保护——以赣南地区为例［J］. 赣南师范学院学报，2009，30（1）：114-117.

产分布范围广，在地域分布上也存在明显的空间差异。

## 一、赣南地区非物质文化遗产类型结构分析

根据江西省文化和旅游厅、江西省人民政府网、赣州市人民政府网、各地方政府官网等相关网站收集的数据显示：截止到 2020 年底，赣州市有国家级（1~5 批）非物质文化遗产名录 13 项，省级（1~5 批）非物质文化遗产 108 项，市级非物质文化遗产（1~5 批）220 项，共计 341 项。主要涉及传统音乐、传统舞蹈、传统戏剧、曲艺、传统美术、传统技艺、传统医药、民俗、民间文学和传统体育、游艺与杂技10 大类（见表3-1）。其中，传统技艺类数量最多，达 110 项，占"非遗"总数的 32.3%。其次为民俗类，有 89 项，占"非遗"总数的26.1%。这两类"非遗"数量在"非遗"总数中占比较大，约占 60%。传统舞蹈、传统戏剧和传统音乐类分别占"非遗"总数的 11.7%、8.2%、7.3%；传统美术、曲艺、传统医药和民间文学类的数量较少，分别占"非遗"总数的 4.7%、3.5%、2.6%、2.6%；而传统体育、游艺与杂技类"非遗"项目数量最少，只有 3 项，仅占"非遗"总数的1%。"非遗"类型呈现出以传统技艺与民俗类项目为主，传统舞蹈、传统戏剧、传统音乐类项目次之，传统美术、曲艺、传统医药、民间文学和传统体育、游艺与杂技类项目匮乏的结构差异特征（见图 3.9）。总体而言，赣南地区的国家级、省级、市级非物质文化遗产数量众多，类型丰富，各类型数量分布不均。

表 3-1 　　　赣南地区市级以上非物质文化遗产类型及数量表

| 类型 | 传统音乐 | 传统舞蹈 | 传统戏剧 | 曲艺 | 传统美术 | 传统技艺 | 传统医药 | 民俗 | 民间文学 | 传统体育、游艺与杂技 |
|---|---|---|---|---|---|---|---|---|---|---|
| 数量 | 25 | 40 | 28 | 12 | 16 | 110 | 9 | 89 | 9 | 3 |
| 比例（%） | 7.3 | 11.7 | 8.2 | 3.5 | 4.7 | 32.3 | 2.6 | 26.1 | 2.6 | 1 |

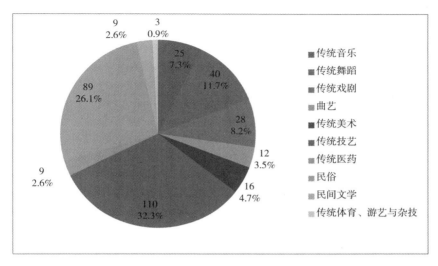

图 3.9　赣南地区市级以上非物质文化遗产类型数量占比图

## 二、赣南地区非物质文化遗产空间分布特征分析

通过 ArcGIS 中的数量分级色彩绘制出赣南地区市级以上非物质文化遗产县域分布数量图。如图 3.10 所示，从空间分布上来看，市级以上非物质文化遗产广泛分布于赣南地区的 18 个县（市、区），但非物质文化遗产在空间分布数量、位置上存在一定的差异。从分布数量上看，各地市级以上"非遗"数量有 6~29 个不等。有 25~29 个的县城为于都县、宁都县、会昌县、章贡区，其中于都县数量最多，有 29 个；有 20~24 个的县域为崇义县、信丰县、龙南市、定南县；有 16~19 个的县域为南康区、全南县、安远县、瑞金市、石城县、兴国县；有 7~15 个的县域为上犹县、大余县、赣县区；而分布数量最少的县域为寻乌县，只有 6 个。从空间位置上看，非物质文化遗产主要分布于东北地区、西南地区以及中心地区章贡区。这些区域"非遗"数量较多且类型丰富。分布较少的区域主要为东南和西北地区。

不同地区的非物质文化遗产分布存在差异，主要表现在：

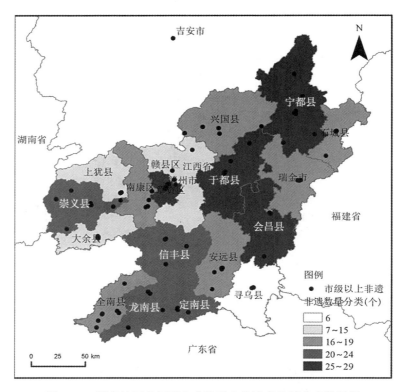

图 3.10　赣南地区市级以上非物质文化遗产县域分布数量图

　　东部地区的非物质文化遗产主要分布于会昌县和于都县（见图
3.11）。会昌县、于都县的"非遗"数量和类型都较多，例如会昌县
"非遗"项目包括了（1）民俗类，有赣南客家圉额习俗、赖公庙会、
客家接谱习俗等；（2）传统技艺类，有会昌酱干制作技艺、会昌米粉
制作技艺、会昌灰水米粿制作技艺等；（3）传统舞蹈类，有会昌畲族
摆字龙；（4）传统音乐类，有会昌踩鼓、会昌山歌等；（5）传统美术
类，有会昌剪纸；（6）传统医药类，有会昌客家药艾灸、会昌传统黑
膏药炮制技艺；（7）民间文学类，有汉仙岩的传说、王阳明祈雨的故
事等。

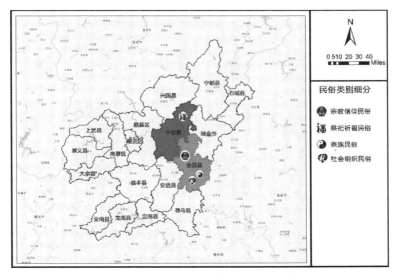

图 3.11　东部地区客家非物质文化遗产分布图

　　北部地区的非物质文化遗产主要分布于宁都县（见图 3.12）。宁都县的"非遗"数量和类型较为丰富，"非遗"项目有：（1）民俗类，包括宁都湛田小龙灯习俗、玉皇宫醮会等；（2）曲艺类，包括宁都鼓子曲；（3）传统戏剧类，包括赖村东塘杖头木偶戏、宁都采茶戏等；（4）传统技艺类，包括宁都固村甲酒酿造技艺等。

　　西部地区的非物质文化遗产主要分布于崇义县（见图 3.13）。崇义县的"非遗"数量和类型较多，"非遗"项目有：（1）传统技艺类，包括崇义黄姜豆腐制作技艺、崇义米酒酿制技艺等；（2）民俗类，包括崇义舞春牛、崇义告圣等；（3）传统舞蹈类，包括三节龙等；（4）传统音乐类，包括崇义竹洞畲族山歌；（5）传统美术类，包括根艺竹盆景；（6）传统体育、游艺与杂技类，包括崇义石塘武狮等。

　　南部地区的非物质文化遗产主要分布于信丰县、龙南市、定南县（见图 3.14），其"非遗"数量和类型都较多。例如信丰县的"非遗"项目类别包括：（1）民俗类，有信丰大阿子孙龙等；（2）传统音乐类，

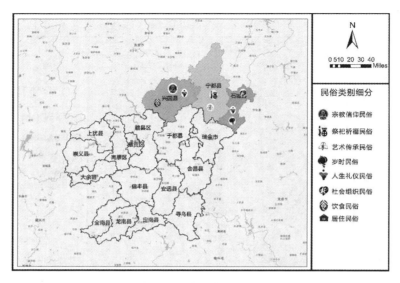

图 3.12　北部地区客家非物质文化遗产分布图

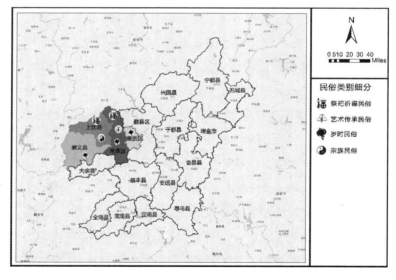

图 3.13　西部地区客家非物质文化遗产分布图

有民间音乐"三重云"等；（3）传统舞蹈类，有古陂"蓆狮""梨狮"等；（4）传统戏剧类，有手端木偶戏等；（5）传统美术类，有万隆红石雕刻等；（6）传统技艺类，有小河手工制鼓技艺等；（7）曲艺类，有信丰大堂花鼓等。而位于赣南中部地区的赣县区以及东南部的寻乌县"非遗"数量和类型都较少。赣县区只有传统戏剧类、传统技艺类和传统舞蹈类三种类型的"非遗"项目；寻乌县只有 4 类 6 项"非遗"项目，两地的"非遗"数量和类型都有待进一步丰富。

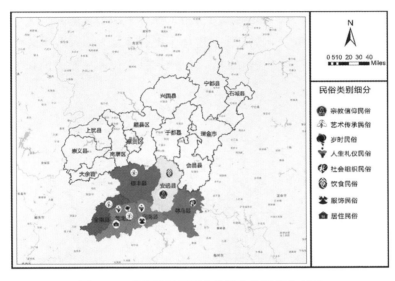

图 3.14　南部地区客家非物质文化遗产分布图

不同类型的非物质文化遗产在空间分布上也存在一定的差异性。以被列入第四批国家非物质文化遗产名录的赣南非物质文化遗产项目为例：客家古文因以演唱古代戏文故事为主，亦称"古文"。主要流传于赣南开发较早、人口较密的于都县、南康区、赣县区、信丰县、瑞金市等地，其中于都县客家古文存续状态最为良好，最具代表性。赣南客家匾额习俗是随着中原士族迁徙赣南而逐渐发展、形成的通过送匾、挂匾等活动，表彰先进、树立榜样以教化乡邦的客家传统习俗。主要分布于会昌县、上犹县、于都县等县，尤以会昌县的匾额习俗最具代表性，传承发展得较好。赣南客家围屋是客家民居的典型代表。主要分布于俗称

115

"三南地区"的龙南市、全南县、定南县以及寻乌县、安远县等地，其中以龙南市最具代表性，龙南境内分布着赣南地区 70% 以上的客家围屋，因此有"世界围屋之都"的美誉。赣南客家擂茶制作技艺制作的赣南客家擂茶，是赣南客家人的传统饮品，基本原料有茶叶、糯米、芝麻、黄豆、花生、盐、茶油等。主要流传于赣南地区的全南县、赣县区、兴国县、于都县等地，尤以全南县的客家擂茶最具代表性。

认识赣南客家民俗文化地域分布特征在客家民系形成与发展中具有重要作用，有助于我们从局部上和整体上把握客家人以及客家文化的历史和现状，也有助于我们更好地了解赣南客家文化，从而保护和传承赣南客家文化。

# 第四章  赣南客家民俗文化
# 数字化地图研究

## 第一节  民俗文化数字化地图研究概述

当前，随着信息革命的不断深入，社会正经历着一场深刻的革命。民俗学的研究也随着社会的变革发生着深刻的变化，面临着前所未有的学术困境。一方面，民俗事项作为民俗学研究的对象，在信息社会中变化多端，传统的民俗事项的影响力逐渐减弱，甚至消亡，退出历史舞台，而新生的民俗事项又尚未有较为系统完善的研究范式。另一方面，在瞬息万变的信息社会中，传统的田野调查作为民俗学研究的主要方法已经不能满足研究的需求，资料整理、汇总及呈现的方式也过于陈旧，亟待一种新的研究范式来解决这些学术困境，民俗数字地图便应运而生。

在阐述民俗数字地图之前，先要了解一下民俗地图。民俗地图，指从民俗学记录及研究的角度出发，运用各种符号标示民俗事项的类型、数量、形态以及某种民俗的特性、变迁规律等信息数据及研究内容的地图①。欧洲民俗学界于 19 世纪开始将地理学的地图标志方法导入民俗学科。卡尔·科隆（Kaarle Krohn）在 1926 年发表的论文论文《民俗研

---

① 高小康. 非物质文化遗产地图：传统文化与当代空间 ［J］. 文化遗产，2008（1）：120-126.

究工作法》（*Die folkloristische Arbeits methode*）中就运用了地图学的方法。19 世纪中期，德国的 W. 曼哈尔特（W. Mannbardt）在一些欧洲国家发放农耕民俗问卷并把数据整理后在地图标示出来，找出农耕民俗的分布变迁规律①。日本学者则于 20 世纪 20 年代开始运用地图学的方法研究民俗学。地图学的方法导入使民俗学的研究找到了一种新的研究途径②③④。将民俗事项用地图的方法呈现，可以从空间和时间的角度分析民俗事项的关联性，横向及纵向比较民俗事项，找出它们的分布特征及发展规律，发现民俗事项的地域特征，并在此基础上深刻分析民俗事项生成的机理。同时，民俗地图还给研究者和读者更为丰富的可视化信息，增强感性认识，扩宽认识民俗和发现民俗的途径，为民俗文化的传播、推广及研究带来了诸多的便利。

随着大数据时代的到来，数字化的运用为民俗学的研究提供了更为广阔的前景。传统的随机抽样将被大数据时代的全样本数据替代。民俗学在大数据时代下也面临诸多机遇和挑战。当前，国际上日本、芬兰、美国、韩国、爱沙尼亚等在民俗文化数字化方面都处于领先水平。联合国教科文组织在 2002 年发布了两个有关文化遗产的保护文件：《数字文化遗产保护指导方针》和《数字文化遗产保护纲领》。国内关于民俗文化资源的数字化研究始于 20 世纪 90 年代，与我国信息技术的普及几乎同步。近年来，在大数据背景下，随着科技发展，大数据下的民俗学研究打破了学科之间的壁垒，得到了蓬勃的发展。一方面，大数据为民俗学研究提供了全新的研究技术手段，尤其是现代地理信息技术的融入，用可视化和空间分析手段拓宽了民俗学的研究视野。另一方面，大数据提供了海量的数据源，为传统样本研究中数据采集、分析等带来了前所

---

① 何彬.民俗地图小论 [J].民间文化论坛，2005（1）：90-95.

② 何彬."文化传承图"体系初探——"民俗地图"与"文化传承图"体系系列论文之三 [J].民族艺术，2010（3）：36-40，99.

③ 何彬.民俗地图的基本构造与制作——"民俗地图"与"文化传承图"体系系列论文之二 [J].民族艺术，2010（2）：25-34.

④ 何彬.民俗地图的学科依据——"民俗地图"与"文化传承图"体系系列论文之一 [J].民族艺术，2010（1）：44-51.

未有的变革，也重新定义了民俗学研究的科学范式和叙事方式。相关的研究进展概括起来如下：

## 一、民俗数字化

我国在民俗数据的采集、民俗数据的存储、民俗数据的管理方面取得了显著的研究成果①。在数据采集方面，以《中国史诗百部工程》的数据采集为代表，以影像摄入、文本整理和数据库三种形式采集相关数据，毕传龙在大数据的时代背景下从国内外发展趋势及时代需求角度阐述民俗数字化，谭东辉以赣南客家为研究区域探索客家民俗体育数据库建设②，杨红借鉴美国田野调查方法优化民俗资料的采集方法③。在民俗数据的管理方面，主要对解决单一介质海量数据的存储与检索和跨媒介、多类型资料的管理取得丰硕成果，如"中国民间故事县卷本集成数据库"的建立与管理就是其中一项，孙传明以民俗舞蹈类的"非遗"为例对民俗数字化的相关标准及如何管理等进行细致全面的研究④⑤。在民俗数据的展陈方面，数字成果成为民俗文化展陈亮点，数字故事地图成为文化资源展陈促进了我国非物质文化资源的保护与传承，张丽莹⑥、郜玉金⑦分别对青岛和新疆对民俗资源的展陈与传播进行剖析。

---

① 董晓萍. 民俗文献史研究及其数字化管理系统［J］. 河南社会科学，2009，17（6）：151-153.

② 谭东辉，金慧惠. 论数字信息化在赣南客家民俗体育现代化进程中的影响与思考［J］. 东南传播，2011（10）：116-118.

③ 杨红，张烈. 非物质文化遗产实体展示空间中的数字化应用［J］. 遗产与保护研究，2016，1（5）：16-20.

④ 孙传明，程强，谈国新. 广西少数民族非物质文化遗产数字化保护现状及对策分析［J］. 广西民族研究，2017（3）：124-132.

⑤ 孙传明. 民俗舞蹈类非物质文化遗产数字化技术研究［D］. 武汉：华中师范大学，2013.

⑥ 张丽莹，闫志. 非物质文化遗产数字化保护研究——以西藏唐卡文化数字化为例［J］. 信息与电脑（理论版），2016（10）：161-162.

⑦ 郜玉金，李彩霞. 新疆非物质文化遗产网络传播现状调研［J］. 中国传媒科技，2013（2）：86-87.

## 二、民俗数字地图

民俗数字地图也是民俗文化资源数字化的主要方式之一，我国整体上对民俗数字地图的研究尚处于起步阶段，对这方面的研究主要集中在对西方民俗数字地图的引进与介绍，民俗数字地图的概念、性质，及其制作。在引进与介绍方面，何彬从时间角度介绍了日本民俗地图的发展过程，罗伯特·威尔德哈贝尔阐述了民俗地图在欧洲的发展过程；在民俗地图概念、性质及其制作方面，赖彦斌发表《数字故事民俗地图志》详细阐述了民俗地图的基本理论、制图方案等，他发表的文章也详细解释了民俗数字地图的历史人文内涵①②，何彬在其文化传承图体系的系列论文中不仅对民俗数字概念等有过解读，还探索记录中国文化传承实态的文化传承图体系。

客家在长期的历史发展中，融合和同化了一些土著少数民族，同时将其风俗也吸收、融合于自己的风俗之中，又在与其他地区、其他民族的交往中，吸收、融合了他们的良风美俗，加上客家人口众多，居住地域广大，客家人民在传承和变异中，显得丰富多彩，包罗万象。赣南是客家迁移的第一站，是典型的客家聚居区。以往对赣南客家民俗的研究多在社会学、民俗学等角度，取得了丰硕的科研成果，却未能方便、高效地调出来展览与使用。本研究借助自然地理学 GIS 的技术，将民俗资料及其科研成果数字化，并制作民俗数字地图、客家民俗专题数字地图，实现可视化及其查询功能，充分展示民俗科研成果。

# 第二节　赣南客家民俗数字化地图研究

## 一、目的与意义

前文提到，随着现代社会的变革和信息时代的到来，很多传统民俗

---

① 赖彦斌. 节日民俗研究的数字化问题 [J]. 节日研究，2014（1）：23-24.
② 赖彦斌. 数字故事地图的历史人文内涵 [J]. 西北民族研究，2010（4）：128-134，191.

事项逐渐退出历史舞台，失去了其生存的土壤和物质基础，濒临失传的危险境地。譬如赣南客家山歌，虽然在发展的过程中通过技术手段的创新得以保存下来，但过度包装和商业气息使得原汁原味的文化特质难以维持，那种即兴创作、打情骂俏的最为原始的、朴素的，甚至是粗俗的文化基因已经不复存在了，人们很难在客家山歌的传唱中找到客家人的集体记忆和文化认同。比这更为糟糕的是，很多传统民俗甚至已经找不到合适的传承人，或者没有存在的实际意义了，即将在这个信息多元化的时代消失，实在令人惋惜。譬如许多赣南客家民间音乐、舞蹈将随着老一辈传承人和受众者的离开而逐渐被人遗忘，如果不加以保护和传承，很有可能在不久的将来从赣南客家的文化地图中消失。

即将消失的传统民俗文化事项亟待我们这一代人为之找一条更为行之有效的途径。民俗文化数字地图的构建可以为传统民俗文化事项的"活化"提供帮助。非物质文化遗产保护的根本目的是保护当代不同文化群体的历史感和认同感，保护文化的多样性发展。活态的民间文化遗产是要和特定的文化空间联系在一起才能存在的。没有了文化空间，民俗就变成了干尸标本。① 因此，民俗文化数字地图的构建可以用物态的、可视化的东西将民俗文化加以保存，并让民俗文化运用新的技术手段进一步发展创新。更为重要的是，民俗文化数字地图还为研究者提供了很好的技术平台和数据支撑。研究者们可以通过数字地图发现不同类型的民俗事项的空间分布规律和空间迁徙过程，寻找民俗事项和地理环境之间的相互关系，找出民俗事项生成的环境因子，进而发现其演化与发展的机理。因此，民俗文化数字地图不仅有静态的空间描述，还有动态的过程模拟，它可以用图形的语言、空间表达和过程的呈现等方式记载和模拟民俗事项，重新定义民俗学研究的科学范式，是传统的民俗学研究方法无法实现的。因此，研制客家民俗文化数字地图具有典型的理论和实践意义，主要表现在以下两个方面：

---

① 高小康. 非物质文化遗产地图：传统文化与当代空间 [J]. 文化遗产，2008（1）：120-126.

（1）从理论价值来看，可以丰富民俗学的理论与方法论。民俗数字地图是民俗学与地理地图学的交叉研究，在大数据背景下，运用民俗学、历史学、社会学、人类学、地理学、计算机技术等交叉学科知识，引入地理学空间视角和地图方法，解决民俗学研究中的叙事方式和数据来源问题。在学术史方面，民俗数字地图将为民俗学史拓展研究方法，为民俗学提供一种具体的研究新范式。

（2）从实践价值来看，一方面，建立客家民俗资源数据库，可以为政府相关职能部门文化资源的调查评估与开发利用提供参考意见，把民俗传承与保护的"文化空间"理念与形态变成可视化可评估的成果形式，为中国非物质文化遗产保护提供技术支持和研究个案；另一方面，为客家民俗取得的研究成果提供一个很好的直观展示平台，同时也为研究成果的保存、再度研究和信息挖掘提供更有效的方法，为以后进一步的研究提供丰富便捷的资料，促进民俗文化数字化研究的发展。

## 二、基本思路

通过田野调查、文献查阅、互联网检索及资料收集等方法，收集客家民俗文化资源，这些资源主要包括文字、音频、视频及图片等资料。资料收集之后，按照民俗文化的基本类型对资源进行分类。主要可以分为物质生活民俗、社会生活民俗和精神生活民俗三大类。按照三大类进行分类整理，找到民俗事项发生的具体地理位置（具体地点的经纬度或某一地理区域），通过 ArcGIS 软件将所有文化资料与地理位置建立一一对应的关系，对空间数据、属性数据及外部数据进行编码处理，构建起赣南客家文化资源空间数据库。

利用客家文化资源空间数据库，在 ArcGIS 软件的支持下，通过编程处理、可视化表达、动态模拟及空间分析等技术手段，制作赣南客家文化的数字地图、专题地图集，动态模拟民俗事项的空间过程。条件成熟时，还可以利用视频监控和摄影摄像技术对客家民俗事项进行动态监测，并用 VR 技术反演民俗事项，开展动态演示等。真正让民俗文化在数字化手段的支持下，实现赣南客家民俗文化能"看得见、留得住、

记得深、传得远"的目的。(见图 4.1)

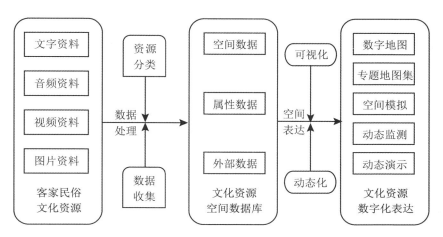

图 4.1　客家民俗数字化表达流程图

## 三、具体制作流程

### (一) 客家民俗空间数据库的构建

从相关部门获取赣南地区的行政边界、村庄位置、交通、河流等地图矢量数据,从 USGS 和马里兰大学等网站获取赣州的 SPOT、TM 遥感影像图和 DEM 数据,对数据进行配准并重新编码,在 WebGIS 软件及编程开发软件平台的基础上,将矢量地图数据开发成可以后台处理的软件平台和 App 系统,实现地图数字化,供相关部门和人员在线阅读或查询。借助学校客家研究中心平台,将中心现已收集的客家民俗的图片、文字、视频、音频及相关研究成果等资料进行整理归纳分类,并将每一项民俗活动的空间信息、属性数据与外部数据一一对应,建立相应的空间数据库。对前期收集的材料进行归纳整理,目前共收集到 1000 多条民俗事项。

从相关部门获取赣南客家民俗的图片、文字、视频信息,与地图上的信息点建立空间关联,建立客家民俗数据库,点击相关链接,实现在线浏览和查询。

**（二）赣南客家民俗数字地图的制作**

借助遥感技术、全球定位技术及地理信息技术制作成民俗数字地图，开发相关平台和 App 软件，在相关网站及手机客户端实现已有客家民俗文字、视频资料及科研成果的可视化以及快速查询功能。

**（三）赣南客家民俗专题地图集的制作**

利用赣南客家民俗时空数据库制作赣南客家传统建筑空间分布图、客家旅游资源空间分布图、客家饮食空间分布图、客家山歌空间分布图、客家故事历史地图等专题地图。

**（四）赣南客家民俗虚拟空间模拟**

在前期研究的基础上，找 1~2 个客家民俗核心区（如赣县白鹭村、龙南客家围屋等地），通过三维空间的模拟，构建的虚拟客家文化空间，一方面可以让观察者有身临其境的体验感；另一方面可以开发成网上旅游资源，供相关部门使用。

**（五）赣南客家民俗现象动态监测**

在文化现象发生频繁的地点（如祠堂、集市、寺庙等）设置摄像头，并将其链接在数字地图上，实时记录文化活动情况（类似于国家自然保护区珍稀动物的行踪监控系统），一方面可以自动收集客家民俗的视频资料，为客家研究的大数据分析提供数据支持；另一方面可以通过网络动态监测各地的文化活动，丰富数字地图的内容。

**（六）赣南客家民俗时空动态演示**

利用赣南客家民俗文化时空数据库，从历史学、地理学、民俗学等学科角度，深度挖掘数据所包含的信息，用形象化的手段将客家民俗文化的展示时空动态特征，供文化事业单位展出使用或相关科研人员开展科学研究。

# 第三节　赣南客家民俗数字化地图案例介绍

按照赣南客家民俗数字化地图的研制要求，我们已经开发出了一套较为系统和完善的赣南客家民俗数字地图的 App 客户端软件。现就软件的基本情况、开发流程、功能介绍等作一个系统说明。

## 一、软件基本情况

赣南客家民俗数字地图 App 客户端软件是一款供手机操作用户使用、基于数字地图的赣南民俗文化展示系统。该软件在收集整理的民俗文化地理空间数据的基础上，开发成地图背景下的可视化系统和后台操作系统。主要内容由"认识民俗"和"发现民俗"两个部分组成。"认识民俗"部分由二维地图、三维地图、VR 全景地图和故事地图四个部分组成，可以从不同角度全方位展示赣南客家民俗文化，是该软件的主要部分。用户可以通过软件快速查找到赣南客家民俗文化的图片、文字、音频及视频信息和地理空间位置，并在不同地图背景下实现文化地图的可视化。"发现民俗"部分是丰富和完善民俗地图的后台支持系统。用户可通过该后台操作系统，实现自行标注民俗空间位置、编辑上传民俗相关信息及民俗信息自助演示等功能。

本软件在以下平台环境下实现研制开发：

（1）服务器厂商：阿里云轻量级云服务器；

（2）服务器系统：阿里云 CentOS7. X 镜像；

（3）Web 服务器部署环境：Apache2. 4+php5. 6；

（4）数据库软件：postgres9. 6+postgis2. 4；

（5）地理空间数据处理软件：Arcgis10. 2、Qgis2. 13；

（6）代码 IDE：VSCode、Xbuild。

## 二、软件开发流程

整个开发流程可以分为两个阶段：软件开发和上线运维。

软件开发决定了软件的主要功能和页面视觉效果等。软件开发的语言主要有 JS、PHP 和 SQL。三种语言分别对应的是前端、后端和数据库。软件运行具体流程见图 4.2：前端主要的功能是渲染数据，对后端发来的数据进行响应，或向后端提交请求。后端属于数据库与前端之间的中间层，可对数据库进行读写操作。数据库可对数据进行存储和管理。

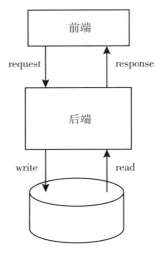

图 4.2　软件运行流程

上线运维采用的是租用云服务器方法。与自搭建服务器的方法相比，租用云服务器具有更加省时省力、操作简单、环境安全的优点，短时间价格较低，但长时间价格较高。通过采购阿里云轻量级云服务器（ESC）作为软件部署环境，配合宝塔面板，可对服务器的使用性能、软件安装、环境部署等情况可视化，并令开发者做出有效的管理决策。宝塔面板使用效果见图 4.3。图中可以看到该云服务器的负载、CPU 使用率、运行内存、流量和硬盘内容等使用情况。通过宝塔面板简单的操作可以完成对云服务器性能情况的动态监测。

### （一）前端开发

前端开发主要的工作是撰写前端页面，为数据渲染提供承载容器，直接影响用户观感体验的软件开发环节。前端页面需要接收从后端发送的数据和向后端发送请求，实现页面渲染和用户交互的功能。本软件的页面的编写主要可以分为具有民俗文化空间信息页面和民俗文化属性信息页面。

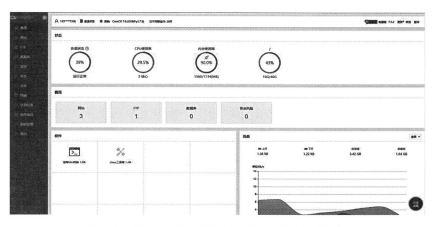

图 4.3　宝塔面板显示阿里云服务器性能动态情况

## （二）后端开发

后端开发的主要工作是撰写接口，连接数据库和撰写安全防护代码等。该环节是软件开发的重要环节。在后端开发过程中，需要对民俗文化的地理空间数据、图片数据、文本数据等不同类型的数据进行读写，撰写出相应类型数据接口，方便前端接收并渲染。同时，还需要考虑接收不同类型的数据，例如用户上传数据的接收、用户登录等人机交互情况下数据传输安全问题、顺序问题和大规模并发操作引起的 IO 堵塞问题。

1. 民俗文化空间数据接口的处理

常见的地理空间数据通常可以分为矢量数据和栅格数据。其中矢量数据可以以 shp、evf、dwg 等格式进行存储。栅格数据可以以 tif、dat、img 等格式进行存储。在通过网络 Web 信息传输中，传统格式的地理空间数据因为不满足传输协议或所占空间内存大而无法进行传输。在软件制作过程中，矢量数据如赣南民俗文化所处的空间位置、赣南地区矢量边界线、故事路线等，GeoJson 可以最大限度地保留原矢量数据的完整性，且以轻量级的文本结构加大传输效率。栅格数据如赣南地区的三维地形、赣南民俗二维瓦片地图等，以 png 格式编写接口可以最大限度压缩其原有储存空间，加快用户打开页面速度。

2. 民俗文化属性数据接口的处理

民俗文化属性数据主要包括文字介绍、图片、视频等信息，具有不同形式的存储方式。文字介绍信息用 txt 文本格式加以存储，可以通过 PHP 转码打开文本并获取其中的内容，因为文本格式所占内存较小，故具有打开速度快、管理数据简单的优点，但文本格式未能完整地保存的原文本的文章格式，如需要在页面渲染中重新编写格式。图片信息用 jpg、png 或 gif 格式加以存储，视频信息用 mp4 格式加以存储，二者通过构造具有 http 协议地址向外输出。

（三）数据库开发

数据库开发是通过对项目需求进行结果分析，构造出需要页面渲染的数据表格，在此基础上撰写相应接口和渲染数据页面。按照项目需求，数据库开发可以分为民俗文化空间数据和属性数据的开发。在民俗文化空间数据开发中，通过地理空间数据专业处理软件将所需的数据统一坐标系，统一边界范围，判断坐标是否正确，并规范其属性表，按需设定相应的属性表，并将处理后的民俗文化地理空间数据，通过 SQL 语言输入地理数据库。在民俗文化属性数据处理中，可以将其分为文本、图片、视频三类数据。通过 Excel 软件将所上述三类数据按照一定规则重新排列，并按照需求规则重新命名，形成样式统一的数据表格，最后通过 SQL 语言将其输入地理数据库。

（四）运维环境部署

通过 Xshell 远程连接阿里云服务器，部署 ApacheWeb 服务器本地，安装 postgreSQL 数据库和 postgis 扩展，部署 PHP 编写环境，并打开相应的扩展程序，最后将后端数据接口、前端页面、数据库数据部署至服务器上。

三、软件功能介绍

本软件具有民俗文化查询、民俗地图可视化、民俗地理分析及民俗事项上传等功能。

　　民俗文化查询功能可通过点击查询标志，在对话框中输入地名或民俗关键词，如"安远""抢打轿"等文字信息，在下拉菜单中选择所要查找的民俗点，页面将定位至民俗空间点位置，点击该民俗点位置，可以准确查看到"抢打轿"民俗的图片、文字及视频信息。（见图 4.4）

　　民俗地图可视化功能可通过地图展示各地区的民俗文化空间分布，点击"切换图层"，可实现地图底图的切换，底图有二维、三维的数字遥感地图（见图 4.5）、行政交通地图及 VR 虚拟空间鸟瞰图和鱼眼全景图。通过地图可视化工具，可以实现民俗文化的全方位视觉体验，还可以按照用户事先设定的规划路线遨游在三维地形图中，并获得民俗文化点的各种信息。"故事地图"功能还可以以故事的发展脉络为路线，展示故事重要节点的民俗事项，实现民俗文化的地图可视化。

图 4.4　民俗文化事项展示图　　　　图 4.5　民俗文化三维展示地图

　　民俗地理分析是基于地图的民俗文化事项空间分析工具。用户可以点击"专题地图"按钮，通过民俗事项的空间分布位置，制作出热力图、聚类图等专题地图（图4.6），用户可以通过缩放地图范围获得不同尺度下的热力图或聚类图。专题地图的制作可以供学者们开展民俗文化空间分布特征分析。

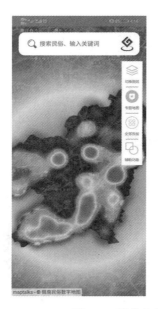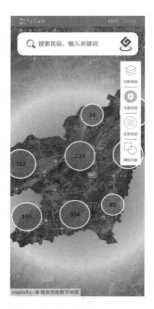

图4.6 民俗文化热力图和聚类图

"民俗事项上传功能"可以实现用户自行上传民俗文化事项，是丰富和完善民俗文化地图的主要后台支持系统，真正实现人机互动功能和用户参与功能。在"发现民俗"界面下，点击"上传民俗"，弹出民俗文化编辑对话框，用户可以在新发现的民俗文化的空间信息点上自主上传民俗文化的文字、图片及视频功能，经后台管理人员审核后成为新增民俗文化事项。这一功能的实现既可以解决民俗事项的动态管理问题，也可以作为公众参与民俗文化事项调查与发现的重要工具，还可以作为文化工作者收集和整理民俗文化事项的重要工作平台。

# 第五章 赣南客家民俗文化景观
# 基因识别与传承保护

## 第一节 赣南客家民俗文化的基因识别

赣南客家民俗在发展和传承的过程中，存在作为基本遗传单位的文化景观基因，并通过文化景观基因确保传统民俗可以有效且完整地进行传承。因此，文化景观基因的识别和提取尤为重要，不仅有利于传统民俗的传承，而且还有利于对传统民俗的保护。

国内刘沛林、胡最、邓运员、陈秋渝等学者的理论研究发现：传统聚落的景观基因理论是基于生物学的基因理论，用以识别不同传统聚落景观的各项特征，并构建传统聚落的景观基因序列图谱和识别体系，提出对景观基因进行元素提取、图案提取、结构提取等方式。现有的研究主要集中在村落或聚落的物质景观，较少涉及非物质文化。申秀英等人在对聚落文化景观区系进行研究时，在景观基因图谱的基础上，提出了元素、图案、结构和含义的提取方法①；刘沛林在研究中国传统聚落景观基因图谱时，在考虑了景观性质与能效后，提出了景观基因的确定原则②；胡最等学者在对传统聚落景观基因的识别与提取方法研究时，提

---

① 申秀英，刘沛林，邓运员．景观"基因图谱"视角的聚落文化景观区系研究 [J]．人文地理，2006，21（4）：109-112.

② 刘沛林．中国传统聚落景观基因图谱的构建与应用研究 [D]．北京：北京大学，2011.

出了通过特征解构法来进行景观基因的识别和提取①，并采用分析比较法、资料记录法和观察法三种景观基因识别方法，构建了相关特征基因的识别体系②。

## 一、赣南客家民俗文化景观基因的识别过程

赣南客家民俗具有多元性特征，各项传统民俗繁多复杂，不能一概而论，需要将各项传统民俗进行分类梳理。现有的景观基因相关理论主要适用于传统聚落或者单一的非物质文化遗产研究，不适用于多种类型的传统民俗文化景观基因研究。基于已有的景观基因研究，我们提出了赣南客家民俗文化景观的基因识别和提取方法（见图5.1）：通过对赣南客家民俗进行资料分析，得出其地点时间、形式主题、文化精神特征，并识别出相关的发生基因、表象基因、元素基因，再采用形式提取、文化提取、意义提取、基因提取这四种提取基因的分类方式，共同确认出主体基因③④⑤⑥⑦⑧⑨，实现赣南客家民俗文化景观基因特征的

①　胡最，刘沛林，邓运员，等．传统聚落景观基因的识别与提取方法研究[J]．地理科学，2015，35（12）：1518-1524．

②　胡最，刘沛林，邓运员，等．汝城非物质文化遗产的景观基因识别——以香火龙为例[J]．人文地理，2015，30（1）：64-69．

③　翟洲燕，李同昇，常芳，等．陕西传统村落文化遗产景观基因识别[J]．地理科学进展，2017，36（9）：1067-1080．

④　胡慧，胡最，王帆，等．传统聚落景观基因信息链的特征及其识别[J]．经济地理，2019，39（8）：8．

⑤　祁剑青，邓运员，贺建丹．苗族传统聚落的景观基因识别及其地学视角的解析[J]．衡阳师范学院学报，2018，39（6）：13-17．

⑥　胡最，刘沛林，曹帅强．湖南省传统聚落景观基因的空间特征[J]．地理学报，2013，68（2）：219-231．

⑦　曹帅强，邓运员，杨载田，等．客家文化景观基因特征——以湖南省炎陵县为例[J]．热带地理，2014，34（6）：831-841．

⑧　曹帅强，邓运员．非物质文化遗产景观基因的挖掘及其意象特征——以湖南省为例[J]．经济地理，2014，34（11）：185-192．

⑨　陈秋渝，杨俊熙，罗施贤，等．川西林盘文化景观基因识别与提取[J]．热带地理，2019，39（2）：254-266．

识别和提取。

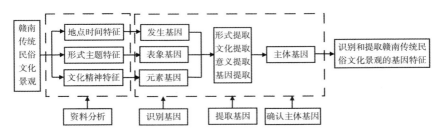

图 5.1　赣南客家民俗文化景观的基因识别和提取方法

### （一）基因识别的方法

赣南客家民俗文化景观基因是指赣南客家民俗在发展和传承的过程中，可以被识别并且可以世代传承的文化因子①。景观基因的识别就是为了寻找和辨别各种重要文化特征因子。现有景观基因识别方法有：元素提取法、图案提取法、结构提取法、含义提取法②。这四种方法主要适用于聚落景观，是建立在客观存在的物质对象的基础之上的③。因此，上述景观基因的识别方法并不能直接用于赣南客家民俗文化景观的基因识别。其中的含义提取法可以进行适应性调整后，在赣南客家民俗文化景观的基因识别中予以借鉴。

赣南客家民俗在传承和发展的过程中所形成和演化的文化景观，与传统文化、生产生活、社会风俗、宗教信仰等均有着密切联系。传统民俗文化景观实际上是集传统、精神、宗族、信仰等文化特征于一体的具有地域性、传统性、传承性的综合信息单元体。这些综合的特征信息包括发生位置、起源时间、发生时间、形式特征、主题特征、内在含义特

---

① 刘沛林．古村落文化景观的基因表达与景观识别 [J]．衡阳师范学院学报（社会科学版），2003，24（4）：1-8.

② 申秀英，刘沛林，邓运员．景观"基因图谱"视角的聚落文化景观区系研究 [J]．人文地理，2006，21（4）：109-112.

③ 胡最，刘沛林，邓运员，等．汝城非物质文化遗产的景观基因识别——以香火龙为例 [J]．人文地理，2015，30（1）：64-69.

征、精神文化特征等。因此，在对传统民俗文化景观进行基因识别时，需要对其所包含的各项特征信息进行综合分析，全面识别其产生的原因、传承的形式、蕴含的意义等。

识别传统民俗文化景观基因的基本方法有：

（1）资料收集法：通过查阅大量文献、视频、网络资料等，辅以实地走访调查，得到赣南各项传统民俗的相关资料，并对其进行核对筛选，辨别真伪，最终将有效真实的传统民俗资料进行汇编记录；

（2）资料整理法：对整理好的传统民俗资料进行分类和梳理，按照非物质文化遗产级别、分布区域、形式内容等进行详细归类，便于资料的对比和查阅；

（3）对比分析法：将赣南各项传统民俗进行横向对比。对比内容包括传承群体、形式载体、表现内容等。通过全面对比，分析不同类型的传统民俗之间的同异性，并探究不同传统民俗之间是否存在关联，进而确定各项传统民俗的特征基因。

**（二）基因识别的指标体系构建**

基因识别需要建立科学的识别指标体系。只有对用于传承的特征基因进行科学和准确的识别，才有利于传统民俗的发展和传承。因此建立详细科学的文化景观基因识别指标体系尤为重要。笔者以胡最、陈秋渝等人提出的景观基因研究思路为基础，将各项传统民俗进行全面分析，并对各项传统民俗进行类别划分和细分，根据各项传统民俗的基本特征，结合对比分析方法，发现发生位置、起源时间、发生时间、形式特征、主题特征、内在含义特征、精神文化特征等是识别传统民俗文化景观特征的主要属性特征。因此可以根据上述主要特征建立详细的文化景观基因识别体系（见表5-1）。

**（三）基因识别的过程**

传统民俗文化景观基因识别体系建立后，运用资料分析法、对比分析法等，对各项需要被识别的文化景观基因指标进行辨别和归纳，并初步识别出关键性特征，然后再根据各项指标特征对传统民俗进行单个分析，探析各项传统民俗各项具体指标特征的形成因素和形式内容，并得

表 5-1　　　　　　　赣南客家民俗文化景观基因识别体系

| 民俗类别 | 细别 | 识别基因 | 识别指标 | 指标释义 |
|---|---|---|---|---|
| 物质民俗 | 饮食民俗 | 发生位置 | 位置性质 | 祖祠、庙堂、宫观、屋内、村内、门匾等 |
| | | | 是否移动 | 移动位置、移动过程等 |
| | 服饰民俗 | 起源时间 | 具体时间 | 客家人迁徙前后、具体朝代、传承时间等 |
| | | 发生时间 | 岁时节日 | 传统节日、季节等 |
| | 居住民俗 | | 特殊时间 | 婚丧嫁娶等 |
| | | | 持续时间 | 一天、几天等 |
| 社会民俗 | 宗族民俗 | 形式特征 | 传承群体 | 家庭宗族、街坊邻里、整个群落等 |
| | | | 活动形式 | 游行、比赛、表演、仪式等 |
| | 岁时民俗 | 主题特征 | 衣食住行 | 食物、主菜、穿戴、居住等 |
| | | | 宗族仪式 | 牌匾、宗谱、拜祭先祖等 |
| | 人生礼仪民俗 | | 节庆活动 | 节日庆贺等 |
| | | | 人生仪式 | 祭拜、结婚、出生等 |
| | 社会组织民俗 | | 祭祀祈福 | 祭祀、祈福、娱乐等 |
| 精神民俗 | 宗教信仰民俗 | 内在含义特征 | 表达意义 | 历史典故、内在意义、民俗文化等 |
| | | | 宗族文化 | 宗族历史、先祖理念、教化、传承等 |
| | | | 信仰文化 | 英雄崇拜、神明崇敬、敬畏自然等 |
| | | | 祈福内容 | 节日祈福、对生活的祈福、对国家民族的祈福等 |
| | | | 祭祀内容 | 感恩佑福、思亲怀祖、祭祀神明等 |
| | 祭祀祈福民俗 | 精神文化特征 | 群体精神 | 家国情怀、团结人心等 |
| | | | 生命精神 | 生命信念、自然等 |
| | 艺术传承民俗 | | 传承精神 | 家族、文化、记录、教化等 |
| | | | 积极精神 | 对生活的向往、对未来的向往等 |

出详细的识别指标和释义。在对各项识别指标进行分析时，需要对大量的相关资料和数据进行分析处理，才能对各项识别指标进行辨别和归

纳。主要的关键性工作过程如下：

（1）查阅赣南非物质文化遗产名录中的传统民俗，通过查找论文、视频、官方网站等方法收集相关文献资料，通过实地走访、访问调查等方法收集实证资料，并将资料进行系统整理；

（2）基于景观基因识别体系，对各项传统民俗进行基因识别，并将各项特征进行辨别和归纳，抽取和凝练成信息关键词；

（3）先对民俗文化景观基因的识别结果进行分析，然后对基因识别结果进行分析，并结合 GIS 数字表达技术，对景观基因进行 GIS 技术识别、编码和表达，最后建立相关数据库。

赣南客家民俗文化景观的基因识别是一项复杂的系统过程，不仅需要收集各项研究资料，还需要对各种资料进行进一步的分析，因此识别的过程更加需要遵循严谨、科学的原则①。

## 二、赣南客家民俗文化景观基因的特征识别和提取结果

### （一）赣南客家民俗文化景观基因的外在特征

1. 地点特征

传统民俗在产生和发展时具有较强的地点特征，主要可以细分为区域性和位置性。区域性是指不同区域的民俗现象存在完全不同或者部分不同的区别；位置性是指民俗的发生具有特定的位置。由于民俗是民众在生产生活中创造和发展的，因此每项民俗都有其传统的发生位置。

人类与自然和谐相处的关系可以被定义为"人-地"关系②。在"人-地"关系良好发展的基础上，逐渐形成"人-人"关系和"人-神"关系。"人-人"关系主要是以"人"为中心，反映自我如何面对他人，如何与他人进行相处。"人-神"关系主要是人与无法控制的力量之间的关系，反映自我如何面对无法控制的事物，并且如何理解内心的自

---

① 刘沛林. 古村落文化景观的基因表达与景观识别［J］. 衡阳师范学院学报（社会科学版），2003，24（4）：1-8.

② 张爽. 基于民俗文化的呼和浩特市玉泉百坊民俗村景观分析研究［D］. 呼和浩特：内蒙古农业大学，2019.

我。三对关系相互作用形成社会体系，具有典型区域性特色的民俗文化
也在社会体系中逐渐形成。赣南客家民俗文化是当地群众在处理三对关
系中孕育出来的，客观上反映了人与自然、人与人、人与神之间的关
系，因此具有鲜明的区域性。例如，赣州宁都人民为了祭祀祈福，同一
个县域存在竹篙火龙、割鸡担灯、古教花灯三项传统民俗。

　　赣南客家民俗除具有区域性之外，还具有独特的位置性。不同的民
俗活动发生的具体位置完全不同（见表5-2）。例如，龙南的传统民
俗——龙舟赛在村内的池塘中举行，而南康的传统民俗——元宵龙船歌
则是在村内的祖厅举行。

表 5-2　　　　　　　**赣南客家民俗文化景观基因的地点特征**

| 民俗名称 | 分布区域 | 发生位置 | 民俗名称 | 分布区域 | 发生位置 |
|---|---|---|---|---|---|
| 客家粄食 | 赣州安远 | 屋内 | 灯会 | 赣州石城 | 进村入户 |
| 四星望月 | 赣州兴国 | 屋内 | 过火炼 | 赣州安远 | 庙堂宫观 |
| 客家服饰 | 赣州定南 | 无 | 上刀山 | 赣州安远 | 庙堂宫观 |
| 客家围屋 | 赣州龙南 | 地势、朝向、风水适宜 | 三僚堪舆 | 赣州兴国 | 三僚及周边等地 |
| 客家门匾 | 赣州上犹 | 门额上的匾框上 | 搬海清 | 赣州会昌 | 祠庙 |
| 匾额 | 赣州会昌 | 挂在门楣与檐顶之间 | 竹篙火龙 | 赣州宁都 | 火龙庙 |
| 客家接谱 | 赣州会昌 | 祠堂 | 横寨唱船 | 赣州南康 | 横寨寨坑 |
| 年俗 | 赣州南康 | 家里 | 割鸡担灯 | 赣州宁都 | 汉帝庙 |
| 拜年踩街 | 赣州章贡区 | 街道 | 中石民俗 | 赣州于都 | 户外 |
| 元宵龙船歌 | 赣州南康 | 祖厅 | 古教花灯 | 赣州宁都 | 汉帝庙 |
| 舞春牛 | 赣州崇义 | 家禽家畜前参拜 | 温氏花灯 | 赣州上犹 | 祠堂 |
| 客家清明祠祭 | 赣州石城 | 祠堂 | 桥帮灯 | 赣州宁都 | 汉帝庙 |

| 民俗名称 | 分布区域 | 发生位置 | 民俗名称 | 分布区域 | 发生位置 |
|---|---|---|---|---|---|
| 龙舟赛 | 赣州龙南 | 池塘 | 香火龙 | 赣州全南 | 祖祠 |
| 客家婚俗 | 赣州龙南 | 无 | 香火龙 | 赣州龙南 | 祠堂 |
| 哭嫁 | 赣州定南 | 新娘家中 | 子孙龙 | 赣州信丰 | 祖厅 |
| 客家祭祖 | 赣州兴国 | 祠堂 | 鲤鱼灯 | 赣州南康 | 街头 |
| 点莲灯 | 赣州石城 | 祠堂 | 竹马灯舞 | 赣州宁都 | 汉帝庙 |
| 客家迎故事 | 赣州寻乌 | 户外 | 举人龙 | 赣州全南 | 祖祠、社官前 |
| 赖公庙会 | 赣州会昌 | 祠庙 | 大布扛灯 | 赣州宁都 | 村内 |

### 2. 时间特征

远在先秦时期，赣南地区便有先民在此生产生活，并繁衍生息。在客家人迁入之前，只有少量世代居住在此的本地人。自东晋以来，原籍为中原或黄河流域地区的中原汉族，也就是常说的客家人，由于战争原因，不断南迁，逐渐进入赣南、闽南、粤东等地定居。在经历了五次中原汉民向南方迁徙的过程后，逐渐形成了特殊的、不以地域命名的民系——客家民系。

赣南客家民俗文化与客家人的南迁时间有着密切的关联。通过查证赣南客家民俗的起源时间，将赣南客家民俗进行梳理分析，可以发现：

一部分民俗是由客家人南迁时引入的中原民俗。这些民俗保留有原有文化特征，并不受地区变化的影响，目前还在继续传承和发展。例如，石城的客家清明祭祀民俗是唐宋时期跟随汉民由中原传入石城。客家人每年清明时节，都会自觉虔诚地对先祖进行祭拜，意为思亲怀祖，祈福后代。

一部分民俗是由客家人南迁之后，中原民俗与赣南当时当地的民俗文化相互融合而成。例如，安远的客家粄食民俗是客家先民在迁徙过程中，将中原饮食文化带入赣南地区之后，与当地饮食文化融合而成。中原主食以面粉为主，而客家先民因地制宜，创造性地以大米粉和淀粉为原料，代替面粉制作食物，称为粄食。这是客家人将中原饮食文化与当地饮食文化进行融合和改进的结果。

一部分民俗是赣南本地人世代相传的传统民俗，并不受南迁而入的客家人影响，独自传承和发展。例如，赣州南康的鲤鱼灯距今已传承了几千年，最早可以追溯至原始社会。每逢喜庆节日，人们都会通过鲤鱼灯载歌载舞进行庆祝，无论是舞蹈形式还是曲艺变化，都是具有当地特色的民俗传统。

一部分民俗是赣南客家人南迁之后，与本地人和谐共处，在日常生产生活的过程中逐渐创造和发展而来的新的民俗。例如，全南的举人龙起源于清朝，是当地钟氏家族为了庆贺族人中举而创造的庆贺仪式，并逐渐传承至今。

赣南客家民俗除了起源、传入、发展、创造的时间具有不同的意义特征之外，每年具体的发生时间也不同，还有特定发生的时间期限（见表 5-3）。例如，为了祈求家禽家畜的平安和五谷丰登，在每年立春之际，崇义的舞春牛民俗便如期举行。立春是一年之始，因此在此时进行祭拜仪式更加符合时令节气和人们的心理；兴国的客家祭祖民俗则大多发生在家族可以聚集的时间，主要分为家祭和公祭。家祭是各家各户独自祭祀，因此一般发生在每个月的初一或十五，或者每年中的逢年过节时期。公祭是集体祭祀，因此只发生在清明、中元、春节三大节庆活动中。上述时间安排都是符合祭祀目的和要求的，是当地人民世代承袭下来的民俗。龙南的龙舟比赛也是特定发生在每年端午期间，不仅为了纪念屈原，而且还将信仰与龙舟赛结合，更有团结人心的作用。

表 5-3　　　　赣南客家民俗文化景观基因的时间特征

| 民俗名称 | 起源时间 | 发生时间 | 民俗名称 | 起源时间 | 发生时间 |
|---|---|---|---|---|---|
| 客家粄食 | 客家人南迁之后 | 无特定时间 | 灯会 | 已传承千百年 | 正月初一至十五 |
| 四星望月 | 毛主席取名 | 岁时节庆 | 过火炼 | 宋代 | 春季 |

续表

| 民俗名称 | 起源时间 | 发生时间 | 民俗名称 | 起源时间 | 发生时间 |
|---|---|---|---|---|---|
| 客家服饰 | 客家人南迁之后 | 无 | 上刀山 | 宋代 | 春季 |
| 客家围屋 | 唐宋时期 | 无 | 三僚堪舆 | 唐朝 | 无特定时间 |
| 客家门匾 | 汉魏时期 | 无特定时间 | 搬海清 | 明末清初 | 八月十四日开始 |
| 匾额 | 北宋时期 | 无特定时间 | 竹篙火龙 | 清朝 | 八月初一至十五 |
| 客家接谱 | 已传承千百年 | 无 | 横寨唱船 | 已传承千百年 | 正月初一至正月十六 |
| 年俗 | 无 | 春节期间 | 割鸡担灯 | 已传承一千多年 | 初九至十五 |
| 拜年踩街 | 明清时期 | 春节期间 | 中石民俗 | 清朝 | 无 |
| 元宵龙船歌 | 秦汉唐宋 | 初六至十五 | 古教花灯 | 清朝 | 正月十三日至正月十六 |
| 舞春牛 | 明末清初 | 立春时节 | 温氏花灯 | 清朝 | 农历正月十六 |
| 客家清明祠祭 | 唐宋时期 | 清明节 | 桥帮灯 | 清朝 | 正月初一至十五 |
| 龙舟赛 | 明朝 | 端午节 | 香火龙 | 明朝 | 正月初一至初三 |
| 客家婚俗 | 已传承千百年 | 新人结婚期间 | 香火龙 | 明朝 | 正月十一至十五 |
| 哭嫁 | 唐宋时期 | 出嫁前后 | 子孙龙 | 明朝 | 正月初七至十七 |
| 客家祭祖 | 已传承千百年 | 初一十五和逢年过节 | 鲤鱼灯 | 汉代 | 喜庆节日 |
| 点莲灯 | 唐宋时期 | 人死之后 | 竹马灯舞 | 已传承千百年 | 十二月廿五至正月十六 |

| 民俗名称 | 起源时间 | 发生时间 | 民俗名称 | 起源时间 | 发生时间 |
|---|---|---|---|---|---|
| 客家迎故事 | 唐宋时期 | 农历九月二十八日 | 举人龙 | 清朝 | 正月 |
| 赖公庙会 | 明朝 | 农历七月初五至初八 | 大布扛灯 | 南北朝时期 | 正月初十至十五 |

### 3. 形式特征

传统民俗其实是一种社会文化现象，并且与其他的社会文化现象一样①，具有各不相同的形式特征。形式特征也是民俗的典型特征，因为传统民俗在产生、发展、传承的过程中必定需要十分注重形式特征。只有形式到位，传统民俗才能进行，且各种传统民俗活动都具有其特定意义，而形式则是其表达特定意义的外在特征之一。有了形式，才有实体，传统民俗才得以在社会生产和生活过程中相互学习和传承发展。

不同传统民俗的表现形式完全不同。每种传统民俗都有其特有的文化特征和特定含义，其表现出来的形式特征也是研究传统民俗必不可缺的重要特征之一（见表 5-4）。通过比较分析不同民俗的形式特征，不仅可以快速地了解各项不同民俗的具体内容，还可以分析不同民俗之间的相似性与差异性。例如，比较宁都的古教花灯和上犹的温氏花灯的形式特征发现：古教花灯的形式特征可以概括为裱糊花灯、游灯仪式、化灯仪式；温氏花灯的形式特征可以概括为拜祖、闹花灯、聚谈。通过比较两者间不同的形式特征便可快速将其分辨，并且发现两者之间存在较大的形式区别：虽然两者都是花灯，但是古教花灯强调花灯的制作、游行和处理，而温氏花灯重点关注闹花灯、集体拜祖和聚谈。不难看出，这两项传统民俗是形式和意义均完全不同的花灯。

---

① 张爽. 基于民俗文化的呼和浩特市玉泉百坊民俗村景观分析研究 [D]. 呼和浩特：内蒙古农业大学，2019.

表 5-4　　　　　　　赣南客家民俗文化景观基因的形式特征

| 民俗名称 | 形式特征 | 民俗名称 | 形式特征 |
|---|---|---|---|
| 客家粄食 | 米制作成的食物 | 灯会 | 元宵花灯节和各种节庆 |
| 四星望月 | 蒸笼周围配上四盘农家菜 | 过火炼 | 斋醮法事 |
| 客家服饰 | 绣花 | 上刀山 | 斋醮法事 |
| 客家围屋 | 集家、祠、堡于一体 | 三僚堪舆 | 风水地理 |
| 客家门匾 | 民居大门门额上的门匾 | 搬海清 | 扮演锄强扶弱的英雄故事 |
| 匾额 | 定匾、游匾、祭匾、挂匾、揭匾 | 竹篙火龙 | 游火虎、游火龙、表演社戏 |
| 客家接谱 | 家谱修订、接谱仪式 | 横寨唱船 | 起神，舞龙表演，送大神 |
| 年俗 | 为过年做准备 | 割鸡担灯 | 担灯仪式、割鸡仪式、唱戏 |
| 拜年踩街 | 表演游行 | 中石民俗 | 武术表演 |
| 元宵龙船歌 | 唱船歌和放置大龙船 | 古教花灯 | 裱糊花灯、游灯仪式、化灯仪式 |
| 舞春牛 | 参拜仪式和表演 | 温氏花灯 | 拜祖、闹花灯、聚谈 |
| 客家清明祠祭 | 三献礼扫墓祭祖 | 桥帮灯 | 制作桥帮灯、游灯、追灯 |
| 龙舟赛 | 龙舟比赛和相关仪式 | 香火龙 | 在打击乐的配合下，进行舞龙表演 |
| 客家婚俗 | 多项传统的客家结婚仪式 | 香火龙 | 舞龙、放龙、送龙和呼龙 |
| 哭嫁 | 新娘哭嫁 | 子孙龙 | 彩灯龙表演 |
| 客家祭祖 | 对祖先进行家祭和公祭 | 鲤鱼灯 | 舞灯巡游 |

| 民俗名称 | 形式特征 | 民俗名称 | 形式特征 |
|---|---|---|---|
| 点莲灯 | 按照传统礼仪点油灯 | 竹马灯舞 | 起灯、祭坛、游灯、组合表演 |
| 客家迎故事 | 多种民间艺术混搭表演 | 举人龙 | 开光、拜神、呼龙、抢红上珠等仪式 |
| 赖公庙会 | 祭祀和菩萨出街游行 | 大布扛灯 | 制作可以转动的扛灯，各家各户巡游 |

### 4. 主题特征

传统民俗所表现的主要内容被称为主题。不同的传统民俗所表现的主题可以是不同的，也可以是相同的。通过研究传统民俗的主题特征可以对相应的民俗进行内容定位。主题特征是传统民俗产生的根据，是民众在创造民俗之初便需要先确定的主题（见表5-5），其他特征都需要服从主题特征的需要。例如，在清明时期，客家人为了更好地祭祀先祖、思亲怀古，逐渐形成祭祀的主题特征。清明时期产生和发展的祭祀民俗都是围绕着祭祀的主题进行。因此，主题特征不仅是民俗文化的中心根本，还是民俗产生、发展和继承的关键。失去主题的民俗传承，将无法进行。

我们对不同赣南客家传统民俗进行了主题特征的高度概括发现：38项传统民俗具有21种不同的主题特征，其中主题为"祭祀"的传统民俗高达12项之多。可以看出，客家人十分注重对过去重要的事物和人物进行缅怀，代表了人们对过去的生活心怀感恩，对未来的生活充满希望。

对客家民俗文化进行主题特征分析，还可以将相同主题特征的传统民俗进行横向对比，或是将不同主题特征的传统民俗进行纵向对比，以便更好地对不同客家民俗进行异同性研究。

表 5-5　　　　　　赣南客家民俗文化景观基因的主题特征

| 民俗名称 | 主题特征 | 民俗名称 | 主题特征 |
|---|---|---|---|
| 客家板食 | 食物 | 灯会 | 娱乐祈福 |
| 四星望月 | 主菜 | 过火炼 | 祭祀 |
| 客家服饰 | 穿戴 | 上刀山 | 祭祀 |
| 客家围屋 | 聚族而居 | 三僚堪舆 | 民间信仰 |
| 客家门匾 | 门匾镌刻 | 搬海清 | 祈福 |
| 匾额 | 挂匾 | 竹篙火龙 | 祭祀 |
| 客家接谱 | 接谱 | 横寨唱船 | 祭祀祈福 |
| 年俗 | 过团圆年 | 割鸡担灯 | 祭祀 |
| 拜年踩街 | 拜年 | 中石民俗 | 娱乐祈福 |
| 元宵龙船歌 | 娱乐祈福 | 古教花灯 | 拜祭 |
| 舞春牛 | 祈福 | 温氏花灯 | 拜祖 |
| 客家清明祠祭 | 祭祀 | 桥帮灯 | 奉祀 |
| 龙舟赛 | 祭祀 | 香火龙 | 祭祖祈福 |
| 客家婚俗 | 结婚 | 香火龙 | 祭祀 |
| 哭嫁 | 结婚 | 子孙龙 | 祈福 |
| 客家祭祖 | 祭祀 | 鲤鱼灯 | 拜贺 |
| 点莲灯 | 祭祀 | 竹马灯舞 | 祭祀 |
| 客家迎故事 | 娱乐祈福 | 举人龙 | 祭祀祈福 |
| 赖公庙会 | 祭祀 | 大布扛灯 | 求福 |

## （二）赣南客家民俗文化景观基因的内在特征

1. 内在含义特征

传统民俗作为一种社会文化现象，是世世代代的人民群众在社会生产生活中逐渐形成的民间风俗习惯，并融入了深刻的人文含义，或者为人们在进行传统民俗活动时的用意。传统民俗活动的发展和传承绝不只是形式上简单的生搬硬套，而是还需要深入了解其内在含义，并将其在传统民俗的发展和传承中贯穿始终。

对传统民俗进行内在含义的梳理和分析，需要结合各项文献资料，找出传统民俗的起源、发展过程、传承内容等，并将其整理成序，再定性分析出传统民俗活动中的内在含义。传统民俗的内在含义确定后，不仅可以对传统民俗进行深层次的研究，还有利于传统民俗的传承和发展，确保传统民俗的形式与内在含义均得以完整且有效的传承。

赣南客家传统民俗的内在含义中，除去小部分是祭祀缅怀之外，大部分内含对生活积极向上的美好愿意，主要包括家族和睦、家人平安、辞旧迎新、崇敬神明等（见表5-6）。

表5-6　　　赣南客家民俗文化景观基因的内在含义特征

| 民俗名称 | 内在含义特征 | 民俗名称 | 内在含义特征 |
|---|---|---|---|
| 客家粄食 | 方便携带、耐饱 | 灯会 | 祈求国泰民安、风调雨顺 |
| 四星望月 | 团团圆圆阖家幸福 | 过火炼 | 祈求风调雨顺、驱瘟断煞 |
| 客家服饰 | 家人健康吉祥 | 上刀山 | 祈保国泰民安、风调雨顺 |
| 客家围屋 | 气派宏伟、易守难攻 | 三僚堪舆 | 将人与环境进行联系 |
| 客家门匾 | 展示历史典故和先祖理念 | 搬海清 | 对英雄的热情赞美和崇拜 |
| 匾额 | 用于潜移默化地教化乡邦 | 竹篙火龙 | 对神龙的崇敬对祖先的敬意 |
| 客家接谱 | 记载该家族成员生殁埋葬情况 | 横寨唱船 | 对幸福安康生活的祈盼 |
| 年俗 | 体现家庭和睦、团圆幸福 | 割鸡担灯 | 注重家族传承 |
| 拜年踩街 | 庆祝新年，辞旧迎新 | 中石民俗 | 消灾，祈求身体健康、事事顺意 |
| 元宵龙船歌 | 歌唱民俗事项和历史文化 | 古教花灯 | 祈福驱灾 |
| 舞春牛 | 保家禽家畜平安、五谷丰登 | 温氏花灯 | 教育晚辈团结友爱、尊老爱幼 |

续表

| 民俗名称 | 内在含义特征 | 民俗名称 | 内在含义特征 |
|---|---|---|---|
| 客家清明祠祭 | 思亲怀祖、感恩佑福 | 桥帮灯 | 家族强盛、人丁兴旺 |
| 龙舟赛 | 对龙的信仰和膜拜，祈求赐福平安 | 香火龙 | 祈求风调雨顺、五谷丰登、国泰民安 |
| 客家婚俗 | 幸福、传宗接代 | 香火龙 | 祈求驱邪扶正、风调雨顺、五谷丰登、人丁兴旺 |
| 哭嫁 | 不舍父母手足感情，含有吉祥之意 | 子孙龙 | 家族团结、子孙兴旺 |
| 客家祭祖 | 思亲怀祖、敦亲睦族、弘扬祖德 | 鲤鱼灯 | 驱邪降福、国泰民安、风调雨顺 |
| 点莲灯 | 为死者魂魄引路，对逝者的缅怀，保佑子孙 | 竹马灯舞 | 反映古代客家人不屈不挠、自强不息的精神 |
| 客家迎故事 | 展示客家文化，寄托美好未来的憧憬 | 举人龙 | 希望可以得到龙王爷的庇护 |
| 赖公庙会 | 图喜庆、盼吉利、体验传统文化 | 大布扛灯 | 吉祥和好运随灯而来 |

## 2. 精神文化特征

传统民俗的内核驱动力是精神文化。只有人们的精神驱使，才有传统民俗的产生。而传统民俗的精神文化特征则源自某个民族、某个宗族、某个组织团体共同创造的精神财富。这种精神文化特征完全由人们的主观意识所构建而成。这种意象中的精神世界是人们基于现实世界的认识投影[①]。精神文化特征相较于传统民俗的其他特征而言，其优越性在于精神文化具有一定的基因遗传性。每个民族、宗族或者组织团体都具有其共同和独特的精神文化特征，这是被群体所认同的。系统梳理赣

---

① 杨宇亮. 滇西北村落文化景观的时空特征研究 [D]. 北京：清华大学，2014.

南客家民俗文化，其精神文化特征表现均有不同（见表5-7）。

表 5-7 　　　 赣南客家民俗文化景观基因的内在精神文化特征

| 民俗名称 | 精神文化特征 | 民俗名称 | 精神文化特征 |
|---|---|---|---|
| 客家粄食 | 质朴 | 灯会 | 团结人心、对生活的向往 |
| 四星望月 | 有余、团圆 | 过火炼 | 勇敢卓越 |
| 客家服饰 | 幸福 | 上刀山 | 勇敢卓越 |
| 客家围屋 | 团结、防卫 | 三僚堪舆 | 民间信仰 |
| 客家门匾 | 记录传承 | 搬海清 | 崇拜英雄、团结宗族 |
| 匾额 | 教化传承 | 竹篙火龙 | 向上不屈的生命信念 |
| 客家接谱 | 家族传承 | 横寨唱船 | 崇拜自然 |
| 年俗 | 和睦团圆 | 割鸡担灯 | 人丁兴旺 |
| 拜年踩街 | 热闹、喜庆 | 中石民俗 | 勇敢坚毅 |
| 元宵龙船歌 | 传承 | 古教花灯 | 美好祈愿 |
| 舞春牛 | 农耕文化 | 温氏花灯 | 人丁兴旺 |
| 客家清明祠祭 | 感恩 | 桥帮灯 | 繁荣兴旺 |
| 龙舟赛 | 淳朴、团结向上 | 香火龙 | 祈福 |
| 客家婚俗 | 喜庆 | 香火龙 | 祈福 |
| 哭嫁 | 情深感恩 | 子孙龙 | 子孙发达 |
| 客家祭祖 | 感恩 | 鲤鱼灯 | 对生活的向往 |
| 点莲灯 | 缅怀 | 竹马灯舞 | 不屈不挠 |
| 客家迎故事 | 对生活向往 | 举人龙 | 祈福 |
| 赖公庙会 | 对美好生活的向往 | 大布扛灯 | 生生不息 |

## 三、赣南客家民俗文化景观基因的特征分析

生物学中的基因是指携带遗传信息的 DNA 序列，而 DNA 则是一种双螺旋长链聚合物，只有可以翻译成蛋白质的 DNA 片段才是基因。DNA 作为一种遗传物质，具有相对的稳定性，能够精准地进行自我复

制，保持遗传的连续性。本书中根据生物学中带有遗传物质的基因立体模型，对传统民俗文化进行基因类比模型，将基因进行有序排列，探究其在遗传过程中，基于稳定的传承形式下，其内在的主体基因、共性基因和个性基因（见图 5.2）。

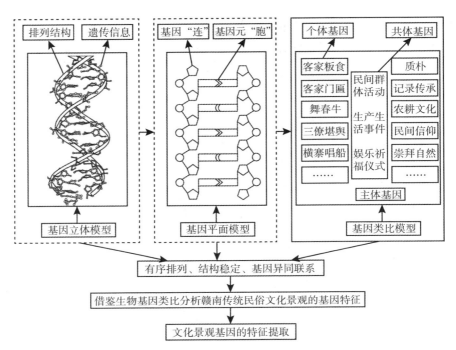

图 5.2　赣南客家民俗文化景观的基因提取过程

## （一）主体基因

主体基因是赣南客家民俗在传承和发展时，占有显著地位的主导核心基因，在成因上是地方传统民俗文化的反映，代表的是各项传统民俗文化景观的精神内核。主体基因是某项传统民俗的中心内核。它既可以推动传统民俗活动的发生，也可以确保传统民俗活动的有效传承。它既是人们进行传统民俗活动的过程状态，也是人们进行传统民俗活动的诉求和目的。赣南地区以独特的地理条件形成了独一无二的客家传统民俗。各项民俗内容丰富独特，在长期的历史发展中指导本地区人民进行物质生产、社会活动、精神文化等。

从物质民俗来看，客家粄食、四星望月、客家服饰、客家围屋等传统民俗事项，体现的是赣南人民勤劳、朴实、和睦的个性特征。在物质生产生活方面，无论周遭环境是否有利，都依然保持着积极乐观的生活态度。

从社会民俗来看，客家门匾、匾额、客家接谱、年俗、拜年踩街、元宵龙船歌、舞春牛、客家清明祠祭、龙舟赛、客家婚俗、哭嫁、客家祭祖、点莲灯、客家迎故事、赖公庙会、灯会等传统民俗事项，体现的是赣南人民和睦、感恩、传承的个性特征。在生产生活之余，宗族、岁时、人生礼仪、社会组织等方面的习俗进一步表达了人民对生活积极乐观的态度和对美好生活的向往。

从精神民俗来看，过火炼、上刀山、三僚堪舆、搬海清、竹篙火龙、横寨唱船、割鸡担灯、中石民俗、古教花灯、温氏花灯、桥帮灯、香火龙、香火龙、子孙龙、鲤鱼灯、竹马灯舞、举人龙、大布扛灯等传统民俗事项，体现的是赣南人民神明崇拜、家族兴旺的个性特征。宗教信仰、祭祀祈福、艺术传承等方面的习俗进一步表达人民内心深处的精神世界，特别是对自然的崇拜和对神明的敬仰。其思想的内核主要是对灾难的趋避和美好的祈佑。

### （二）共性基因

共性基因是从各项赣南客家民俗文化的表现形式和精神思想出发，分析和寻求其中共同共通之处。通过仔细分析和对比，发现赣南客家民俗的共性基因主要可以归纳为三点：民间群体活动、生产生活事件、娱乐祈福仪式。

民间群体活动的共性基因可以被解释为：发展和传承传统民俗是发生在人与人之间的活动，无论是发展还是传承都需要群体共同完成，相互沟通和交流学习。群体一般以家族、邻里、社会组织为单位进行，不同传统民俗的传承人各有不同，根据传统民俗的个性特征进行群体传承。

生产生活事件的共性基因可以被解释为：各项传统民俗的发生都是

基于人们日常的生产生活事件，并在保留其原生样貌的基础上，进行发展和传承。因此传统民俗都是衍生于人们日常的生产生活事件，具有较强的社会文化研究价值和意义。

娱乐祈福仪式的共性基因可以被解释为：人们在进行传统民俗时，主要表达的目的和存在的价值均可以概括为娱乐或者祈福。其中娱乐可以包括生产生活中衣食住行和其他活动。传统民俗留存至今的价值意义已经不再是其本身所可以完成的现实价值，而是在发展和继承中，其具备的传统文化价值和意义。因此在现今进行传统民俗活动时，主要的目的和价值在于娱乐。而祈福是中国人自古以来对未来美好生活向往的一种表达方式，纪念和缅怀先祖，并且告慰先祖，均是为了表达人们一种祈愿求福的心态。

### （三）个性基因

个性基因是指各项赣南客家民俗文化的不同之处，主要表现在表达方式和表达意义的不同。产生不同个性基因的原因则在于：（1）人们在面临不同的生产生活的问题时，表达的诉求不同，因此产生各种不同的民俗活动；（2）人们在进行不同的生产生活时，以此为基础的物质条件和环境不同，因而衍生的民俗活动均不同；（3）由于早先时期，信息传递具有不便性，因此各项民俗独具特色，保持着当地的文化特色进行发展和传承，进而保留其特有的个性基因。

### （四）联系机理

赣南客家民俗既具有独特的个性基因，还具有共同的共性基因，其产生、发展及演化还存在内动力和外动力的差别，但是其中核心的联系机理为"积极向上的传统人文精神"（见图5.3）。

传统民俗表现出的差异性，就是不同传统民俗具有的个性基因，如鲤鱼灯和舞春牛。鲤鱼灯是通过拜贺的活动形式，表达人们对神祇的尊敬和拜求；而舞春牛则是通过娱乐的活动形式，表达人们祈求平安的愿景。两项传统民俗的表现形式、活动形式和内在精神诉求均不相同。即使是在相似的民俗活动中，也存在不同的诉求。比如中石民俗、过火炼和上刀山，其中的表演形式类似，均是上刀山下火海一类的武术杂艺，

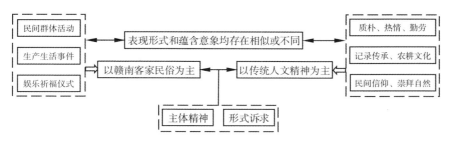

图 5.3　赣南客家民俗文化景观的联系机理

但其表达的诉求不同：中石民俗是为了消灾祈福，而过火炼上刀山则是为了祭祀。

传统民俗表现出的相似性，就是不同传统民俗之间具有的共性基因，表现为：（1）不同传统民俗的表现形式相似。例如，同样用于祭祀拜祖的温式花灯和古教花灯，在活动形式上，均体现为游灯和舞灯；同样带有表演性质的中石民俗、过火炼和上刀山，在具体形式上，均是上刀山下火海一类的武术杂艺。以上民俗之所以在形式上相似，大抵与传统的生活习俗和民间杂艺相关；（2）不同传统民俗的表达诉求相似。例如，表现形式完全不同的过火炼和上刀山和中寨香火龙，均是为了祭祀和祈求。表现形式不同的门匾和匾额，均是通过展示达到教化乡邦和教育后代的目的。可见，为了表达相似的诉求，人们在日常生产生活中创造性地形成和发展了形式多样的民俗活动。

传统民俗产生、发展及演化的外动力来自当地自然环境与社会的综合作用。在人类聚落形成之始，人类的生产生活能力受制于周围的自然环境，因此不同的自然环境中会产生不同的地方民俗文化。传统民俗除了受自然环境的影响之外，还受历史进程中政治、社会、文化等多种人文因素的影响。它会随着人类生产生活的需求改变而改变，甚至会随着人类活动轨迹的变化而发生变化。例如，为了抵御外敌入侵，居住于龙南的富商名绅因地制宜地修建了易守难攻的围屋，其外部坚不可摧，但其内部豪华气派，并且同一个姓氏的宗亲都聚居于此，具有独特的宗族文化特性；兴国三僚堪舆文化也同样可以反映当地人追求人与自然和谐共处的文化信仰。他们认为可以通过改变或者改善周围的自然环境，以达到生活幸福的美好期盼。可见，外部自然与人文环境是传统民俗文化形成的强大外动力。

外动力对传统民俗在传承过程中的作用类似于生物学中带有遗传物质的 DNA 片段（即基因）进行复制时所产生的结构改变作用。在生物基因进行复制遗传时，当发生碱基对复制出错，产生碱基对增添、改变和缺失等结果时，被复制的基因结构也随之发生了改变。在传统民俗进行传承和发展过程中，在自然与人文等外动力作用下，不合时宜、糟粕的部分基因被剔除，甚至会与时俱进地融入时代的文化元素。传统民俗的内在遗传基因发生变异，逐渐形成具有风格特色的个性基因（见图5.4）。

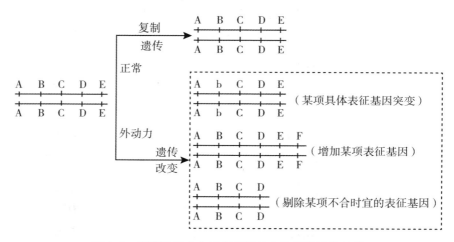

图 5.4　传统民俗文化景观基因的生物类比遗传过程

传统民俗产生、发展及演化的内动力来自内在的精神文化力量。它的本质内核其实就是一种脱离物质环境的精神文化，而精神文化又根植于人们所处的民族和宗族文化。不同的民族、宗族或者组织团体都有其特有并且认同的精神文化特征，这种精神文化特征是传统民俗文化发展的重要动力。精神文化内涵是传统民俗的灵魂所在，既催生出相应的传统文化，又支撑其发展和演化。例如，源于对生命和祖先的敬意而产生的宁都竹篙火龙，在客家人的精神深处，不仅是用于祭祀祖先和神明，还代表了当地民众的生命之树；而为祈求风调雨顺、国泰民安的安远过火炼仪式，则是人们基于对美好生活的向往而产生的传统民俗。可见，精神文化是影响传统民俗产生、发展及演化的强大内部因素。

　　各项民俗的形式不同和行为人的诉求不同，使得传统民俗存在个性基因的差异。在主体基因和共性基因的双重作用及内动力和外动力的双向作用下，赣南客家民俗文化得以传承和发展。虽然赣南客家民俗的表现形式和内在意义均存在相似或不同之处，但是无论何种形式的传统民俗活动，均是以传统人文精神为内核，体现的是以人为本的中心思想，表达的都是对生活的一种积极向上的期盼。（见图 5.5）

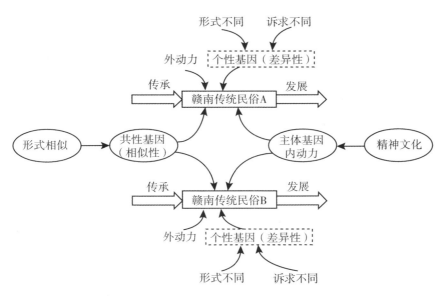

图 5.5　赣南客家民俗文化景观的联系机理关系图

## 四、赣南民俗文化景观的基因编码

前文已经系统分析了客家民俗文化的景观基因，我们对赣南客家民俗文化有了一个更为深刻的理解，这对于民俗文化的传承与发展是大有帮助的。在信息社会的今天，为适应新形势对文化传承与创新的要求，我们很有必要重新理解和定义民俗文化中的景观基因，深度挖掘文化景观基因的信息，并在此基础上重新编码文化基因，构建民俗文化景观基因库。

在文化景观基因的编码技术研究中，数字化技术已经开始广泛运用。如曹帅强等学者在研究非物质文化遗产景观基因的 GIS 技术时，运用 ArcGIS 软件平台，通过属性编码识别与空间编码表达了湖南省非物质文化遗产景观基因的空间特征①。基于曹帅强等人研究成果，我们结合赣南客家民俗的具体识别基因和特征，提出民俗文化景观基因 GIS 识别和表达技术流程：（1）结合上述文化景观基因识别体系，用精练的短句概述各项传统民俗的发展和传承的文化景观基因；（2）在各项传统民俗基因识别后，对各项特征信息进行关键词辨别和归纳分类，形成特征类别；（3）采用一定的规律对各项传统民俗进行特征编码，全面涵盖各项特征类别，创建赣南客家民俗文化景观基因特征信息的基础数据库。

通过对赣南客家民俗文化景观基因的识别和提取可知，其文化景观基因的特征包括发生位置、起源时间、发生时间、形式特征、主题特征、内在含义特征、精神文化特征等，笔者对其按照一定的编码级别，采用特征类别、特征要素和确定和表达基因共同组成的三级识别指标编码方法进行编码，定义的编码规则为：

一级识别指标编码按分类特征、地点特征、时间特征、形式特征、主题特征、内在含义特征、精神文化特征 7 个特征类别的一类划分，并

① 曹帅强，贺建丹，邓运员. 基于 GIS 的非物质文化遗产景观基因识别与表达——以湖南省为例［J］. 云南地理环境研究，2016，28（4）：8-14，2.

分别编码为：Ⅰ、Ⅱ、Ⅲ、Ⅳ、Ⅴ、Ⅵ、Ⅶ；二级识别指标是基于一级识别指标的特征类别进行再划分：分类特征类别可分为遗产级别特征要素和民俗类别特征要素；地点特征类别可分为分布区域特征要素和发生位置特征要素；时间特征类别可分为起源时间特征要素和发生时间特征要素；形式特征类别可分为传承群体特征要素、形式载体特征要素和表现内容特征要素；内在含义特征类别可分为实际意义特征要素和衍生含义特征要素；精神文化特征类别可分为思想精神特征要素和观念意识特征要素。二级识别指标编码分别为：A、B、C、D、E、F、G、H、I、J、K、L、M、N；三级识别指标是根据二级识别指标的构成原因进行确定和表达基因，并分别编码为：a、b、c、d、e、f、g、h、i、j、k、l、m、n。

由此构建的传统民俗文化景观基因特征信息的分类编码指标体系中（见表 5-8），每个编码都对应着每项传统民俗所特有的、具有唯一性的文化景观基因特征要素，并得出相关编码结果。编码结果可以直接与赣南各项传统民俗进行地理空间上的坐标系统相对应、相关联。编码结果不仅可以反映出赣南各项传统民俗文化景观的空间分布，还可以反映它们的内在属性及其表达特征，并可直接提取确定和表达的基因。这种基因编码技术可以对各项民俗文化景观进行基因识别，并在此基础上创建民俗文化景观基因特征信息的基础数据库。

根据建立的传统民俗文化景观基因特征信息的分类编码指标体系，我们可以将赣南各项传统民俗进行编码，如序号 1 代表客家粄食的编码结果为：$I^1A^1a^1$ $I^1B^1b^1$ $II^1C^1c^1$ $II^1D^1d^1$ $III^1E^1e^1$ $III^1F^1f^1$ $IV^1G^1g^1$ $IV^1H^1h^1$ $IV^1I^1i^1$ $V^1J^1j^1$ $VI^1K^1k^1$ $VI^1L^1l^1$ $VII^1M^1m^1$ $VII^1N^1n^1$。根据编码结果，我们可以识别客家粄食的文化景观特征为：遗产级别是赣州市级，民俗类别为物质民俗，主要发生在安远的民间人家内，是一种跟随客家人南迁至此地的饮食民俗，并无指定的制作时间，主要由客家人用大米加工成面粉后制成粄食，是一种独具客家特色的食物，由此制作而成的粄食耐饱，而且方便携带，可以有效地支撑客家人繁重的户外劳动。客家粄食是客家人将中原饮食习惯进行因地制宜的改进和创新。

表5-8　　传统民俗文化景观基因特征信息的分类编码指标体系

| 特征<br>类别 | 特征要素 | 确定和表达基因 | 编码结果 |
|---|---|---|---|
| 分类<br>特征<br>（$I^x$） | 遗产级别<br>（$A^x$） | 根据国务院发布《关于加强文化遗产保护的通知》和指定的保护体系对赣南客家民俗文化景观进行遗产级别的确定和表达（$a^x$） | $I^x A^x a^x$ |
| | 民俗类别<br>（$B^x$） | 根据"国家+省+市"三级非物质文化遗产保护体系中的赣南地区的传统民俗事项进行确定和表达（$b^x$） | $I^x B^x b^x$ |
| 特征<br>类别 | 特征要素 | 确定和表达基因 | 编码结果 |
| 地点<br>特征<br>（$II^x$） | 分布区域<br>（$C^x$） | 根据各项赣南客家民俗发展和传承至今的相关资料记载来确定和表达（$c^x$） | $II^x C^x c^x$ |
| | 发生位置<br>（$D^x$） | 根据传承至今的各项赣南客家民俗的具体发生内容来确定和表达（$d^x$） | $II^x D^x d^x$ |
| 时间<br>特征<br>（$III^x$） | 起源时间<br>（$E^x$） | 根据相关资料记载中各项赣南客家民俗最初形成的历史年代来确定和表达（$e^x$） | $III^x E^x e^x$ |
| | 发生时间<br>（$F^x$） | 根据相关资料记载中各项赣南客家民俗进行活动的具体场所位置来确定和表达（$f^x$） | $III^x F^x f^x$ |
| 形式<br>特征<br>（$IV^x$） | 传承群体<br>（$G^x$） | 根据相关资料记载中各项赣南客家民俗的传承人和参与者来确定和表达（$g^x$） | $IV^x G^x g^x$ |
| | 形式载体<br>（$H^x$） | 根据相关资料记载中各项赣南客家民俗的具体的、实际的、物质性、非物质、意会、可言语的传承内容来确定和表达（$h^x$） | $IV^x H^x h^x$ |
| | 表现内容<br>（$I^x$） | 根据相关资料记载中各项赣南客家民俗的表演、举行、传承的表现仪式的具体活动内容来确定和表达（$i^x$） | $IV^x I^x i^x$ |

| 特征类别 | 特征要素 | 确定和表达基因 | 编码结果 |
|---|---|---|---|
| 主题特征（$V^x$） | 主要内容（$J^x$） | 根据各项赣南客家民俗在发展和传承过程中的主要活动内容来确定和表达（$j^x$） | $V^x J^x j^x$ |
| 内在含义特征（$VI^x$） | 实际意义（$K^x$） | 根据相关资料记载中各项赣南客家民俗在发生进行时的原本用意来确定和表达（$k^x$） | $VI^x K^x k^x$ |
|  | 衍生含义（$L^x$） | 根据相关资料记载中各项赣南客家民俗更深层次的衍生含义，用于表现更内涵的用意来确定和表达（$l^x$） | $VI^x L^x l^x$ |
| 精神文化特征（$VII^x$） | 思想精神（$M^x$） | 根据相关资料记载中各项赣南客家民俗的人文思想精神来确定和表达（$m^x$） | $VII^x M^x m^x$ |
|  | 观念意识（$N^x$） | 根据相关资料记载中各项赣南客家民俗的人文观念意识来确定和表达（$n^x$） | $VII^x N^x n^x$ |

# 第二节　赣南客家民俗文化景观基因保护与传承

　　我们通过对赣南客家民俗文化景观基因的特征识别和提取，发现和辨别赣南客家民俗的重要文化特征基因，并对赣南客家民俗文化进行编码、识别和表达，创建了赣南客家民俗文化景观基因特征信息的基础数据库。在对赣南客家民俗进行保护和传承的过程中，我们可以借助研究成果快速对赣南各项传统民俗文化进行定位，深度挖掘其文化信息，进而提出有针对性的保护和传承措施。基于现有的研究及赣南客家民俗文化地域特色，我们提出以下保护原则：

## 一、赣南客家民俗文化景观基因的保护与传承原则

### (一) 因地制宜原则

赣南地区因其特殊的地理位置和人文环境，其文化特征不仅包含有当地特色的地方性文化，还包含南迁至此地的客家文化，因此在保护赣南客家民俗的发展和传承时，需要坚持因地制宜的原则，从当地实际情况出发，对现有的赣南客家民俗进行分类保护，充分尊重文化的地方性，充分了解和分析当地的民俗文化精神内涵，将其贯穿于传统民俗文化景观的保护中。

### (二) 人文精神原则

人文精神是传统民俗的灵魂。传统民俗的产生、发展和传承都是基于其人文精神的驱使。人文精神是赣南客家人共同创造的精神财富，对于传统民俗而言尤为重要，并且可以作为遗传性的基因特征，用于传统民俗的识别、传承、认同等，是传统民俗的核心特征。因此在传承和保护传统民俗时，必须认同和传承其内在的人文精神，固守客家人的精神家园。

### (三) 以人为本原则

传统民俗的创造者和传承者就是人民群众本身。以人为本就是在充分考虑保护传统民俗时，不能忽视人在其中的作用。传统民俗无论是外在形式特征，还是其内在文化特征，都涉及人与人之间的关系。因此在保护和传承传统民俗时，作为参与者的人需要充分了解和读懂其传承的传统民俗，并且要以人为中心，充分发挥人在传统民俗中的作用。

### (四) 文化性原则

文化是具有生命力的。各项传统民俗文化均具有其独特的文化生命力。赣南客家民俗的文化生命力在于其悠久的历史传承和独特的地方风情。对传统民俗的保护与传承，在于树立文化自信，彰显文化特色，充分发挥其文化生命力，让传统民俗在传承和保护中永葆文化活力。

### (五) 艺术性原则

传统民俗也是艺术的一种，而艺术又是人们反映社会生活和表现思

想感情所体现的美好表现程度。传统民俗在如今的社会生活中，其功能主要是表达和传承传统民俗文化，艺术性反倒对其而言更为重要。具体的艺术性则体现在传统民俗的表现形式是否完整，其传达的文化精神是否到位等，因而在对其进行保护时，需要注意艺术性原则。

## 二、赣南客家民俗文化景观基因的传承与保护方式

### 1. 客观真实的记录

赣南客家民俗不仅是我国传统文化体系中的重要组成部分，也是客家传统文化中不可或缺的部分。丰富多样的赣南客家民俗是人们在民间社会生产生活中逐渐形成的、具有当地特色的风俗习惯，是人们基于物质生活，自主发展和形成的一系列非物质形态的传统民俗文化。因此客观真实的记录不仅可以从根本上保持其原始性，还可以便于后续的资料存储和查阅，有利于赣南客家民俗的传承。在对赣南客家民俗进行记录传承时，需要对其进行内容审查辨别，加大对赣南客家民俗的研究力度，探寻其起源发展过程和文化精神内涵，并用以指导传承实践。

### 2. 科学主动的推广

赣南客家民俗是需要人与人之间进行交流和继承的、活着的传统文化。在保护和传承民俗文化的过程中，不仅需要保护其本身的传承群体和传承方式，还需要科学地介入其中，采取各种方式主动推广，适应性地创新和大力发展相关传统民俗产业，让更多的群体和产业了解传统民俗，发展传统民俗。

### 3. 理性适度的开发

文化景观的传承与保护并不意味着不能开发利用，推进文化创新，在开发中保护，在传承中利用，是民俗文化保护的新路子。赣南客家民俗文化蕴含着巨大的社会效益和经济效益，因此从社会效益进行开发，可以增强人民的文化意识，提高人们对赣南客家民俗的认识和了解，从主动对人们进行宣传到人们主动进行发扬，对提高传统民俗文化的影响力具有重要的积极作用，并且还可以增强当地人们对传统民俗文化的认同感和文化意识；从经济效益进行开发，选择性地进行开发并且形成传

统民俗文化产业，不仅可以带动其他产业发展，还可以增强文化发展的活力。将文化做成产业，产生经济效益，带有传统特色、地方特色的文化产业和产品在经济利益的驱动下，可以实现快速传播，由此唤起传统民俗的生机与潜力。

# 第六章　赣南客家民俗文化
# 感知与地方认同

## 第一节　赣南客家民俗文化的感知

行为地理学是人文地理学的重要分支学科，它运用人本主义方法研究人地关系，越来越受到国内外学者的普遍关注。环境感知是行为地理学所要探讨的主要问题，它是环境信息在人们头脑中的印象，环境的变化必然导致人们对环境的感知发生变化①。在现代社会发展的大背景下，形态丰富、风格独特的赣南客家民俗文化在迎来机遇的同时，也面临着严峻的挑战。从建筑形态到客家语言，从客家习俗到客家精神，赣南客家民俗文化正发生着翻天覆地的变化。文化本身的变化也势必导致感知与认同发生重大嬗变甚至迷失。因此，在传统文化日益受到重视的今天，系统研究赣南客家民俗文化感知的迷失和重塑，具有重要的现实意义和理论价值。

### 一、文化感知及研究

心理学上认为：感知（perception）又称知觉，是客观事物通过感觉器官在人脑中的直接反映。由于行为主体及景观的差异，感知往

---

① 赵荣，王恩涌，张小林，等．人文地理学［M］．北京：高等教育出版社，2006.

往也会因人、因时间和空间而异。对于感知的研究，在国外，人文主义学派的著名地理学家段义孚探讨了人们对家乡的依恋与地方建筑景观的关系①，而 Scott 则是通过人们对某个自然景观的一些特征（如森林、植物、田野、山谷、新老建筑等）的感知，来调查人们对这些景观的喜爱程度②。在国内，一些人文地理学研究者也开始关注文化感知，如王爱平等从环境感知（如颜色、造型、体积、位置等）和心理认同的角度（功能、意义和情感等的认同）考察了居民对社区地标的接受程度③；王之婧等以李克特量表为主体，在感知、态度、行为这三个维度上分析了原风景对景观感知的影响④；俞孔坚运用心理物理学的方法，通过态度测理的实验手段来探索中国人的景观感知和审美偏好⑤。从以往的研究看，文化感知的研究成为人文地理学（尤其是行为地理学）研究的热点问题，将有助于人们理解行为空间特征及其演化规律。

## 二、赣南客家民俗文化感知的迷失表征

客家文化丰富多彩，形式多样，是中华文化的一支独秀。但是随着城镇化进程的日益加快，强势的现代文化不断与传统的客家文化发生摩擦与碰撞，文化的排斥与融合现象司空见惯。随着现代文化的不断渗入，具有客家地区独特的民俗文化也随之淡出人们的脑海，人们提及"客家"，已无异于其他族群，留下印象深刻的文化感知日渐迷失。主要表现在以下几方面：

---

① Tuan, Yi-Fu. Topophilia: A Study of Environmental Perception, Attitudes, and Values [M]. Hemel Hempstead: Prentice-Hall, 1974: 248.

② Scott A. Results of household survey and focusgroup [R]. Welsh Institute of Rural Studies, University of Wales, 1999.

③ 王爱平，周尚意，张姝玥，等. 关于社区地标景观感知和认同的研究 [J]. 人文地理，2006, 92 (6): 124-128.

④ 王之婧，朱春阳，冯艺佳. 原风景对景观感知影响的量表设计与分析 [J]. 安徽农业科学，2010, 38 (23): 12729-12730.

⑤ 俞孔坚. 景观：文化、生态与感知 [M]. 北京：科学出版社，2008.

### （一）客家建筑民俗的视觉迷失

建筑景观的视觉感知最为敏感。在我国传统聚落景观中，客家围屋建筑景观称得上是一枝奇葩。这种建筑景观既可以抵御外来侵略，又可以防火防盗防震，独特的建筑形态和空间布局适合当地的自然地理特征，是人与自然和谐相处的文明结晶，是客家人的标志性建筑。但是，随着现代信息社会的不断发展，建筑景观营造的形态、材料、技法等都发生了根本性的变化，传统的围屋建筑景观逐渐消失，甚至具有典型赣南地域特色的土坯房也在乡村景观改造过程中不复存在。钢筋水泥的小洋房建筑大量出现，原有依附于建筑景观中的传统民俗也随之消失或者发生变异。例如，在新居基本落成之后，客家人有"上梁"的重要仪式，仪式十分讲究。但随着建筑用材和房屋布局的变化，这种仪式已经没有存在的物质载体了，而选址、破土动工、乔迁等房屋建筑习俗虽然还保留着，但因现代文明的渗透，其原有的形态也悄然发生变化。

### （二）客家语言民俗的听觉迷失

客家人有一句俗语，叫做"宁卖祖宗田，不忘祖宗言"。一个民系成立的重要因素之一就是具有共同的语言，客家民系的共同语言即客家方言，它是汉语七大方言之一。在汉语七大方言中，客家话最独特的是联结了我国各省乃至全球各华人地区的客家人的民系认同。它是客家代代相传、延续千年的文化纽带，被誉为中国古汉语的"活化石"。长期以来，由于客家人身居山区，与外界交流相对较少，客家方言也因此得以较为完整地保存。但是，现代社会加速发展的今天，交通更加便利，客家地区人口流动日益频繁，尤其是强势的北方文化不断南侵，在政府的主导下客家地区被迫接受以北方方言为基础的普通话。可以预期，在不久的将来，独特的客家方言将会被普通话取代，与之相应的地名景观也将发生变化。人们对客家语言民俗的感知将变得模糊，熟悉的乡音已很难再听见。

### （三）客家社会民俗的触觉迷失

在长期的自然和人文环境的作用下，客家人有一套独特的风俗习惯，既有中原地区的遗风，又有当地土著居民的特点。客家习俗在传承和变异中，显得特别丰富多彩，包罗万象，包括服饰饮食、生产生活、节庆娱乐、丧葬嫁娶等，如具有客家地区特色的客家擂茶、哭嫁、客家祭祖、花朝节、打三朝等，这些习俗是无数代客家人传承和沿袭下来的宝贵财富，也是天下客家人公共恪守的行为规范和处事准则。今天，很多客家乡村还保留有比较传统的客家习俗，但是，随着城市文明的不断扩散，客家人和其他族群人一样过上城市文明的生活，原有的传统习俗已难见踪影，如传统的娶亲仪式就被现代婚礼所取代，移风易俗的结果必然导致人们在客家文化的感触逐渐模糊，即文化感知上的"触觉"迷失。

**（四）客家精神民俗的灵魂迷失**

客家信仰是赣南客家民俗文化的精神灵魂，客家信仰是客家人在长期的迁徙过程中和历史发展进程中凝练出来的精神支柱，同时又为客家社会的人文发展起着引导作用，其中宗族观念和风水信仰是其独特的信仰方式。对于客家聚落而言，祖先崇拜源于中原地区，在历代宗族迁徙的过程中，这种以宗族为单元的迁徙方式大大强化了客家人对祖先的崇拜，寻根情节与宗族守望成为他们的文化认同。在客家聚落中，处处都可以看到宗祠，宗祠是客家人共同感知与认同的精神家园。但是，在今天这个城市文明不断推进的社会，宗族社会秩序也已经被取代，宗族观念已经不再推崇，支撑客家聚落的灵魂也将不复存在。另外，在长期的迁徙过程中，客家人更加注重思考地理环境与人的相互关系，形成于中国几千年前的风水思想是人们在长期的实践过程中所形成的人地关系理论，同时也是人们的世界观和价值观的表达，客家人对风水思想表现出强烈的推崇，在聚落选址、空间布局甚至生活起居等方面均有体现。当然，在高科技的现代文明飞速发展的今天，风水信仰显得不合时宜，人们已经开始更加关注物质和金钱的诱惑。因此，可以说信仰的缺失是赣南客家民俗文化的灵魂迷失。

**三、赣南客家民俗文化感知迷失的根源**

历经风雨，独特的客家文化传承至今，给人们留下深刻印象的客家民俗文化却在城镇化进程中已迷失，文化感知的模糊导致客家族群的认同感淡化，主要有以下几个原因：

**（一）赣南客家民俗文化的"遗传基因"日渐流失**

遗传基因源于生物学，刘沛林等将其运用于研究聚落景观的形成，他将民居特征、图腾标志、主体性公共建筑、环境因子、布局形态等要素作为识别聚落景观的几个基因①，并在对中国传统聚落景观划分的过程中，将客家文化划分为闽粤赣边客家聚落景观区②。今天，能代表客家文化特征的赣南客家民俗文化景观基因中最典型的为客家围屋（土楼），但在现代社会发展的大浪潮下，这种遗传基因现在已残存不多，且新的建筑风格出现，意味着新的基因已经出现，发生了"基因变异"，而这种新的基因又无异于其他地域文化基因，导致人们对客家聚落景观的文化感知迷失。

**（二）赣南客家民俗文化的传承主体已更新换代**

文化传承的核心主体是人，而人又是社会的人，必然会打上时代的烙印。新生代的客家文化传承人接受的是现代文化的思想观念和价值取向，必然受现代文化的深远影响。在城镇化不断深入城市和乡村聚落的过程中，客家人也很难独善其身，大批年轻一代的客家人为谋生计纷纷涌入大城市，接受现代文化的熏陶，无暇顾及固守了千年的文化家园，留守在乡村聚落的只有老人、妇女和儿童。长此以往，老一代客家文化传承人终将退出历史舞台，而新一代传承人又无法撑起弘扬客家文化的大旗，出现了传承主体的断代，文化传承陷入窘境，这对于地方特色文化的传承无疑是一种灾难。

**（三）强势的现代城市文化湮灭了弱势的赣南客家民俗文化**

文化生态学认为，在文化传播与扩散的过程中同样遵循自然生存法则，"适者生存、弱肉强食"的法则同样在文化碰撞与交流中显现。现

---

① 刘沛林，刘春腊，李伯华，等.中国少数民族传统聚落景观特征及其基因分析［J］.地理科学，2010，30（6）：810-817.

② 申秀英，刘沛林，邓运员，等.景观基因图谱：聚落文化景观区系研究的一种新视角［J］.辽宁大学学报（哲学社会科学版），2006，34（3）：143-148.

代城市文化所表现出来的强大性、先进性与同一性的特点，使其在文化领土竞争中处于明显的强势位置。城镇化进程是代表现代文明的城市文化向赣南客家民俗文化推进的一个过程，而客家民俗文化最具生命力的生长点又恰恰在乡村聚落，在这一过程中，现代城市文化在"包围"和"蚕食"赣南客家民俗文化的生存空间，处于弱势的赣南客家民俗文化在强势的现代城市文化面前显得力不从心，其影响力逐渐下降，客家民俗文化的感知和认同感也随即迷失与淡化。

**（四）孕育赣南客家民俗文化的文化生态系统被打破**

钟声宏等认为："文化生态系统包括自然人、家庭、社区村落（族群）、自然环境等功能类群组成。客家文化生态系统的形成是在客家地区自然地理条件、人文历史基础上，持久地保留中原传统文化，又深深地扎根于当地，吸收并融合土著文化而形成的。"① 今天，在城镇化的进程中，孕育客家文化的文化生态系统已被打破，其生存的土壤已被"改良"，城镇化的不断推进使客家文化赖以生存的文化生态系统发生了深刻的变化：从自然地理要素来看，相对封闭的山地已经交通便利，通信设施完备，与外界沟通交流日益方便和频繁；从人文地理要素来看，社会制度发生了重大变革，思想观念已经革故鼎新，这些因子都直接或间接影响了客家文化的演替，因而在全新的文化生态系统作用下客家民俗文化很难生机勃发。

总体而言，赣南客家民俗文化感知迷失既有文化自身的内因，也有周遭环境的外因，在这两种因素的共同作用下，才出现人们对它的感知迷失，其作用机理可用图 6.1 表示。

## 四、赣南客家民俗文化感知的重塑

客家文化的传承与发展面临诸多问题，在城镇化不断深入的今天，重塑人们对赣南客家民俗文化感知和文化认同任重道远，可以从以下几

---

① 钟声宏. 粤闽赣客家文化生态效应对区域发展的影响 [J]. 人文地理学, 2009（2）：60-62.

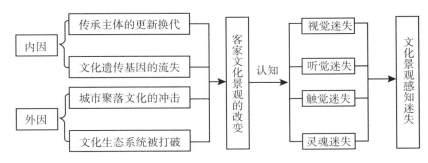

图 6.1 赣南客家民俗文化感知迷失的机理

个方面入手:

**(一) 注重赣南客家民俗文化景观的保护与创新**

赣南客家民俗文化景观有其独特的"遗传基因",这些"遗传基因"的传承与保护显得十分必要。在赣南客家民俗文化景观中,建筑景观是显性的"遗传基因",最容易被人们识别和接受,一旦被人们接受,就可达到强化文化感知与认同的目的。最能代表赣南客家民俗文化的景观就是客家围屋,它是赣南客家民俗文化景观的主体基因,也是客家文化的文化符号。因此,就围屋而言,除保护现存的古民居以外,新修的民居可以吸纳围屋的建筑思想精髓,而在结构形态和空间布局中要契合现代生活的需求,对传统民居加以改良和创新,使其保留有赣南客家民俗文化的主体基因,这不仅稳固了客家民俗文化的根基,同时创新和发展了客家文化,实现了现代文化和客家文化的有机融合,这有利于加强客家族群对客家文化的感知与认同。

**(二) 政府和民众共同营造保护赣南客家民俗文化的良好氛围**

周尚意认为:政府和民众在地方文化建设中发挥重要作用,政府是地方文化建设的引导者,而民众则是地方文化发展的沃土①。要让人们感知赣南客家民俗文化,政府的责任义不容辞。文化的发展需要政府在资金、政策和制度上加以扶持。前文提到,文化感知的迷失是文化生态

---

① 周尚意,孔翔,朱竑.文化地理学 [M].北京:高等教育出版社,2004.

系统中人文要素发生了变化，而政府又是文化生态系统中人文要素的主要影响因素，制定良好的文化发展策略和措施，建造各种文化设施，开展各种文化活动，加大舆论宣传力度，可为人们感知赣南客家民俗文化营造良好氛围。同时，民众也要积极参与其中，身体力行，用眼去观察，用心去领悟，用行动去参与，通过各种形式的文化活动，增强民众的赣南客家民俗文化自豪感和凝聚力，并从中找到文化的归宿和认同。

**（三）培育新一代客家民俗文化的传承人**

客家民俗文化只有深入人心，代代相传，才能成为广大民众感知和认同的对象。培育新一代客家民俗文化的传承人任务艰巨，肩负着历史的重任。新一代传承人首先应对客家民俗文化有深入的了解和浓厚的兴趣，并有强烈的责任感和使命感。很多具有独特地方特色的客家民间技艺和节庆活动等因缺乏优秀的继承人而面临失传，这就需要老一代文化传人善于发现"千里马"，寻找到合适的接班人，并将其培养成材，同时也需要更多新一代年轻人主动承担起文化传承的历史重任，善于学习，勤于思考，甘于寂寞，当好文化传承的接班人，同时也应成为文化的传播者，将赣南客家民俗文化薪火相传。只有这样，客家民俗文化才能不断推陈出新，扩大影响，并在人们心中建立起印象深刻的文化感知和文化认同。

# 第二节　赣南客家民俗文化的地方认同

近些年来，文化认同与重构现象越来越受到国内外学者的关注①。随着现代文明的不断渗入，赣南客家民俗文化日益受到冲击，其原有的文化特质被外来的现代文明所异化，地方文化认同感逐渐淡化甚至缺失。因此，基于客家民俗文化的认同来探讨文化的重构十分必要。

---

① 温春香. 族群迁徙与文化认同：第十届人类学高级论坛会议综述 [J].广西民族研究，2012（1）：198-220.

## 一、文化认同与重构

文化认同（cultural identity）是对一个群体或文化的身份认同（感），又或者是指个人受其所属的群体或文化影响，而对该群体或文化产生的认同感①。亨廷顿曾指出，不同民族的人们常以对他们来说最有意义的事物来回答"我们是谁"，即用"祖先、宗教、语言、历史、价值、习俗和体制来界定自己"，并以某种象征物作为标志来表示自己的文化认同。我国学者冯天瑜把文化认同的解释为一种肯定的文化价值判断，即指文化群体或文化成员承认群内新文化或群外异文化因素的价值效用符合传统文化价值标准的认可态度与方式，经过认同后的新文化或异文化因素将被接受、传播②。这个概念经常被人类学者和文化地理学者所采用。

文化重构（cultural reconstruction）是文化的重新构建，即对于已有某个文化现象的再加工、再创造的过程，也指人们对于已有的文化现象再次认知。本书所指的文化重构是在现代社会发展中赣南客家民俗文化与现代文明的融合、渗透与调整重组。赣南客家民俗文化具有典型的地方性、时代性、多变性的特点。在现代文明社会发展背景下，研究赣南客家民俗文化的地方认同对地方文化建设与发展具有重要意义，同时也是解密文化基因的遗传与变异的一把钥匙。

## 二、赣南客家民俗文化认同的缺失

当前，现代文明的渗入使得赣南客家民俗文化遭受着前所未有的挑战，植根在人们心中的文化认同也逐渐模糊甚至缺失，其表现及根源主要集中在以下几个方面。

---

① Tan S H. Challenging Citizenship: Group Membership and Cultural Identity in a Global Age [M]. Aldershot Hants, England: Ashgate, 2005.

② 冯天瑜. 中华文化辞典 [M]. 武汉: 武汉大学出版社, 2001: 20.

**（一）地理环境的深刻演化导致人们生产生活方式的单一趋同，客家民俗文化特色日渐消失**

人文地理中的文化景观学派认为：文化景观是地面上可以感觉到的人文现象的形态，人文地理学应该研究这种人类及其劳动所创造的能反映人类集团的文化和经济的景观。美国学者索尔（Sauer，1989—1975年）在《文化地理的新近发展》一文中，把文化景观定义为"附加在自然景观上的人类活动形态"。从这个意义上讲，文化景观的形成与演化与周遭地理环境的形成与演化有着密切的联系。今天的赣南客家民俗文化是客家先民在长期的历史与地理环境不断变化发展中积淀形成的，折射出客家地区特定的人地关系。在传统的农业社会中，赣南地区远离行政中心和经济重心，地理单元相对独立封闭，交通相对闭塞，地貌类型以低山丘陵为主，气候类型为亚热带温暖湿润气候。这一独特的地理环境为客家文化的生成发展与完整保存提供了良好的外部条件。但是，随着现代社会的不断发展，这里的地理环境正发生着深刻的变化，最为突出的是交通的便利，原来封闭独立的地理单元与外界空间联络越来越紧密，外来的城市文化与地方农耕文化交流融合。受外来文化的影响，客家民俗文化很难独善其身，具有典型客家特色的生产生活方式向城市文明单一趋同，传统的农耕方式、聚族而居的居住方式被现代生活所取代，导致居住在这里的人们很难找到地方文化认同。譬如，随着交通条件的改善，人们为了更方便地享受现代服务，房屋大多依路而建，并且以红砖房为主，客家原来那种依山傍水、择势而建的土坯房（包括围屋）正在逐渐消失。

**（二）大规模的人口移动深刻影响赣南客家民俗文化，文化主体的客家身份信息模糊**

客家民系的形成和发展与中原汉人的屡次南迁紧密相连，客家民系的发展史是我国历代人口大迁徙的历史佐证，而赣南是大迁徙中的重要"中转站"，是客家民系的摇篮。目前，对于客家人口总量和分布均无确凿统计，全国有"纯客家县"（客家人超90%）44个，其中赣南就有16个。客家人口达780万，约占全球客家人的12%，占大陆客家人的15%。相比而言，今天的城市化过程也是一次人口大迁徙的过程，人口由农村向城市、由不发达地区向发达地区移动，但是人口移动的规模和范围远超历史上的任何时期。毋庸置疑，赣南客家民俗文化的文化主体是生活在聚落中的劳动人民，这种大规模的人口移动使文化主体发生了根本性的变化：生活方式的改变、行为模式的转换、思想观念的更新。这些文化主体受现代城市文化的影响，传统的文化特质不复存在，加之外来人口与客家聚集人口的杂糅相处，客家人的身份信息日渐模糊。相对于一些其他民系而言，文化主体的客家身份识别度不高，客家文化的认同感也受影响。

**（三）"千城一面"的造城运动导致赣南客家民俗文化的遗传基因流失，文化认同缺乏物质载体**

遗传基因源于生物学，刘沛林等将其运用于研究聚落景观的形成，他将民居特征、图腾标志、主体性公共建筑、环境因子、布局形态等要素作为识别聚落景观的几个基因，并在对中国传统聚落景观划分的过程中，将客家文化划分为闽粤赣边客家聚落景观区[①]。当前，现代社会发展就是现代文明向传统文化不断施加影响、甚至取代传统文化的过程。在城市化过程中，"千城一面"的造城运动将城市文化在不同的地域范围不断复制拷贝，代表地域文化特色的赣南客家民俗文化遗传基因在造城运动中不断流失，有的甚至被现代文化异化成突变基因。这些所谓的现代文化通过单一的、乏味的模式毫不费力地取代了古老的赣南客家民俗文化景观，极具特色的传统建筑与聚落正在消亡，原有的传统聚落斑块在城市化进程下变得越来越小，甚至有的只能以单栋的建筑、单个的聚落存在[②]，最为典型的是代表赣南客家建筑景观特色的客家围屋在城市化过程中被现代小洋房合围甚至取代，出现了文化基因的消失或突变。这种基因的消失与突变对于传统文化的传承与发展而言是极其不利

---

① 刘沛林，刘春腊，李伯华，等. 中国少数民族传统聚落景观特征及其基因分析 [J]. 地理科学，2010，30（6）：810-817.

② 肖旋，林辉. 城市化影响下我国乡村文化景观的现状及发展 [J]. 中国城市园林，2011，9（5）：26-28.

的，也势必导致文化认同缺乏显性的物质载体。

## 三、赣南客家民俗文化的地方性重构

### （一）从固守成规到顺应时代：民俗文化地方性重构需要推陈出新

任何一个传统文化都不是一成不变的，总要随着时代的变迁和地理环境的演化而发生变化。千百年来，勤劳的赣南客家人创造出了辉煌灿烂的客家民俗文化。但是，有些民俗文化在当今这个现代信息社会中显得不合时宜，没有生命力，必须推陈出新。当然，完全脱离文化传统，用现代城市文化取代传统民俗文化也是不可取的。因此，在民俗文化的地方性重构过程中，对于这些传统的民俗文化既不能固守成规，又不能摒弃历史、一味追求其现代性，要在继承传统的基础上进行革新，寻找到现代城市文化与赣南客家民俗文化的交汇点。以赣南客家民俗文化景观代表——围屋为例，在设计客家聚落新民居的过程中，既要充分吸取客家传统建筑围屋的地方特性和艺术风格，又要创造出富有时代气息、符合现代审美观点和功能要求的新风格，从而为文化景观的地方性重构服务。又如，赣南采茶戏是赣南民俗文化的代表，但是随着电影、电视和互联网等现代都市文化的不断侵入，年轻一代的客家人对采茶戏等传统的非物质文化越来越陌生，导致这种民俗文化在新文化的包围下无立足之地甚至消亡。因此在保护这种民俗文化的过程中，既要保护其精髓，又要在传播手段上推陈出新，用现代人喜闻乐见的形式加以传播。

### （二）从物质再现到理念再造：民俗文化地方性重构需要双管齐下

地方文化认同很多情况源于地方文化景观的塑造，尤其表现在物质文化景观方面，Schnell I. 指出：精英们倾向于在固定的时空架构中固定地方，通过投资建设物质性的、纪念性的建造以固化地方意义来形成认同[①]。当然，同样注意到，在地方文化重构的过程中，精神文化层面的理念再造也显得十分重要，行为规范和价值观念的认同才是地方文化

---

① Schnell I, Mishal S. Place as a source of identity in colonizing societies: Israeli settlements in Gaza [J]. Geographical Review, 2008, 98 (2): 242-259.

认同的根本。Clifford S. 指出：不同地方的人的体验和精神体现在景观上，地方变为有意义和符号的核心以传达不同的思想、观念和感受，因而唤起了群体清晰的归属感，是群体表达认同的符号①。因此，要获得群体对地方的历史与未来定位的基本认同，在身份上找到主体感、归属感、认同感，既要重新塑造许多物化的民俗文化景观，同时也要在民俗文化的精神层面上下工夫，实现文化价值观上的和谐与统一。因此，在构建赣南民俗文化过程中，既要保护赣南客家民居、饮食、服饰等物质景观，又要弘扬赣南人"吃苦耐劳、勤俭创业、团结互助、勇于开拓"的客家精神。

**（三）从单一模式到多元文化：民俗文化地方性重构需要百花齐放**

现代社会快速发展的今天，各种形式的多元文化蜂拥而至，面对强势的多元文化的渗透和融入，传统的赣南客家民俗文化往往束手无策。从时间轴上看，传统文化与现代文化同时在同一区域交织，现代社会的发展不可避免地加剧了人地矛盾，给民俗文化的传承和发展带来了很大的风险和压力。同时，城市文化的雷同抹煞了赣南客家民俗文化的地方特性，大规模的"造城运动"导致赣南客家民俗文化积淀不足与文化记忆破裂。从空间轴上看，外来文化与本土民俗文化在空间上杂糅，文化的重构面临艰难的碰撞与抉择，既要让本土民俗文化得以传承与创新，又要博采众长、吸取精华为我所用。因此，在重构地方民俗文化的过程中，要充分考虑各种文化的有机糅合，实现文化的百花齐放，同时也要警惕千人一面的模式简单复制，湮灭了传统民俗文化的地域特性。

**（四）从宣传保护到开发利用：民俗文化地方性重构需要齐头并进**

世界文化遗产的保护经验告诉我们，对于民俗文化而言，对民俗文化资源进行很好的开发利用有利于资源的保护。当前，很多赣南客家民俗文化已经开始探索一条以有限开发促进文化资源保护的发展之路，如旅游业的有效介入等，取得了良好的效果，为赣南客家民俗文化的重构

---

① Clifford S, King A. Local Distinctiveness：Place, Particularity and Identity [M]. Champaign. IL：Common Ground，1993.

提供了很好的借鉴经验。当然也应该注意到，旅游业是一把双刃剑，既促进了赣南客家民俗文化的复苏，也对传统的赣南客家民俗文化造成了冲击。对此，多学科、多领域的介入相当重要，在重构民俗文化的过程中，要运用历史学、社会学、地理学、建筑学、景观学等多个学科对赣南客家民俗文化的发展变迁及历史进程、文化景观的空间结构与形态、文化景观保护等问题进行综合的分析和考量，从而制定可持续的发展保护策略①。如龙南的关西围屋已被列入全国重点文物保护单位，现在已作为一种旅游资源向游客开放，这对于民俗文化的保护是有利的。

### （五）从基因突变到基因重组：民俗文化地方性重构需要海纳百川

前文指出，现代社会发展对传统聚落的冲击还表现在传统聚落的基因缺失，进而导致地方文化的认同感不足。在生物界，基因是打开生物遗传的密码，它具有两个特点：一是能忠实地复制自己，以保持生物的基本特征；二是基因能够突变。现代社会发展导致部分隐藏在传统文化深处的文化基因缺失甚至发生突变。因此，在实现民俗文化的地方性重构的过程中，需要将被冲散甚至遗失的文化基因碎片重新组合起来，并加入受城市文化影响而发生突变的文化基因，在新的排列规则下组建新的遗传密码。如随着生活条件的改善，客家饮食文化中的腊货制作和米酒酿造工艺等传统技艺被工业化生产所取代，传统文化已濒临失传。这就要求在推广现代工艺生产模式的基础上注重传统工艺的融入，实现传承与创新并存。

---

① 赵君芬. 川西农村聚落景观规划设计研究 ［D］. 雅安：四川农业大学，2009.

# 第七章　赣南客家民俗文化资源
## 开发与利用

## 第一节　赣南客家民俗文化资源开发与利用现状

习近平总书记指出："没有文明的继承和发展，没有文化的弘扬和繁荣，就没有中国梦的实现。"长期以来，民俗文化作为我国优秀传统文化中的重要组成部分，受到学界的广泛关注，也作为一种十分重要的文化资源被地方政府加以开发和利用。优秀的民俗文化可以增强文化自信，提高文化软实力，为地方经济社会的发展提供重要的资源支持。从前文的分析研究可知，赣南客家民俗文化资源丰富多样、独具特色，具有典型的地方性。深入挖掘、研究、整理、开发和利用赣南客家民间文化资源，既是传承和保护民俗文化、提升赣南客家地区文化品位的需要，也是当地社会经济发展的需要，对于推动优秀传统文化发展、服务地方经济具有极其重要的意义。

### 一、赣南客家民俗文化资源的价值

民俗文化既是人们生产生活的一部分，又为人们的生产生活提供了丰富的资源，成为宝贵的物质财富和精神财富。赣南客家民俗文化资源具有重要的社会价值、经济价值、文化价值和艺术价值。

#### （一）文化价值
赣南客家民俗文化作为一种不可多得的文化资源，其起源、发展、

175

兴盛、演化及衰败等过程均具有十分重要的文化意义，既反映了赣南客家地区的社会经济发展历史，也折射出人地关系的作用结果。在世界文化多元融合的前提下，不同民族的文化也在不断地创新与发展，新的文化事项不断涌现。现代文化在全世界范围内的迅速传播与扩散，使得文化异质性和多元化面临诸多挑战。很多具有地域特色的优秀传统文化渐渐被历史遗弃。赣南客家民俗文化资源是中华传统文化资源库中一项十分宝贵的文化遗产，蕴含了丰富的文化信息，保存有优秀的文化基因。传承和发展赣南客家民俗文化，有利于保护文化遗产、传承文化基因、打造文化品牌、体现文化价值。

### （二）社会价值

传统民俗具有规范秩序、教化民众、维系社会、促进团结等社会功能和价值。尊重各地的风尚习俗，有利于维持社会秩序、维护民族团结、实现发展和繁荣中华文化，可以提高民族的自尊心和文化的自豪感。赣南客家民俗文化所倡导的优秀道德规范和行为标准至今还成为维系乡土社会的基本准则。如赣南客家人在生产生活中所表现出来的崇先报本、爱国爱乡、崇文重教、耕读传家、艰苦奋斗、锐意进取、穷则思变、勇于开创、团结协作、海纳百川[①]（罗勇，2006）等客家精神，为客家人优秀传统美德的形成和高尚道德价值体系的建立提供了精神支柱。在长期历史发展与变迁中所形成的客家人性格特征和心理、语言、行为方式，将作为一种文化标识代代相传。客家民俗文化也将成为客家族群身份认同的纽带和维系客家文化继续向前发展的核心。

### （三）经济价值

"经济搭台、文化唱戏"是当前很多地方政府倡导的经济发展模式。民俗文化作为一种重要的资源可以为地方经济社会发展服务。传承和保护民俗文化并不是要将文化束之高阁、藏在深闺，而是要在开发中保护，在保护中传承，将最宝贵的文化信息挖掘和开发出来，充分激发

---

① 罗勇. 客家文化特质与客家精神研究 [M]. 哈尔滨：黑龙江人民出版社，2006.

出其自身的经济潜能和效应，从而体现出民俗文化的真正价值。民俗文化与旅游的高度融合是实现其经济价值的很好途径。当前，民俗旅游已然成为开发与利用民俗文化资源的新业态。赣南客家民俗文化资源丰富，具有发展民俗旅游的资源条件。以民俗旅游为切入点，与其他形式的旅游深度融合，发展赣南旅游产业，进而带动相关产业的发展，为当地经济发展服务，真正提高文化产业竞争力，实现文化的经济价值。与此同时，地方经济实现了发展，也为民俗文化的传承与保护提供充足的资金支持，增添了文化市场的新活力，有利于民俗文化的创新与发展。

**（四）艺术价值**

艺术源于生活。民俗文化源于人们多姿多彩的生产生活，同时也体现了丰富多彩的民间艺术。赣南客家民俗文化集地方性、历史性及艺术性于一体，在音乐、体育及美术等各方面均有不俗的表现。譬如舞龙舞狮民俗就融入了绘画、剪纸、舞蹈、音乐、体育等多种艺术形式，具有很高的观赏性、娱乐性和艺术性，是传统文化中不可多得的一种文化形式。因此，保护民俗文化也同样保护了民间艺术，为艺术的繁荣与创新提供了物质载体。

总而言之，客家民俗文化蕴含有历史独特的内涵，将在很长的一段时间内影响着人们的生产以及生活方式，发挥出十分重要的价值。我们相信，随着赣南客家民俗文化的不断发展与创新，其功能与形态也将发生深刻的变化，其自身的价值也会得到充分的体现，在更为广泛的领域中得以发挥。

## 二、赣南客家民俗文化资源开发现状

近几年来，在当地政府的大力支持下，赣南客家民俗文化资源得到了有效的开发，民俗旅游活动丰富多样，民俗表演市场需求大，但发展缓慢，民俗资源得到了有效的保护。

**（一）民俗旅游蓬勃发展**

赣南地区各主要旅游景点客源接待量充足，旅游收入可观，在全市国民经济中的比重也呈逐年上升趋势。2019 年，赣州市接待旅游总人数 13410 万人次，其中接待境外旅游者人数为 488000 人次，接待国内旅游人数 13361.4 万人次。实现旅游总收入 1408.5 亿元，其中国内旅游收入 1397.67 亿元，旅游外汇收入 15782 万美元。10 年间，旅游总人数、境外旅游者、国内旅游人数分别增加了 8.58 倍、3.07 倍、8.63 倍，旅游总收入、国内旅游收入、旅游外汇收入分别增加了 13.62 倍、13.93 倍、2.90 倍①。（见图 7.1、图 7.2）

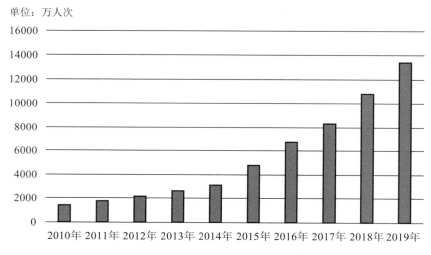

单位：万人次

图 7.1　赣南地区近 10 年旅游总人数变化图

　　旅游是民俗文化资源开发的主要形式，在近 10 年的赣南地区旅游产业发展过程中，民俗旅游成为旅游开发的主要方向。以民俗为主题的各种重大活动不断涌现，尤其是节庆活动较为频繁，充分体现了民俗旅游的兴起。节庆活动已经成为赣南客家民俗旅游活动的重要展示窗口。古风古朴的赣南采茶戏、兴国山歌、客家擂茶等体现了赣南客家民间艺术的博大精深。

　　在民俗节庆活动中，有分布在寻乌、会昌、石城等地社会组织的巡

---

①　赣州市统计局，国家统计局赣州调查队. 赣州统计年鉴 2020 ［M］. 北京：中国统计出版社，2020：269.

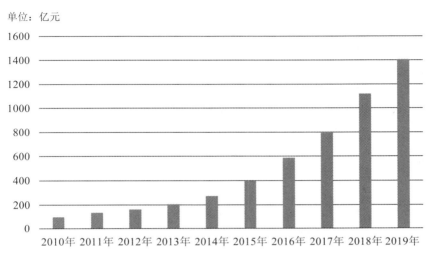

单位：亿元

图 7.2　赣南地区近 10 年旅游总收入变化图

游展演，有分布在安远、兴国、会昌等地的祭祀仪式，有分布在宁都、南康、于都、上犹等地的祈福活动，还有分布在宁都、全南、龙南、信丰、南康等地的艺术表演；在官方民俗活动中，有在定南①、会昌②等地举办的民俗文化节，有在春节③、端午节④等节日举办的节庆活动。

**（二）民俗文化景观得到有效修缮**

随着政府对文物保护单位和非物质文化遗产的高度重视，投入大量资金开展景观改造和开发利用，各地的民俗文化景观也得到了较好的修

---

① 罗娜，毛思远．江西赣州打造客家文化旅游区 ［EB/OL］．（2020-04-15）［2021-07-15］．http：//jx. people. com. cn/n2/2020/0415/c186330-33951033. html.

② 张翠萍，谢世金．风景这边独好 2018 江西会昌民俗文化旅游节将举行 ［EB/OL］．（2018-07-11）［2021-07-15］．https：//jxgz. jxnews. com. cn/system/2018/07/11/017010307. shtml.

③ 郑馨．春节期间赣州市文化活动丰富多彩 ［EB/OL］．（2020-04-15）［2021-07-15］．http：//www. newskj. com/news/system/2020/01/06/030113976. shtml.

④ 赣州新闻广播．赣州市各地开展丰富多彩的端午节日活动，传承和弘扬中华传统文化［EB/OL］．（2019-06-07）［2021-07-15］．http：//www. jxgztv. com/gzxwgb/324558. jhtml.

缮，很多文化景观已成为文物保护单位或非物质文化遗产。如传统村落、围屋、民居、宗祠、寺庙等都是赣南客家民俗的重要文化景观，各级政府都纷纷争取保护政策、积极采取措施、拓宽资金来源，对这些文化景观予以认定并加以保护。如龙南围屋（关西新围、燕翼围）、安远县东生围、龙南县乌石围先后入选全国重点文物保护单位。目前，全市拥有中国传统村落 51 处，国家级非物质文化遗产 13 处，省级非物质文化遗产 108 处，全国文物保护单位 29 处，全省文物保护单位 182 处，全市文物保护单位 99 处（第二、三批数据）。近年来，赣州市启动了古建筑修缮保护工程，全力做好文物保护工作①。包括清代历史古建筑魏家大院、姚衙前历史文化街区、郁孤台历史文化街区等民俗文化景观在内的古建筑，经过修缮，成为了人们体验赣南客家民俗文化资源的重要场所。

**（三）民俗表演市场需求大但发展缓慢**

民俗表演市场主要可以通过艺术团体的数量、演出场次及观众人数来反映。在一些重要的节庆活动中，赣南采茶戏、客家民俗灯彩表演、客家舞蹈、红色歌曲联唱等极具赣南地方文化特色的节目轮番上演②，是展现民俗资源很好的舞台。2019 年，赣南地区共有艺术表演团体 19 个，剧团人数 469 人，演出场数 4268 次，观众人次 199 万人次③。主要的民俗表演团队涉及客家灯彩、山歌、采茶歌舞，分布于石城、兴国、宁都、会昌等地。从近 10 年艺术表演团体观众人次变化来看，近几年有明显上升趋势（见图 7.3），表明民俗表演已经逐渐受到广大群众的关注，需求逐渐增大。与市场的需求不匹配的是，近几年艺术表演团队人数变化有萎缩趋势（见图 7.4），演出的场次也波动较大（见图

---

① 郭家凌. 赣州章贡区修缮古建筑全力保护文物［EB/OL］.（2020-12-16）［2021-07-15］. https：//jxgz. jxnews. cn/system/2020/12/16/019131666. shtml.

② 肖靓. 文化年货 惠民乐民——2020 赣州第五届文化惠民周活动掠影［EB/OL］.

③ 赣州市统计局，国家统计局赣州调查队. 赣州统计年鉴 2020［M］. 北京：中国统计出版社，2020：351.

7.5），表明民俗表演的发展还相对缓慢，举步维艰。

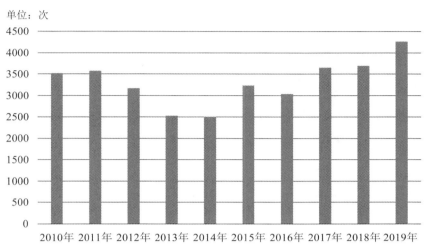

图 7.3　赣州市近 10 年艺术表演团体观众人次变化图

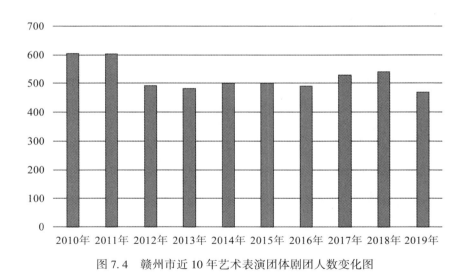

图 7.4　赣州市近 10 年艺术表演团体剧团人数变化图

**（四）饮食民俗发展快，推陈出新**

民以食为天。饮食民俗文化与人们的生活息息相关。近几年，赣南

181

单位：万人次

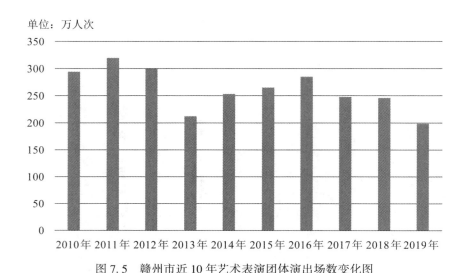

图 7.5　赣州市近 10 年艺术表演团体演出场数变化图

饮食民俗文化发展势头迅猛，从赣南地区餐饮业的营业额上升趋势可见一斑（见图 7.6）。2019 年，赣州市餐饮业实现营业额 64926.3 万元，其中正餐服务 55642.6 万元，餐饮配送及外卖送餐服务 8982.2 万元，其他餐饮业（小吃服务）301.5 万元；而其中小型和微型的营业额就分别达到了 50896.7 万元和 4364.1 万元①。为了满足消费者对赣南客家饮食民俗了解的需求，很多餐饮企业在继承传统中推陈出新，丰富了赣南客家菜的内涵。在对赣南客家饮食民俗的推广中，赣州市举办了两届赣南客家美食节②和首届中国客家小吃节③。一些餐饮企业仿制祠堂布置内部用餐环境，推出了涵盖赣南 18 个市、县、区的"客家宴"，在

①　赣州市统计局，国家统计局赣州调查队. 赣州统计年鉴 2020［M］. 北京：中国统计出版社，2020：263.

②　梁晟. 尽享味蕾盛宴 第二届赣南客家美食节在南康开幕 客家新闻网［EB/OL］.（2019-05-27）［2021-07-15］. http：//www. gndaily. com/news/system/2019/05/27/030054108. shtml.

③　赵芳. 首届中国客家小吃节在安远开幕 客家新闻网［EB/OL］. http：//www. newskj. com/news/system/2021/04/30/030293580. shtml.

用餐形式和菜品加工方面做了较大的改进与创新，很好地传承和发展了赣南的饮食民俗文化。

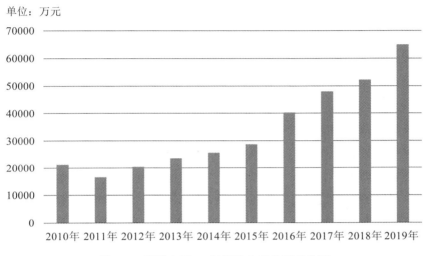

单位：万元

图 7.6　赣州市近 10 年餐饮业营业额变化图

## 第二节　赣南客家民俗文化资源开发和利用存在的问题

在赣南客家民俗文化资源开发和利用过程中，虽然采取了不少措施，并取得了可喜的成效，但仍存在不少问题亟待解决。这些问题如果处理不当，不利于赣南客家民俗资源的保护和利用。

### 一、民俗文化资源同质性强，区际联动少，缺乏高水平的统一规划

赣南客家民俗文化资源分布面广、资源分散、部分资源品位不高，客家文化、红色文化在各县市区均有分布，且有同质现象，核心要素的差异性不大，各县域间出现各自为政、重复开发的现象，导致在对其开发过程中难以形成整合开发、步调一致、差别化合理布局的区域协调发

183

展机制；加之部分民俗资源开发与保护的相关规划水平参差不齐，规划好高骛远，资金筹措困难，导致很多规划"看上去很美"，实则难以落地。配套基础设施的缺乏导致客家民俗文化资源开发和利用很大程度上受到影响。规划的缺失不利于赣南客家民俗文化资源的传承与保护，更不利于其可持续发展。

## 二、民俗文化旅游开发商业化严重，导致民俗文化的原味缺失

赣南客家民俗资源源于生活，但在民俗景区内体现的舞台商业化形式过多，过于追求形式而忽视其内在的文化精神，过度的商业化开发使民俗资源失去其本真性。另外，民俗旅游缺乏日常生活风格，游客的互动参与性不高，难以真正体验当地民俗。例如，在江南宋城历史文化旅游区，为了满足旅游者对赣南客家民俗的体验，景区内虽然设置了种类繁多的项目，但由于过度商业化的舞台包装及程式化编排的节目表演，不仅使这些民俗活动缺少互动参与性，旅游者难以融入其中，而且游客走马观花式的游览，使游客难以真正理解其中的文化内涵，原汁原味的民俗文化也变质变味了。

## 三、民俗文化资源保护力度不够，有变异及消亡趋势

民俗文化是人们生产生活的长期积累和集中体现。在传统社会，宗族思想浓厚，宗族力量在社会活动中发挥着举足轻重的作用。族群内人们的受教育水平不高，宗族的威严及族群的感情使得人们恪守传统，传统民俗得以传承和保护。但受到现代教育的影响，人们的思想更为活跃，不再为传统思想观念所束缚，原有的传统民俗面临变异甚至消亡的趋势和危险。另外，随着现代信息技术的发展，原本较为封闭的赣南客家地区与外界的文化交流机会大大提升。在现代社会的物质价值观念驱使下，人们的生产生活方式和精神信仰发生了根本性的改变，传统民俗在现代社会中有时候显得格格不入，民俗文化边缘化的现象趋于明显。加之地方政府对客家民俗文化资源的传承与保护不够重视，深度挖掘其

文化信息和文化基因的力度不够，对濒临失传的文化遗产保护工作出现缺位，导致民俗文化资源面临变异及消亡的境地。

### 四、民俗文化传承人断档明显，缺乏专业人才队伍

民俗文化要得以传承保留，需要有源源不断的民俗文化传承人。在赣南地区，传统民俗文化保留比较完整的地区往往经济较为落后，交通较为闭塞，人们生活水平低下，青壮年劳动力迫于生计离开乡村，导致传统民俗保护和传承后继无人。民俗传承人的缺乏，使得赣南客家民俗文化的传承出现断裂，许多传统民俗文化和民间工艺流失严重，濒临失传。一方面，赣南客家民俗文化的传承人多为年长者，知识文化水平相对较低，未受过系统的教育，生活条件艰苦，对文化传承的认识并不到位，且政府对这些传承人的保护力度不够，常常会遇到找不到年轻传承弟子的尴尬局面。一旦这些原有传承人逝去，这些宝贵的民俗文化将面临后继无人的现实，很有可能出现文化断层；另一方面，本应作为民俗文化传承主力的年轻人，大多选择外出务工或就职其他行业，对传统民俗文化的学习兴趣不高，尤其是对精湛技艺的传承不够关心，很少有人愿意真正花时间与精力去传承古老、复杂的民俗文化。此外，传统民俗（尤其是民间文艺及体育类民俗）主要靠师徒传承的模式沿袭，极少通过学校教育的模式传承，缺乏相关的专门人才的培养机构和组织，即使有，也缺少专门的资金支持，导致专业人才培养难度大，民俗传承面临"香火难续"的窘境。

### 五、民俗文化产业发展动力不足，品牌不多，创新不足

目前，从事赣南客家民俗文化资源开发与经营的群体主要以个体户为主，多为自家经营的单体小店，从业人员少，资金规模小，缺乏专业的经营管理经验，民俗文化推广方式落后，缺乏大中型企业加盟或连锁，知名度和影响力不够大，没有形成规模效应和品牌效应，在市场开发中缺乏竞争力，产业发展动力不足。在文化传承和市场推广上，缺乏对民俗文化资源的深度开发，民俗文化的表现形式及表现手段较为单

一，不能满足消费者丰富多样的精神需求与情感体验。未能充分利用好现代科技手段对传统民俗加以重新包装，文化外显方式雷同的现象较为常见，创新意识不足，与其他同类产品相比缺乏比较优势，与其他产业的融合不足，产品开发形式单一，产品附加值低，没有形成集聚效应，不利于赣南客家民俗文化产业的健康良性发展。

## 第三节　赣南客家民俗文化资源开发与利用对策建议

民俗是一种活态的文化遗产。虽然传统民俗中有较多优秀的文化基因，但也不乏有与现代社会格格不入的陈规陋习。因此，对待传统民俗的正确态度应当是"取其精华，弃其糟粕"，将优秀的基因保留传承甚至发扬光大，将不适合当今社会发展需要或是与社会主义核心价值观相悖的基因加以剔除或改良，为传统民俗的发展赋予新时代的内涵。随着社会的变革，人们的生产生活方式在时时刻刻发生变化，民俗文化也在不断地推陈出新。因此，适度合理开发与利用民俗文化资源是传承与保护的必要手段，也是赋予民俗新时代新特点的必要选择。我们要把开发民俗文化资源与保护民族优秀文化传统结合起来，在保护的前提下开发，在开发的过程中保护，使民俗文化保持鲜活的生命力。

在开发和利用民俗文化资源的过程中，要正确处理好保护与开发的关系。保护是前提和基础，把这个前提抛诸脑后，开发就没有价值和意义。而适度合理的开发可以为保护提供传承途径和资金支持，有助于民俗文化的推广与宣传。无论是保护还是开发，都应该遵循民俗自身发展的自然规律，切不可生搬硬套或者舍本求末。

在开发和利用民俗文化资源的过程中，要做到四个结合：一是与人们的生产生活相结合。传统民俗是人们在长期生产实践活动中所形成的产物，脱离了生产生活，民俗文化就没有存在的母体，也就缺乏存在的意义和延续的生命力。因此，开发和利用要紧密结合实际，提出切实可行的措施；二是与地方特色相结合。传统民俗具有典型的地方性特点，是人地关系的作用结果，深刻反映了地域自然与人文特征。开发与利用

的过程中不能用一个模子复制，应在找出地域差异的基础上挖掘地方优
势，因地制宜地提出适合本地发展的开发模式；三是与时代要求相结
合。传统民俗中有很多与新时代新要求不符合的部分，或者与现代社会
不合时宜，需要对这部分内容加以改良，切不可思想僵化、墨守成规、
守着"老东西"不肯放手；四是要与现代技术相结合。民俗文化要发
展创新，就不能固步自封，必须结合现代技术，在确保文化基因不变质
不变味的情况下，采用高科技技术和传播手段，对传统民俗文化加以传
承与推广，赋予其新的生机与活力，"旧瓶装新酒、老树发新芽"。只
有这样，才能真正让传统民俗文化焕发新生，成为中华优秀传统文化中
的宝贵资源，也能够为地方经济发展服务。

## 一、赣南客家民俗资源开发与利用策略

针对赣南客家民俗资源的开发现状及其所存在的问题，我们提出以
下几点开发与利用策略：

### （一）加强客家民俗文化资源保护的政策支持与引导

政策支持与引导是客家民俗文化资源保护的制度保障。具体地可以
从以下几个方面入手：

#### 1. 合理制定保护规划实施方案

由于市场经济具有自发性、盲目性、滞后性等弊端，必须有效发挥
政府在赣南客家民俗资源开发与利用过程中的指导性作用。政府要组织
力量深入挖掘本地民俗文化资源、研究民俗发展历史，结合地方社会经
济发展实际，加强各县市保护规划的协调统一，站在全域角度宏观考
虑，制定具有赣南地域特色的客家民俗文化保护规划实施方案，处理好
保护与利用的关系，形成与中央相衔接的、行之有效的支持决策为当地
民俗资源开发提供引导作用。在规划实施过程中，要完善配套设施建
设，宏观把握产业布局，将民俗文化产业与其他产业有机融合，做好对
外宣称推广，接受群众舆论监督，协调利益分配关系，充分调动广大群
众保护民俗文化的积极性、主动性和创造性，真正使赣南客家民俗资源
的开发与利用造福于当地人民。同时，宣传部门要加大传统客家民俗文

化的宣传力度，让社会大众真正理解优秀传统客家民俗的保护价值，尤其要重视非物质文化遗产的保护宣传，让这些遗产得以延续。

2. 建立客家民俗文化的保护机制

完善立法保护，制定一套与国务院、江西省相关法律法规政策配套，又符合赣南实际的地方法规政策，使赣南客家民俗资源的开发与利用有法可依、有章可循。推动《赣南客家围屋保护条例》等各种文物和非物质文化遗产保护条例的贯彻实施，使赣南客家民俗资源的保护与开发纳入法制化轨道。同时，要建立民俗文化、生态保护与经济发展的良性互动机制。保护好民俗资源赖以生存与发展的生态环境，尊重民俗资源传承与发展的规律，在保护好其核心特征的同时，更新民俗文化内容，使民俗资源活态化发展，更具有生命力。

3. 加快抢救濒临灭绝的客家民俗文化资源

要迅速组织专门力量，对赣南客家地区的民俗文化资源进行摸底排查，用文字、图片、录音、视频等形式记录好珍稀的民俗文化资源，采取抢救性手段加紧对未能妥善保护的赣南客家民俗资源的记录与复原。在开发过程中，要注意保护民俗资源的原真性，在充分调研与分析的基础上，结合地方实际，有针对性地做好赣南客家民俗文化资源的保护与传承。

4. 加大政府资金投入、扩宽资金筹措渠道

一方面，政府要设立赣南客家民俗文化资源保护专项资金，用于对赣南客家民俗文化资源的调查与研究，其空间载体的修缮与维护及其传承人才的资助与培养，推动赣南客家文化民俗资源有序、健康发展。另一方面，要建立多元化投资机制，通过政策引导，鼓励民间资本在赣南客家民俗资源的开发与利用过程中更好地发挥作用。通过社会化运作，充分调动社会团体、企业与个人参与客家民俗文化资源开发，共享赣南客家民俗文化资源开发成果。

**（二）加大客家民俗文化保护的宣传教育力度**

1. 加强民俗文化保护的教育

正确看待民俗文化在赣南客家宗族社会中发挥的积极作用，进一步

弘扬优良民俗传统，使其为社会主义建设服务。以批判的精神对待赣南客家传统民俗，对其与现代社会主义核心价值观相悖的进行改造，提高民众思想意识，发扬优良传统。重视年轻一代客家民俗文化保护意识的教育，利用周末、节假日等时间开展民俗文化推广活动，营造良好的民俗文化氛围。通过老一辈的传承、家长的教育，使年轻一代充分意识到赣南客家民俗文化资源的重要价值，提升其对赣南客家民俗文化资源的认知及作为客家人的身份认同感。

### 2. 充分利用高科技手段

做好赣南客家民俗资源的保护与推广工作，以人民群众喜闻乐见的形式，创新客家民俗文化的推广与传承方式，使人们自觉地学习和了解赣南客家民俗文化。在与外界社会的交往过程中，既要汲取他们的养分，又要注意保持好赣南客家民俗文化的精髓，使其不变质。面对现代社会复杂的思想观念，要继续秉持爱乡、爱国、团结、互助的精神，维系好赣南客家民俗资源的核心纽带。

### （三）重视客家民俗文化研究和人才队伍建设

#### 1. 加强客家民俗文化研究

发挥地方政府的引领作用，设立专门的研究基金，依托地方高校（如赣南师范大学和江西理工大学等）和科研院所的科研力量，推动赣南客家民俗文化相关理论研究，并结合实际提出切实可行的开发与利用策略。

#### 2. 培养专业管理人才

培育能够满足赣南客家民俗资源开发与利用的管理人才。要定期与不定期地组织对相关管理人员进行培训，使他们不仅熟悉赣南客家民俗文化，更要懂得市场管理运作的基本条件。进一步完善用人机制，为优秀人才提高物质生活待遇，创造广阔的科研发展平台。通过本地人才培养与行业人才引进相结合，打造一支既熟悉赣南客家民俗文化资源特色，又懂得市场管理基本运作的专业人才队伍。

#### 3. 探索建立赣南客家民俗传承人激励机制，加强传承人保护

首先，要保护好现有传承人。针对不同民俗的不同传承特点，制定

赣南客家民俗传承人的申报和认定制度，通过自主申报与竞选相结合，构建赣南客家民俗传承人名录，明确传承人享有的资格、荣誉与利益，消除他们在基本生活与传承条件等方面的忧虑，充分调动他们传承的积极性，给他们的传承活动以支持；其次，要针对性培育年轻一代的民俗传承人，增强赣南客家民俗资源创新活力。激励并扶持民俗传承人开展传承活动，为民俗传承人培养学徒创造有利条件；鼓励年轻人参与民俗传承并学习相关技艺，解决他们的就业问题，缓解老一辈的民俗传承人因老龄化而面临的断代威胁；最后，要通过学校教育培养潜在的传承人，并实现民俗文化的传播与扩散。在大中专院校相关专业开设相关课程或短期培训班，以课程或培训班的形式开展传统技艺的学习。在中小学结合本地民俗文化特色，开设校本课程或教材，让学生了解民俗文化的发展历史和独特魅力，培养学生的学习和钻研民俗文化的兴趣，为民俗文化培养潜在的传承人。

**（四）　加快推进客家民俗文化资源产业化进程**

1. 提升民俗文化产业创新活力

加快建设产学研一体化创新平台，构建以企业为主体、市场为导向、产学研深度融合的体制机制，推动形成资源优势互补，提升文化企业集约化经营的水平，吸引大中型企业向文化产业投资，推动赣南客家民俗文化资源的产业化发展形成合力。对民俗文化资源的开发要做到传承与创新相结合，开发出既能体现赣南客家特色，又能贴近消费者心理需求的文化产品，实现产品价值最大化。推动文化产业与动漫、影视、旅游、养生等产业的无缝链接，拓宽产业链，实现文化资源向文化产品的转化，摒弃重复低端的文化产品开发模式，注重数字技术、网络技术、人工智能等高新技术在文化产业的运用，实现文化产业与科技的高度融合，提高文化产品的科技含量和附加值，推动文化产业蓬勃发展，助力乡村振兴。

2. 打造本土文化品牌

创立品牌是当前帮助赣南客家民俗文化"走出去"的关键任务，围绕赣南客家民俗资源"红色""绿色""古色""特色"四重特质，积极挖掘其文化内涵，可以尝试将"红色文化、客家文化、山水文化、宋城文化、阳明文化"等几个文化品牌与民俗文化有机结合起来，商户、企业与政府三方通力合作，打造具有赣南客家特色的本土民俗文化品牌，拓宽文化产业链，提升赣南客家民俗文化的知名度和影响力。

3. 加大客家民俗文化宣传和推广力度

在对赣南客家民俗文化宣传的过程中，可充分利用现代信息技术手段，提升品牌影响力，做好赣南客家民俗文化的宣传与推广。除了传统的电视广告、纪录片等媒体宣传方式外，还可以利用各种新媒体应用，如微信、微博、旅游软件（如马蜂窝）、短视频软件（如抖音）、直播平台（如虎牙）等形式，在潜移默化中实现对赣南客家民俗文化的营销推广。

## 二、赣南客家民俗资源开发与利用模式探索

民俗文化具有不同的类型特征，要作为一种文化产品开发和利用，必须针对不同类型的文化资源，采取不同的开发模式。结合赣南客家物质文化民俗与非物质文化民俗的特点，参照各地民俗文化开发模式及前人的研究成果[1]，提出以下相应的开发模式类型：

### （一）物质文化民俗——注重形式呈现

1. 实景舞台式

可以以赣南客家优美的自然风光为背景舞台，结合当地的民俗资源进行实景式表演，通过自然风光与文化资源的融合，形成一种独特的演艺方式。赣南客家民俗文化资源丰富多样、分布广泛、表演性强，且自然山水风光优美、环境幽雅。随着实景舞台技术的发展，舞台节目可以融入更多新的元素。如兴国山歌、于都唢呐、赣南采茶戏、赣县东河戏，可通过与自然风光相结合，以大自然优美的山水为舞台，将其发展成为大型的实景舞台，彰显民俗文化的创新价值。

---

① 陈炜，钟学进，张露露. 基于开发方式的传统体育文化资源利用模式研究——以桂滇黔民族地区为例 [J]. 贵州民族研究，2013，34（06）：229-232.

2. 文化街区式

文化街区式主要是在老城古街中，结合当地城市风貌及历史发展特点，以赣南客家民俗文化为基础，选择部分具有开发价值的民俗包装组合成为民俗旅游产品。这种开发形式以社区为基础，建筑风格体现赣南客家特色，街边店面装饰风格统一，各功能区域完整。当地居民通过向旅游者提供具有民俗性质的餐饮、住宿、购物和娱乐等服务的消费而获得收入。文化街区的建设不仅提高了社区居民的生活质量，又保护了传统民俗文化，更改善了社区的经济发展水平。如对章贡区历史街区灶儿巷的成功改造就是一个典型的例子。

3. 民俗展馆式

这种模式一般有两种形式：一种是传统的封闭式博物馆，主要是对赣南客家民俗资源的展示；另一种是新型的生态博物馆，主要供游客参与和体验。

传统博物馆通过广泛收集赣南客家民俗资源的实物资料和音像资料，全方位地对赣南客家民俗文化资源进行展示和演示。通过藏品的集中展示，既能充分展现客家传统文化和民俗风情，又能最大程度地保护好赣南客家民俗文化资源，做好后续的旅游开发工作。如赣州市博物馆的客家文化专区。

生态博物馆则是不移动赣南客家民俗资源的原始位置，使其保持在原生状态下的一种博物馆建设形式①。博物馆不仅仅局限于对赣南客家民俗资源的收藏，还可以运用实物表演、互动交流和信息技术等手段，以动态与静态相结合的形式，将赣南客家民俗资源展示给旅游者，具有很强的观赏性和互动性。

4. 主题村寨式

主题村寨式是利用具有典型民俗文化特征的赣南客家传统村落，在不改变人们日常生产和生活秩序的前提下，以当地特色民俗文化吸引旅

---

① 王德刚. 民俗旅游开发模式研究——基于实践的民俗资源开发利用模式探讨 [J]. 民俗研究，2003（01）：51-58.

游者，体现乡村旅游与民俗旅游的融合①。通过旅游产品的开发，将民俗加入现实的生产和生活过程中，将客家民俗文化原汁原味地展现出来，具有自然朴实的特色，能较好地满足参与者欣赏和体验需要，让游客在旅游的过程中最大程度地接触和体验真实的赣南客家民俗文化。如龙南关西围和燕尾围等景点的打造与开发。

5. 文化中心式

文化中心式是在区域内社会经济发展较好的地方（如章贡区、赣县区、龙南市等）建设集"娱乐、休闲、购物、康养"为一体的文化中心。文化中心以赣南客家民俗文化核心区为核心，辐射周边服务设施，满足人们生活所需。在文化中心建设的过程中，要注重赣南客家民俗文化内涵的表达，在进行演出表演的同时发掘赣南民俗故事，在提供餐饮服务的同时深化饮食文化内涵，在进行体育健身的同时弘扬民间运动传统，在获取经济效益的同时也赢得最大的社会效益，实现开发与保护的双重功效。如章贡区客家风情园的建设与运营。

### （二）非物质文化民俗——注重仪式参与

1. 娱乐演艺式

娱乐演艺式是以民俗文化中优秀的非物质文化遗产资源为内容，将戏剧、舞蹈、曲艺、技艺等艺术项目相结合，开发出特色鲜明、主题突出、体验性强的文化旅游产品。这种开发形式能有效整合赣南客家表演类民俗文化资源，实现整体性与差异性开发相结合。演艺形式丰富多样、喜闻乐见，既能体现赣南客家独特的地域文化，又能满足不同层次游客的需求，增强观赏者体验感。

2. 保健疗养式

人们通过长期的锻炼，不仅可以使个人身心愉悦，还能够增强人体机能，达到疗养、康复的效果。保健疗养式主要针对可以在赣南客家民俗文化活动中增进健康、保健疗养、防治疾病的项目活动，如龙南赛龙

---

① 严澍，揭筱纹. 灾后四川羌族地区民俗文化旅游可持续开发模式研究 [J]. 海南大学学报（人文社会科学版），2010，28（01）：98-102.

舟、崇义石塘武狮等。此类传统体育活动可作为赣南当地特殊形式的文化娱乐活动，有利于增强人们体质。而于都敦本堂熊氏民间中医、会昌客家药艾灸等医疗养生民俗活动，则可学习其运动内容、掌握好训练方法、了解功能疗效，进而开展针对性的练习。该类民俗活动不仅可以使个人身心愉悦，还能舒筋通络，达到保健疗养的效果。

3. 文化创意式

文化创意式是将赣南客家民俗文化资源与文化创意产业相结合进行开发。通过将赣南客家民俗资源的相关文化与其他相关联产业的元素进行有效整合，运用现代科技手段进行创新策划，将其设计成为文化底蕴浓厚、视觉冲击力大、艺术感染力强的文化创意产品，通过市场化运营的方式，最大程度地获得项目的经济效益，实现其社会价值。

4. 节庆活动式

节庆活动式是将赣南客家民俗文化资源聚集于节庆活动时进行展示，以传统的民俗节日、重大的民俗活动为依托，通过举办大型节庆活动的形式，实现客家民俗文化资源的开发利用。主要可分为民俗节日与民俗活动两种类型。

民俗节日，主要是利用传统民俗节日或已约定俗成的时间，将客家民俗文化资源设计成为观光与体验相结合的文化旅游活动，涉及体育生产、生活、祭祀、信仰等各方面，形式多样、内容丰富。传统民俗节日，如在春节期间的年俗活动、清明节期间的祠祭、端午节期间的龙舟赛等；已约定俗成的时间，如新人结婚期间的婚俗、人死之后的点莲灯等。旅游者在参与这些节庆活动的过程中，不仅能直接体验到当地的生活情调，更能在思想上和精神上与当地形成共鸣。

这里指的民俗活动不是约定俗成的，而是在现代社会发展过程中，为了迎合旅游者的需求，以传统的民俗活动为主题，通过市场化运作专门举办的文化旅游活动。民俗活动可以将客家民俗文化的传统、历史与艺术推向旅游市场，把节庆活动发展壮大，充分实现其经济价值和文化价值，如赣南客家美食节、兴国的"四星望月"美食节就属于这种类型。在历史上并没有专门的美食节，但为了促进赣南饮食文化的传播，在地方政府的支持下，每年都会不定期举办民俗节庆活动，这对赣南饮食民俗的传承与推广有极大的帮助。

# 附　　录

## 附录1：赣州市国家级文物保护单位名录
## （截至 2019 年 10 月 29 个）

| 位置 | 名称 | 级别 |
| --- | --- | --- |
| 瑞金市叶坪乡 | 瑞金革命遗址 | 国家级 |
| 宁都县城梅江畔 | 宁都起义指挥部旧址 | 国家级 |
| 章贡区水西镇 | 通天岩石窟 | 国家级 |
| 章贡区八镜路 | 赣州城墙 | 国家级 |
| 龙南市杨村镇 | 燕翼围 | 国家级 |
| 龙南市关西镇 | 关西新围 | 国家级 |
| 赣县区田村镇 | 大宝光塔 | 国家级 |
| 赣州市章贡区 | 赣州佛塔 | 国家级 |
| 大余县与广东省南雄市接界处 | 梅关和古驿道 | 国家级 |
| 兴国县 | 兴国革命旧址 | 国家级 |
| 于都县贡江镇 | 中央红军长征出发地旧址 | 国家级 |
| 章贡区东郊七里镇 | 章贡区七里镇窑址 | 国家级 |
| 会昌县筠门岭镇 | 会昌县羊角水堡 | 国家级 |
| 龙南市杨村镇 | 龙南市太平桥 | 国家级 |
| 安远县新龙乡 | 安远县永镇桥 | 国家级 |

续表

| 位置 | 名称 | 级别 |
|---|---|---|
| 信丰县虎山乡 | 信丰县玉带桥 | 国家级 |
| 章贡区厚德路 | 章贡区赣州文庙 | 国家级 |
| 安远县镇岗乡 | 安远县东生围 | 国家级 |
| 于都县城贡江南岸楂林村 | 于都县罗田岩石刻 | 国家级 |
| 寻乌县马蹄岗上 | 寻乌调查旧址 | 国家级 |
| 宁都县小布镇 | 宁都县中共苏区中央局旧址 | 国家级 |
| 瑞金城西沙洲坝乌石龙村 | 瑞金中华苏维埃共和国中央革命军事委员会旧址 | 国家级 |
| 瑞金市向阳南路 | 瑞金中央工农红军学校旧址 | 国家级 |
| 赣州市章贡区 | 福寿沟 | 国家级 |
| 龙南市杨村镇 | 乌石围 | 国家级 |
| 宁都县黄陂镇 | 黄陂中共苏区中央局第一次扩大会议旧址 | 国家级 |
| 宁都县东山坝镇 | 宁都会议旧址 | 国家级 |
| 瑞金市叶坪乡 | 马克思共产主义学校旧址 | 国家级 |
| 于都县黄麟乡 | 于都县井塘中共中央分局、中央政府办事处旧址 | 国家级 |

## 附录2：赣州市省级文物保护单位名录
## （截至 2018 年 3 月 182 个）

| 位置 | 名称 | 级别 |
|---|---|---|
| 章贡区 | 玉虹塔 | 省级 |
| 章贡区 | 光孝寺 | 省级 |
| 章贡区 | 藕塘里刘氏宗祠 | 省级 |
| 章贡区 | 赣州东津桥 | 省级 |
| 章贡区 | 章贡区魏家大院 | 省级 |
| 章贡区 | 陈毅与国民党地方当局谈判旧址 | 省级 |
| 章贡区 | 赣州标准钟楼 | 省级 |
| 章贡区 | 赣州工人第一次代表大会旧址 | 省级 |
| 章贡区 | 虎岗"中华儿童新村"旧址 | 省级 |
| 章贡区 | 蒋经国旧居 | 省级 |
| 章贡区 | 中共华南分局扩大会议旧址 | 省级 |
| 章贡区 | 大新开路龙南会馆 | 省级 |
| 赣县区 | 白鹭村古建筑群 | 省级 |
| 赣县区 | 夏府村宗祠群 | 省级 |
| 赣县区 | 储君庙 | 省级 |
| 赣县区 | 江口贸易分局交易处旧址 | 省级 |
| 赣县区 | 茅店关税处旧址 | 省级 |
| 赣县区 | 永固楼 | 省级 |
| 南康区 | 鱼头岗蓝氏节孝石门坊 | 省级 |
| 南康区 | 陈赞贤烈士墓 | 省级 |
| 南康区 | 红四军唐江整训旧址 | 省级 |
| 南康区 | 唐江红一军团会议旧址 | 省级 |
| 瑞金市 | 龙珠塔 | 省级 |

续表

| 位置 | 名称 | 级别 |
|---|---|---|
| 瑞金市 | 中华苏维埃共和国临时中央政府春耕生产运动赠旗大会旧址 | 省级 |
| 瑞金市 | 中央革命军事委员会总参谋部（总司令部）旧址 | 省级 |
| 瑞金市 | 瑞金凌霄三塔 | 省级 |
| 瑞金市 | 密溪祠堂群 | 省级 |
| 瑞金市 | 云龙桥 | 省级 |
| 瑞金市 | 《健康报》报社旧址 | 省级 |
| 瑞金市 | 闽赣两省工人代表大会旧址 | 省级 |
| 瑞金市 | 瑞金中央红军兵工厂分厂旧址 | 省级 |
| 瑞金市 | 沙洲坝中共六届五中全会旧址 | 省级 |
| 瑞金市 | 沙洲坝工农剧社旧址 | 省级 |
| 瑞金市 | 武阳毛泽东召开春耕生产区级负责人座谈会旧址 | 省级 |
| 瑞金市 | 云石山中央印刷厂旧址 | 省级 |
| 瑞金市 | 云石山马克思共产主义学校旧址 | 省级 |
| 瑞金市 | 彭杨步兵学校旧址 | 省级 |
| 瑞金市 | 中国工农红军通讯学校旧址 | 省级 |
| 瑞金市 | 中国工农红军卫生学校旧址 | 省级 |
| 瑞金市 | 中央列宁师范学校旧址 | 省级 |
| 瑞金市 | 中共中央政治局旧址 | 省级 |
| 瑞金市 | 青年团中央局旧址 | 省级 |
| 瑞金市 | 中华苏维埃共和国第一劳动感化院旧址 | 省级 |
| 瑞金市 | 中华苏维埃共和国教育人民委员部旧址 | 省级 |
| 瑞金市 | 中华苏维埃共和国土地人民委员部旧址 | 省级 |
| 瑞金市 | 中华苏维埃共和国中央造币厂旧址 | 省级 |
| 瑞金市 | 中央工农红军瑞金补充师师部旧址 | 省级 |

续表

| 位置 | 名称 | 级别 |
|---|---|---|
| 瑞金市 | 中央红色医院旧址 | 省级 |
| 宁都县 | 中国共产党江西省委员会旧址 | 省级 |
| 宁都县 | 江西省军区司令部旧址 | 省级 |
| 宁都县 | 水口塔 | 省级 |
| 宁都县 | 红一方面军总前委"黄陂会议"会址 | 省级 |
| 宁都县 | 翠微峰摩崖石刻 | 省级 |
| 宁都县 | 朗际节孝坊 | 省级 |
| 宁都县 | 山堂古窑址 | 省级 |
| 宁都县 | 宁都江西省苏维埃政府旧址 | 省级 |
| 宁都县 | 孙訚墓 | 省级 |
| 宁都县 | 东里一望 | 省级 |
| 宁都县 | 璜村牌坊群 | 省级 |
| 宁都县 | 李氏下祠 | 省级 |
| 宁都县 | 东龙湖心塔 | 省级 |
| 宁都县 | 暘霁红一方面军总司令部旧址 | 省级 |
| 宁都县 | 排下朱德旧居 | 省级 |
| 兴国县 | 朱华塔 | 省级 |
| 兴国县 | 中共江西省委旧址 | 省级 |
| 兴国县 | "永镇江南"题额 | 省级 |
| 兴国县 | 红军总医院院部旧址 | 省级 |
| 兴国县 | 凤岗江西省苏维埃政府旧址 | 省级 |
| 兴国县 | 中共苏区中央局坝南军事会议旧址 | 省级 |
| 兴国县 | 茂源关西流芳牌坊 | 省级 |
| 兴国县 | 陈奇涵故居 | 省级 |
| 兴国县 | 第三次反"围剿"红一方面军总指挥部旧址 | 省级 |
| 兴国县 | 萧华故居 | 省级 |
| 兴国县 | 中国工农红军第五军团军团部旧址 | 省级 |

续表

| 位置 | 名称 | 级别 |
|---|---|---|
| 兴国县 | 中央兵工厂特务连旧址 | 省级 |
| 兴国县 | 中央兵工厂杂械厂旧址 | 省级 |
| 兴国县 | 茶岭红军军医学校旧址 | 省级 |
| 兴国县 | 红一方面军白石军事会议旧址 | 省级 |
| 兴国县 | 高多红一军团司令部旧址 | 省级 |
| 兴国县 | 白石红四军军部旧址 | 省级 |
| 兴国县 | 红一方面军约溪会议旧址 | 省级 |
| 兴国县 | 方石岭战斗指挥部旧址 | 省级 |
| 石城县 | 太平天国幼天王洪福瑛囚室 | 省级 |
| 石城县 | 杨村坊式亭 | 省级 |
| 石城县 | 五龙岩摩崖石刻 | 省级 |
| 石城县 | 永宁桥 | 省级 |
| 石城县 | 宁都起义部队秋溪整编旧址 | 省级 |
| 石城县 | 松竹林门楼 | 省级 |
| 石城县 | 镇武楼 | 省级 |
| 石城县 | 陈联民居 | 省级 |
| 石城县 | 屏山红三军团司令部旧址 | 省级 |
| 石城县 | 友联红五军团司令部旧址 | 省级 |
| 石城县 | 丹溪少共国际师石城阻击战指挥部旧址 | 省级 |
| 石城县 | 梅福红一军团医院旧址 | 省级 |
| 石城县 | 梅福红十二军军部旧址 | 省级 |
| 石城县 | 鳌峰书院 | 省级 |
| 石城县 | 古樟毛泽东旧居 | 省级 |
| 会昌县 | 会寻安中心县委旧址 | 省级 |
| 会昌县 | 中共粤赣省委旧址 | 省级 |
| 会昌县 | 汉仙岩摩崖石刻 | 省级 |
| 会昌县 | 会昌城墙 | 省级 |

续表

| 位置 | 名称 | 级别 |
|------|------|------|
| 会昌县 | 文武坝粤赣省军区总指挥部旧址 | 省级 |
| 会昌县 | 龙光宝塔 | 省级 |
| 会昌县 | 祖武克绳门楼与张氏宗祠 | 省级 |
| 会昌县 | 粤赣省机关旧址群 | 省级 |
| 会昌县 | 留守苏区中央机关旧址群 | 省级 |
| 会昌县 | 文武坝红四军军部旧址 | 省级 |
| 会昌县 | 中共西江县委旧址 | 省级 |
| 会昌县 | 洞头朱德旧居 | 省级 |
| 寻乌县 | 上甲古窑址 | 省级 |
| 寻乌县 | 潘任墓 | 省级 |
| 寻乌县 | 罗塘谈判旧址 | 省级 |
| 寻乌县 | 角背围拢屋 | 省级 |
| 寻乌县 | 下田塘湾围拢屋 | 省级 |
| 寻乌县 | 上车潘氏宗祠 | 省级 |
| 寻乌县 | 古柏故居 | 省级 |
| 寻乌县 | 圳下革命旧址群 | 省级 |
| 寻乌县 | 上津列宁师范学校旧址 | 省级 |
| 寻乌县 | 剑溪中国工农红军新编独立第三师师部旧址 | 省级 |
| 寻乌县 | 汶口少共寻乌县委旧址 | 省级 |
| 于都县 | 水头步蟾坊 | 省级 |
| 于都县 | 竹篙寨中央后方保管处旧址 | 省级 |
| 于都县 | 银坑炼银遗址 | 省级 |
| 于都县 | 杨公村管氏宗祠 | 省级 |
| 于都县 | 上宝祠堂群 | 省级 |
| 于都县 | 于都土塔 | 省级 |
| 于都县 | 需岩摩崖石刻 | 省级 |
| 于都县 | 中共于北特区委员会旧址 | 省级 |

续表

| 位置 | 名称 | 级别 |
|------|------|------|
| 于都县 | 红四军军部旧址 | 省级 |
| 于都县 | 红四军物资保管处旧址 | 省级 |
| 于都县 | 红四军政治部旧址暨毛泽东同志旧居 | 省级 |
| 于都县 | 于都县工农兵革命委员会旧址 | 省级 |
| 于都县 | 于都中共中央分局、中央政府办事处旧址群 | 省级 |
| 安远县 | 永清岩观音楼 | 省级 |
| 安远县 | 磐安围 | 省级 |
| 安远县 | 下魏魏氏宗祠 | 省级 |
| 安远县 | 南昌起义天心圩整军会议旧址 | 省级 |
| 安远县 | 尊三围保卫战遗址 | 省级 |
| 安远县 | 安远县苏维埃政府旧址 | 省级 |
| 安远县 | 老好保卫战旧址 | 省级 |
| 龙南市 | 玉石岩石刻 | 省级 |
| 龙南市 | 龙南围屋 | 省级 |
| 龙南市 | 罗坝塔 | 省级 |
| 龙南市 | 大纶祖祠 | 省级 |
| 崇义县 | 平茶寮碑 | 省级 |
| 崇义县 | 铁屎岭冶铅遗址 | 省级 |
| 崇义县 | 上堡整训旧址群 | 省级 |
| 崇义县 | 王尔琢烈士墓 | 省级 |
| 崇义县 | 新溪毛泽东旧居 | 省级 |
| 大余县 | 南安东山大码头 | 省级 |
| 大余县 | 大余整编旧址 | 省级 |
| 大余县 | 彭坑陈毅旧居 | 省级 |
| 大余县 | 斋坑陈毅隐蔽处 | 省级 |
| 大余县 | 周屋红五军军部旧址 | 省级 |
| 定南县 | 巽塔 | 省级 |

| 位置 | 名称 | 级别 |
|---|---|---|
| 定南县 | 定南围屋 | 省级 |
| 定南县 | 文阁亭 | 省级 |
| 定南县 | 初石桥 | 省级 |
| 定南县 | 丰背赣粤湘边纵队驻地旧址 | 省级 |
| 定南县 | 月子圩红四军军部旧址 | 省级 |
| 定南县 | 莲塘农民协会筹备处旧址 | 省级 |
| 定南县 | 车步农民武装暴动总指挥部旧址 | 省级 |
| 信丰县 | 油山游击队交通站—上乐塔 | 省级 |
| 信丰县 | 大埠头黄氏宗祠 | 省级 |
| 信丰县 | 案山水阁 | 省级 |
| 信丰县 | 新屋里毛泽东旧居 | 省级 |
| 上犹县 | 石门摩崖石刻 | 省级 |
| 上犹县 | 下湾九厅十八井民居 | 省级 |
| 上犹县 | 营前孔庙 | 省级 |
| 上犹县 | 陡水跃进门 | 省级 |
| 上犹县 | 上寨红军医院旧址 | 省级 |
| 上犹县 | 营前毛泽东旧居 | 省级 |
| 上犹县 | 上寨红三军团旧址群 | 省级 |
| 上犹县 | 社下彭德怀旧居 | 省级 |
| 全南县 | 雅溪围屋 | 省级 |
| 全南县 | 乌柏坝李氏宗祠 | 省级 |
| 全南县 | 雅凤陈氏宗祠 | 省级 |
| 全南县 | 杨梅石三南游击队整训旧址 | 省级 |
| 全南县 | 炉迳三南县委扩大会议旧址 | 省级 |
| 全南县 | 全南县第一党小组成立旧址 | 省级 |
| 全南县 | 山石农民暴动总指挥部旧址 | 省级 |
| 全南县 | 玛瑙坝农民协会旧址 | 省级 |

# 附录 3：赣州市市级文物保护单位名录
# （截至 2020 年 3 月 99 个）

| 位置 | 名称 | 级别 |
|---|---|---|
| 章贡区米汁巷 3 号 | 陈毅与国民党地方当局谈判旧址 | 市级 |
| 章贡区大新开路 14 号 | 大新开路龙南会馆 | 市级 |
| 章贡区水西镇永安村河头组 | 永安石拱桥 | 市级 |
| 章贡区沙石镇石角村新屋下 | 石角村李氏祠堂 | 市级 |
| 章贡区红旗大道 82 号 | 赣州地区林垦处办公大楼旧址 | 市级 |
| 赣州开发区黄金岭街道黄金村码头上 67 号 | 黄金渡码头 | 市级 |
| 章贡区红旗大道 63 号大院内 | 中共华南分局扩大会议暨叶剑英住地旧址 | 市级 |
| 章贡区阳明路、解放路、和平路交叉处 | 标准钟楼 | 市级 |
| 崇义县思顺乡山院村 | 思顺古道 | 市级 |
| 龙南市东江乡大稳村 | 大稳陈氏祖墓 | 市级 |
| 龙南市武当镇石下村 | 小武当山祖庙及崖墓 | 市级 |
| 定南县岭北镇大坝村 | 大坝德盛国 | 市级 |
| 安远县镇岗乡老围村 | 老围陈氏宗祠 | 市级 |
| 安远县镇岗乡老围村 | 老围蔚庭围 | 市级 |
| 会昌县筠门岭镇芙蓉村 | 芙蓉村围龙屋 | 市级 |
| 会昌县周田镇小田村 | 小田硕宽庐民居 | 市级 |
| 会昌县洞头乡洞头畲族村 | 洞头联班笛 | 市级 |
| 会昌县晓龙乡桂林村 | 上罗石花轿 | 市级 |
| 全南县城厢镇 | 榭坊宗圣公祠 | 市级 |
| 全南县大吉山镇大岳村 | 大岳江东围 | 市级 |

205

| 位置 | 名称 | 级别 |
| --- | --- | --- |
| 全南县坡头镇正河村 | 正和谌氏宗祠 | 市级 |
| 信丰县小河镇土庄村 | 土庄塔 | 市级 |
| 信丰县万隆乡禾江村 | 下李庄李氏宗祠 | 市级 |
| 赣县区五云镇夏潭村 | 夏潭萧氏宗祠 | 市级 |
| 赣县区梅林镇章贡村 | 章贡温宗裴民居 | 市级 |
| 赣县区大埠乡大埠村 | 大埠韩氏宗祠 | 市级 |
| 赣县区白鹭乡白鹭村 | 白鹭洪宇堂 | 市级 |
| 赣县区梅林镇章贡村 | 章贡温氏民居 | 市级 |
| 赣县区南塘镇大都村 | 大都觉性寺 | 市级 |
| 上犹县寺下乡 | 新华罗屋宗祠 | 市级 |
| 上犹县营前镇 | 蛛岭文峰塔 | 市级 |
| 上犹县营前镇 | 百家塘黄氏宗祠 | 市级 |
| 瑞金市壬田镇 | 凤岗杨陈公祠 | 市级 |
| 瑞金市沙洲坝镇 | 河坑诵芬亭 | 市级 |
| 瑞金市象湖镇 | 东升北关杨氏济川太祠 | 市级 |
| 瑞金市九堡镇 | 密溪木牌坊 | 市级 |
| 瑞金市象湖镇 | 双清桥 | 市级 |
| 瑞金市瑞林镇 | 横背天马山庄 | 市级 |
| 瑞金市瑞林镇 | 下坝陈氏宗祠 | 市级 |
| 瑞金市叶坪乡 | 黄家山钟有容公祠 | 市级 |
| 龙南市龙南镇 | 下南门城楼 | 市级 |
| 龙南市关西镇 | 关西福和围 | 市级 |
| 龙南市关西镇 | 关西塔 | 市级 |
| 龙南市杨村镇 | 杨太新围 | 市级 |
| 龙南市里仁镇 | 上游新围 | 市级 |
| 龙南市杨村镇 | 车田德馨笛 | 市级 |
| 龙南市杨村镇 | 乌石上新屋围 | 市级 |

续表

| 位置 | 名称 | 级别 |
|---|---|---|
| 龙南市关西镇 | 关西鹏皋围 | 市级 |
| 龙南市武当镇 | 岗上新屋围 | 市级 |
| 龙南市汶龙镇 | 罗坝村头围 | 市级 |
| 龙南市杨村镇 | 乌石矮寨围 | 市级 |
| 龙南市黄沙村 | 黄沙湾仔围 | 市级 |
| 龙南市杨村镇 | 杨村景庆围 | 市级 |
| 宁都县石上镇 | 游家坊慈恩阁 | 市级 |
| 宁都县田埠乡 | 东龙君绪祖祠 | 市级 |
| 宁都县田埠乡 | 东龙李氏上祠 | 市级 |
| 宁都县田埠乡 | 东龙隆任公祠 | 市级 |
| 宁都县田埠乡 | 东龙升闻祖祠 | 市级 |
| 宁都县田埠乡 | 东龙位上祠 | 市级 |
| 安远县长沙乡 | 箕笪钟氏宗祠群 | 市级 |
| 大余县池江镇 | 杨梅城墙 | 市级 |
| 大余县新城镇 | 峰山水口塔 | 市级 |
| 于都县葛坳乡 | 黄屋乾万寿宫 | 市级 |
| 于都县梓山镇 | 固院城隍庙 | 市级 |
| 南康区龙华乡 | 崇文郎官第 | 市级 |
| 南康区横寨乡 | 寨坑花屋 | 市级 |
| 兴国县社富乡 | 东韶村围墙 | 市级 |
| 兴国县社富乡 | 东韶贯道堂 | 市级 |
| 石城县高田镇 | 大秀谢氏宗祠 | 市级 |
| 于都县宽田乡 | 于北寨下面革命委员会旧址 | 市级 |
| 于都县银坑镇 | 中共胜利县委、县苏维埃政府旧址 | 市级 |
| 于都县禾丰镇 | 禾丰红三军团整编旧址 | 市级 |
| 信丰县油山镇 | 坑口中共赣南特委机关旧址 | 市级 |
| 宁都县东山坝镇 | 小园毛泽东旧居 | 市级 |

| 位置 | 名称 | 级别 |
|------|------|------|
| 宁都县小布镇 | 赤坎朱德旧居 | 市级 |
| 宁都县小布镇 | 小布红一方面军总司令部旧址 | 市级 |
| 宁都县东山坝镇 | 小源顺作霖、邓发旧居 | 市级 |
| 宁都县东山坝镇 | 小源王稼祥、刘伯承旧居 | 市级 |
| 宁都县青塘镇 | 青塘中共苏区中央局第一次扩大会议旧址 | 市级 |
| 大余县河洞乡 | 沙湾赣粤边特委会议旧址 | 市级 |
| 会昌县文武坝镇 | 八一南昌起义部队会昌战斗旧址 | 市级 |
| 会昌县站塘乡 | 李官山毛泽东旧居 | 市级 |
| 赣县区江口镇 | 小均中共赣南特委旧址 | 市级 |
| 崇义县铅厂镇 | 义安毛泽东旧居 | 市级 |
| 崇义县思顺乡 | 思顺新四军通讯站旧址 | 市级 |
| 崇义县上堡乡 | 上堡杨眉大桥 | 市级 |
| 寻乌县吉潭镇 | 圳下公共食堂 | 市级 |
| 寻乌县长宁镇 | 长宁中共寻乌县委旧址 | 市级 |
| 龙南市汶龙镇 | 石莲耀三围 | 市级 |
| 龙南市龙南镇 | 红岩烟园围及红军标语 | 市级 |
| 章贡区沙石镇 | 楼梯岭会议旧址 | 市级 |
| 石城县琴江镇 | 桐坪红六师石城阻击战指挥部旧址 | 市级 |
| 石城县屏山镇 | 屏山红十一师指挥部旧址 | 市级 |
| 南康区太窝乡 | 太窝天主教堂 | 市级 |
| 上犹县油石乡 | 赣南森林小铁路上犹段 | 市级 |
| 瑞金市象湖镇 | 东华山毛泽东修养处旧址 | 市级 |
| 瑞金市沙洲坝镇 | 沙洲坝李德办公处旧居 | 市级 |
| 瑞金市叶坪乡 | 叶坪"中革军委"卫生材料厂旧址 | 市级 |
| 瑞金市叶坪乡 | 叶坪中华苏维埃共和国国家政治保卫局旧址 | 市级 |

# 附录 4：赣州市中国传统村落名录
# （截至 2020 年 12 月 51 个）

| 位置 | 名称 | 级别 |
| --- | --- | --- |
| 赣县区白鹭乡白鹭村 | 白鹭村 | 国家级 |
| 安远县镇岗乡老围村 | 老围村 | 国家级 |
| 龙南市杨村镇杨村村 | 杨村村 | 国家级 |
| 龙南市关西镇关西村 | 关西村 | 国家级 |
| 赣县区湖江乡夏府村 | 夏府村 | 国家级 |
| 宁都县田埠乡东龙村 | 东龙村 | 国家级 |
| 于都县段屋乡寒信村 | 寒信村 | 国家级 |
| 兴国县梅窖镇三僚村 | 三僚村 | 国家级 |
| 兴国县兴莲乡官田村 | 官田村 | 国家级 |
| 瑞金市九堡镇密溪村 | 密溪村 | 国家级 |
| 赣县区大埠乡大坑村 | 大坑村 | 国家级 |
| 大余县左拔镇云山村 | 云山村 | 国家级 |
| 龙南市里仁镇新园村 | 新园村 | 国家级 |
| 于都县岭背镇谢屋村 | 谢屋村 | 国家级 |
| 于都县葛坳乡澄江村 | 澄江村 | 国家级 |
| 于都县马安乡上宝村 | 上宝村 | 国家级 |
| 会昌县筠门岭镇羊角村 | 羊角村 | 国家级 |
| 瑞金市叶坪乡洋溪村 | 洋溪村 | 国家级 |
| 崇义县聂都乡竹洞村 | 竹洞村 | 国家级 |
| 龙南市杨村镇乌石村 | 乌石村 | 国家级 |
| 宁都县黄陂镇杨依村 | 杨依村 | 国家级 |
| 全南县龙源坝镇雅溪村 | 雅溪村 | 国家级 |
| 兴国县枫边乡山阳寨村 | 山阳寨村 | 国家级 |
| 石城县琴江镇沙塅河背自然村 | 沙塅河背自然村 | 国家级 |

续表

| 位置 | 名称 | 级别 |
|---|---|---|
| 石城县小松镇丹溪村 | 丹溪村 | 国家级 |
| 于都县银坑镇平安村 | 平安村 | 国家级 |
| 于都县岭背镇禾溪埠村石溪圳自然村 | 禾溪埠村石溪圳自然村 | 国家级 |
| 南康区唐江镇幸屋村 | 幸屋村 | 国家级 |
| 南康区唐江镇卢屋村 | 卢屋村 | 国家级 |
| 赣县区南塘镇清溪村 | 清溪村 | 国家级 |
| 赣县区南塘镇大都村 | 大都村 | 国家级 |
| 信丰县万隆乡李庄村上龙村 | 李庄村上龙村 | 国家级 |
| 大余县池江镇杨梅村 | 杨梅村 | 国家级 |
| 上犹县安和乡陶朱村 | 陶朱村 | 国家级 |
| 上犹县双溪乡大石门村 | 大石门村 | 国家级 |
| 安远县长沙乡筼筜村 | 筼筜村 | 国家级 |
| 龙南市武当镇大坝村 | 大坝村 | 国家级 |
| 龙南市里仁镇正桂村 | 正桂村 | 国家级 |
| 龙南市里仁镇新里村 | 新里村 | 国家级 |
| 定南县老城镇老城村 | 老城村 | 国家级 |
| 宁都县大沽乡旸霁村 | 旸霁村 | 国家级 |
| 于都县车溪乡坝脑村 | 坝脑村 | 国家级 |
| 兴国县社富乡东韶村 | 东韶村 | 国家级 |
| 兴国县城岗乡白石村 | 白石村 | 国家级 |
| 寻乌县澄江镇周田村 | 周田村 | 国家级 |
| 寻乌县项山乡桥头村 | 桥头村 | 国家级 |
| 石城县琴江镇大畲村 | 大畲村 | 国家级 |
| 瑞金市瑞林镇下坝村 | 下坝村 | 国家级 |
| 瑞金市武阳镇粟田村黄田村 | 粟田村黄田村 | 国家级 |
| 瑞金市武阳镇武阳村 | 武阳村 | 国家级 |
| 瑞金市冈面乡上田村 | 上田村 | 国家级 |

# 附录 5：赣州市国家级、省级风景名胜区（截至 2017 年底 10 个）

| 位置 | 名称 | 级别 |
|---|---|---|
| 会昌县筠门岭镇 | 汉仙岩景区 | 国家级 |
| 安远县三百山镇 | 三百山风景名胜区 | 国家级 |
| 龙南市武当镇 | 小武当山风景名胜区 | 国家级 |
| 瑞金市沙洲坝镇 | 瑞金风景名胜区 | 国家级 |
| 大余县黄龙镇 | 梅关丫山风景名胜区 | 省级 |
| 上犹县陡水镇 | 陡水湖风景名胜区 | 省级 |
| 崇义县聂都乡 | 聂都风景名胜区 | 省级 |
| 宁都县 | 翠微峰风景名胜区 | 省级 |
| 章贡区水西镇 | 通天岩风景名胜区 | 省级 |
| 瑞金市壬田镇 | 罗汉岩风景名胜区 | 省级 |

## 附录6：赣州市3A级以上景区
## （截至2020年6月54个）

| 位置 | 名称 | 级别 |
|---|---|---|
| 瑞金市 | 共和国摇篮景区 | 5A |
| 章贡区水西镇 | 通天岩景区 | 4A |
| 章贡区 | 五龙客家风情园 | 4A |
| 章贡区 | 江南宋城历史文化旅游区 | 4A |
| 瑞金市沙洲坝镇 | 瑞金市浴血瑞京景区 | 4A |
| 瑞金市壬田镇 | 瑞金罗汉岩景区 | 4A |
| 龙南市关西镇 | 龙南关西围屋景区 | 4A |
| 龙南市临塘乡 | 龙南虔心小镇景区 | 4A |
| 龙南市武当镇 | 龙南南武当景区 | 4A |
| 会昌县小蜜乡 | 会昌县小蜜花乡景区 | 4A |
| 会昌县筠门岭镇 | 汉仙岩景区 | 4A |
| 石城县琴江镇 | 通天寨景区 | 4A |
| 石城县高田镇 | 石城县八卦脑景区 | 4A |
| 大余县黄龙镇 | 大余丫山风景区 | 4A |
| 安远县三百山镇 | 三百山景区 | 4A |
| 安远县 | 东生围景区 | 4A |
| 赣县区 | 客家文化城景区 | 4A |
| 定南县 | 桃源乐境景区 | 4A |
| 定南县天九镇 | 九曲度假村景区 | 4A |
| 宁都县 | 翠微峰风景区 | 4A |
| 宁都县 | 小布镇景区 | 4A |
| 全南县 | 雅溪古村景区 | 4A |
| 全南县金龙镇 | 天龙山景区 | 4A |
| 信丰县 | 信丰县谷山景区 | 4A |

续表

| 位置 | 名称 | 级别 |
|---|---|---|
| 信丰县 | 中国赣南脐橙产业园 | 4A |
| 于都县贡江镇 | 中央红军长征出发地纪念园景区 | 4A |
| 兴国县潋江镇 | 苏区干部好作风纪念园 | 4A |
| 上犹县 | 陡水湖景区 | 4A |
| 崇义县 | 江西阳明山（阳岭）国家森林公园 | 4A |
| 崇义县上堡乡 | 崇义县上堡梯田 | 4A |
| 南康区 | 南康家居小镇景区 | 4A |
| 寻乌县 | 青龙岩景区 | 4A |
| 章贡区 | 宝葫芦农庄 | 3A |
| 龙南市 | 龙南市栗园围景区 | 3A |
| 龙南市里仁镇 | 客家酒堡景区 | 3A |
| 龙南市关西镇 | 关西新围景区 | 3A |
| 于都县靖石乡 | 屏山旅游区 | 3A |
| 瑞金市 | 下肖景区（中共中央政治局中央军委旧址） | 3A |
| 瑞金市 | 都市田园旅游区 | 3A |
| 章贡区 | 赣坊 1969 文化创意产业园 | 3A |
| 章贡区 | 宋城壹号文化创意产业园 | 3A |
| 定南县 | 客家风情村 | 3A |
| 信丰县 | 坪地山村旅游景区 | 3A |
| 章贡区 | 赣州经开区章贡酒文化园 | 3A |
| 瑞金市 | 红都幸福花海景区 | 3A |
| 大余县黄龙镇 | 黄龙花木产业示范园 | 3A |
| 大余县新城镇 | 新城周屋景区 | 3A |
| 赣县区大田乡 | 大田乡村部落·南山居景区 | 3A |

| 位置 | 名称 | 级别 |
|---|---|---|
| 兴国县梅窖镇 | 三僚风水文化景区 | 3A |
| 兴国县潋江镇 | 黄隆顺客栈四星望月文化景区 | 3A |
| 章贡区 | 赣州市生态文明教育基地景区 | 3A |
| 上犹县 | 柏水寨景区 | 3A |
| 会昌县 | 月季园景区 | 3A |
| 龙南市 | 悦龙湾景区 | 3A |

# 附录 7：赣州市市级以上非物质文化遗产
# （截至 2021 年 12 月 341 个）

| 位置 | 名称 | 级别 | 类型 |
|---|---|---|---|
| 赣县区 | 赣县东河戏 | 国家级 | 传统戏剧 |
| 会昌县 | 赣南客家匾额习俗 | 国家级 | 民俗 |
| 龙南市 | 赣南客家围屋营造技艺 | 国家级 | 传统技艺 |
| 全南县 | 赣南客家擂茶制作技艺 | 国家级 | 传统技艺 |
| 石城县 | 砚台制作技术 | 国家级 | 传统技艺 |
| 石城县 | 石城灯会 | 国家级 | 民俗 |
| 信丰县 | 古陂"蓆狮""犁狮" | 国家级 | 传统舞蹈 |
| 信丰县 | 赣南采茶戏 | 国家级 | 传统戏剧 |
| 兴国县 | 兴国山歌 | 国家级 | 传统音乐 |
| 于都县 | 于都唢呐《公婆吹》 | 国家级 | 传统音乐 |
| 于都县 | 客家古文 | 国家级 | 曲艺 |
| 章贡区 | 赣南客家服饰 | 国家级 | 传统技艺 |
| 章贡区 | 赣南客家唱船习俗 | 国家级 | 曲艺 |
| 安远县 | 安远欣山上刀山 | 省级 | 民俗 |
| 安远县 | 安远欣山过火炼 | 省级 | 民俗 |
| 安远县 | 安远瑞龙 | 省级 | 传统舞蹈 |
| 安远县 | 安远茶篮灯 | 省级 | 传统舞蹈 |
| 安远县 | 九龙山采茶戏 | 省级 | 传统戏剧 |
| 安远县 | 南乡大堂音乐 | 省级 | 传统音乐 |
| 崇义县 | 崇义三节龙 | 省级 | 传统舞蹈 |
| 崇义县 | 崇义黄姜豆腐制作技艺 | 省级 | 传统技艺 |
| 崇义县 | 崇义米酒酿制技艺 | 省级 | 传统技艺 |
| 崇义县 | 崇义龙灯制作技艺 | 省级 | 传统技艺 |
| 崇义县 | 崇义告圣 | 省级 | 民俗 |

| 位置 | 名称 | 级别 | 类型 |
|---|---|---|---|
| 崇义县 | 崇义舞春牛 | 省级 | 民俗 |
| 崇义县 | 崇义石塘舞狮 | 省级 | 传统舞蹈 |
| 崇义县 | 崇义竹洞畲族山歌 | 省级 | 传统音乐 |
| 大余县 | 大余南安板鸭制作技艺 | 省级 | 传统技艺 |
| 大余县 | 大余核微雕技艺 | 省级 | 传统美术 |
| 大余县 | 大余旁牌舞 | 省级 | 传统舞蹈 |
| 大余县 | 大余南安罗汉舞 | 省级 | 传统舞蹈 |
| 大余县 | 大余吉村年歌 | 省级 | 传统音乐 |
| 定南县 | 定南客家酸酒鸭制作技艺 | 省级 | 传统技艺 |
| 定南县 | 定南客家酸菜制作技艺 | 省级 | 传统技艺 |
| 定南县 | 定南客家灰水粄制作技艺 | 省级 | 传统技艺 |
| 定南县 | 定南客家童帽制作技艺 | 省级 | 传统技艺 |
| 定南县 | 客家婚嫁哭嫁习俗 | 省级 | 民俗 |
| 定南县 | 定南客家服饰 | 省级 | 民俗 |
| 定南县 | 瑞狮 | 省级 | 传统舞蹈 |
| 定南县 | 定南挑积 | 省级 | 传统医药 |
| 赣县区 | 赣县田村花灯制作技艺 | 省级 | 传统技艺 |
| 赣县区 | 赣县云灯 | 省级 | 传统舞蹈 |
| 赣县区 | 赣县木偶戏 | 省级 | 传统戏剧 |
| 赣县区 | 赣县东河戏 | 省级 | 传统戏剧 |
| 会昌县 | 会昌藤器制作技艺 | 省级 | 传统技艺 |
| 会昌县 | 会昌赖公庙会 | 省级 | 民俗 |
| 会昌县 | 会昌匾额习俗 | 省级 | 民俗 |
| 会昌县 | 会昌畲族摆字龙 | 省级 | 传统舞蹈 |
| 会昌县 | 会昌踩鼓 | 省级 | 传统音乐 |
| 龙南市 | 赣南客家围屋习俗 | 省级 | 民俗 |
| 龙南市 | 划龙舟 | 省级 | 民俗 |

续表

| 位置 | 名称 | 级别 | 类型 |
|---|---|---|---|
| 龙南市 | 龙南杨村米酒酿造技艺 | 省级 | 传统技艺 |
| 龙南市 | 龙南香火龙 | 省级 | 民俗 |
| 龙南市 | 龙南杨村龙舟赛 | 省级 | 民俗 |
| 南康区 | 南康天车制作技艺 | 省级 | 传统技艺 |
| 南康区 | 荷包鲊 | 省级 | 传统技艺 |
| 南康区 | 南康鲤鱼灯 | 省级 | 民俗 |
| 南康区 | 南康横寨唱船 | 省级 | 民俗 |
| 南康区 | 南康古文 | 省级 | 传统曲艺 |
| 南康区 | 南康木根源 | 省级 | 民间文学 |
| 宁都县 | 宁都长胜陶器制作技艺 | 省级 | 传统技艺 |
| 宁都县 | 石上曾坊桥帮灯 | 省级 | 民俗 |
| 宁都县 | 洛口南云竹篙火龙 | 省级 | 民俗 |
| 宁都县 | 宁都石上割鸡担灯 | 省级 | 民俗 |
| 宁都县 | 宁都刘坑竹马灯舞 | 省级 | 民俗 |
| 宁都县 | 宁都大沽古教花灯 | 省级 | 民俗 |
| 宁都县 | 宁都鼓子曲 | 省级 | 传统曲艺 |
| 宁都县 | 宁都中村傩戏 | 省级 | 传统戏剧 |
| 宁都县 | 宁都采茶戏 | 省级 | 传统戏剧 |
| 全南县 | 全南客家熏鸡制作技艺 | 省级 | 传统技艺 |
| 全南县 | 全南蓝巾帕制作技艺 | 省级 | 传统技艺 |
| 全南县 | 全南中寨香火龙 | 省级 | 民俗 |
| 全南县 | 全南谭坊举人龙 | 省级 | 民俗 |
| 全南县 | 花棍舞 | 省级 | 传统舞蹈 |
| 全南县 | 车马灯 | 省级 | 传统舞蹈 |
| 瑞金市 | 手工艺术模具雕刻钢模 | 省级 | 传统技艺 |
| 瑞金市 | 竹编工艺 | 省级 | 传统技艺 |
| 瑞金市 | 瑞金冈面车等制作技艺 | 省级 | 传统技艺 |

| 位置 | 名称 | 级别 | 类型 |
|---|---|---|---|
| 瑞金市 | 瑞金客家祠堂营造技艺 | 省级 | 传统技艺 |
| 瑞金市 | 瑞金鱼圆制作技艺 | 省级 | 传统技艺 |
| 上犹县 | 上犹客家门匾习俗 | 省级 | 民俗 |
| 上犹县 | 上犹九狮拜象 | 省级 | 传统舞蹈 |
| 石城县 | 石城横江重纸古法造纸 | 省级 | 传统技艺 |
| 石城县 | 石城砚制作技艺 | 省级 | 传统技艺 |
| 石城县 | 石城肉丸制作技艺 | 省级 | 传统技艺 |
| 石城县 | 石城灯会 | 省级 | 民俗 |
| 信丰县 | 信丰大阿子孙龙 | 省级 | 民俗 |
| 信丰县 | 信丰大堂花鼓 | 省级 | 传统曲艺 |
| 信丰县 | 古陂"蓆狮""犁狮" | 省级 | 传统舞蹈 |
| 信丰县 | 信丰瑞狮引龙 | 省级 | 传统舞蹈 |
| 信丰县 | 赣南采茶戏 | 省级 | 传统戏剧 |
| 信丰县 | 手端木偶戏 | 省级 | 传统戏剧 |
| 兴国县 | 兴国鱼丝制作技艺 | 省级 | 传统技艺 |
| 兴国县 | 兴国篆刻 | 省级 | 传统美术 |
| 兴国县 | 兴国三僚堪舆文化 | 省级 | 民俗 |
| 兴国县 | 兴国四星望月习俗 | 省级 | 民俗 |
| 兴国县 | 兴国端戏 | 省级 | 传统戏剧 |
| 兴国县 | 兴国提线木偶 | 省级 | 传统戏剧 |
| 兴国县 | 兴国山歌 | 省级 | 传统音乐 |
| 寻乌县 | 寻乌客家迎故事习俗 | 省级 | 民俗 |
| 寻乌县 | 寻乌挑积 | 省级 | 传统医药 |
| 于都县 | 于都中石练兵习俗 | 省级 | 民俗 |
| 于都县 | 于都古文 | 省级 | 传统曲艺 |
| 于都县 | 于都茶篮灯 | 省级 | 传统舞蹈 |
| 于都县 | 银坑甑笊舞 | 省级 | 传统舞蹈 |

续表

| 位置 | 名称 | 级别 | 类型 |
|---|---|---|---|
| 于都县 | 于都提线木偶戏 | 省级 | 传统戏剧 |
| 于都县 | 于都敦本堂熊氏民间中医 | 省级 | 传统医药 |
| 于都县 | 于都唢呐《公婆吹》 | 省级 | 传统音乐 |
| 章贡区 | 章贡酿酒 | 省级 | 传统技艺 |
| 章贡区 | 章贡区客家根雕 | 省级 | 传统美术 |
| 章贡区 | 章贡区客家竹雕 | 省级 | 传统美术 |
| 章贡区 | 章贡区客家菜 | 省级 | 民俗 |
| 章贡区 | 赣南客家民俗 | 省级 | 民俗 |
| 章贡区 | 章贡区客家菜 | 省级 | 民俗 |
| 章贡区 | 章贡区民间高跷 | 省级 | 传统舞蹈 |
| 于都、全南 | 赣南客家擂茶制作技艺（于都、全南） | 省级 | 传统技艺 |
| 安远、龙南 | 赣南客家围屋营造技艺（安远、龙南） | 省级 | 传统技艺 |
| 兴国县 | 客家刺秀 | 省级 | 传统技艺 |
| 宁都、于都 | 宁都、于都杖头木偶戏 | 省级 | 传统戏剧 |
| 赣州市 | 赣南客家民歌（赣州市、龙南、瑞金、会昌） | 省级 | 传统音乐 |
| 于都县 | 客家家训 | 省级 | 民间文学 |
| 安远县 | 安远车头粉皮丝制作技艺 | 市级 | 传统技艺 |
| 安远县 | 安远根艺 | 市级 | 传统美术 |
| 安远县 | 安远客家刺绣 | 市级 | 传统美术 |
| 安远县 | 安远茶篮灯 | 市级 | 传统舞蹈 |
| 安远县 | 车马灯 | 市级 | 传统舞蹈 |
| 安远县 | 九龙山采茶戏 | 市级 | 传统戏剧 |
| 安远县 | 瑞龙 | 市级 | 传统舞蹈 |
| 安远县 | 南乡大堂音乐 | 市级 | 民间音乐 |

续表

| 位置 | 名称 | 级别 | 类型 |
|---|---|---|---|
| 安远县 | 欣山镇上刀山 | 市级 | 民俗 |
| 安远县 | 安远欣山过火炼 | 市级 | 民俗 |
| 安远县 | 安远客家粄食习俗 | 市级 | 民俗 |
| 安远县 | 客家香火龙 | 市级 | 民俗 |
| 崇义县 | 手工榨油制作技艺 | 市级 | 传统技艺 |
| 崇义县 | 崇义"九层皮"制作技艺 | 市级 | 传统技艺 |
| 崇义县 | 根艺竹盆景 | 市级 | 传统美术 |
| 崇义县 | 崇义黄姜豆腐制作技艺 | 市级 | 传统技艺 |
| 崇义县 | 崇义南酸枣糕制作技艺 | 市级 | 传统技艺 |
| 崇义县 | 崇义米酒酿制技艺 | 市级 | 传统技艺 |
| 崇义县 | 龙灯制作技艺 | 市级 | 传统技艺 |
| 崇义县 | 崇义石塘武狮 | 市级 | 传统体育、游艺与杂技 |
| 崇义县 | 三节龙 | 市级 | 传统舞蹈 |
| 崇义县 | 告圣 | 市级 | 传统舞蹈 |
| 崇义县 | 竹洞畲族山歌 | 市级 | 传统音乐 |
| 崇义县 | 舞春牛 | 市级 | 民俗 |
| 崇义县 | 崇义畲族金龙闹元宵 | 市级 | 民俗 |
| 大余县 | 南安板鸭制作工艺 | 市级 | 传统技艺 |
| 大余县 | 微雕——核舟技艺 | 市级 | 传统技艺 |
| 大余县 | 旁牌舞 | 市级 | 传统舞蹈 |
| 大余县 | 大余客家小双狮舞 | 市级 | 传统舞蹈 |
| 大余县 | 《牡丹亭》故事原型——"女魂恋人"的传说 | 市级 | 民间文学 |
| 大余县 | 吉村年歌 | 市级 | 传统音乐 |
| 定南县 | 定南客家烫皮制作技艺 | 市级 | 传统技艺 |

续表

| 位置 | 名称 | 级别 | 类型 |
|---|---|---|---|
| 定南县 | 定南客家魏嫂火炙米酒制作技艺 | 市级 | 传统技艺 |
| 定南县 | 客家酸酒鸭制作工艺 | 市级 | 传统技艺 |
| 定南县 | 儿童花帽制作技艺 | 市级 | 传统技艺 |
| 定南县 | 客家酸菜制作技艺 | 市级 | 传统技艺 |
| 定南县 | 客家灰水粄制作技艺 | 市级 | 传统技艺 |
| 定南县 | 民间医药"挑积" | 市级 | 传统医药 |
| 定南县 | 定南客家民歌 | 市级 | 民间文学 |
| 定南县 | 瑞狮 | 市级 | 传统舞蹈 |
| 定南县 | 民歌小调 | 市级 | 传统音乐 |
| 定南县 | 客家服饰 | 市级 | 民俗 |
| 定南县 | 客家婚嫁习俗——哭嫁 | 市级 | 民俗 |
| 定南县 | 定南客家围屋风水文化习俗 | 市级 | 民俗 |
| 赣县区 | 赣县黄元米果制作技艺 | 市级 | 传统技艺 |
| 赣县区 | 赣县食贡制作技艺 | 市级 | 传统技艺 |
| 赣县区 | 赣县阳埠腐竹手工制作技艺 | 市级 | 传统技艺 |
| 赣县区 | 田村花灯制作艺 | 市级 | 传统技艺 |
| 赣县区 | 赣县云灯 | 市级 | 传统舞蹈 |
| 赣县区 | 赣县南塘麒麟狮象灯 | 市级 | 传统舞蹈 |
| 赣县区 | 赣县五云柚子灯 | 市级 | 传统舞蹈 |
| 赣县区 | 东河戏 | 市级 | 传统戏剧 |
| 赣县区 | 赣县木偶戏 | 市级 | 传统戏剧 |
| 会昌县 | 会昌酱干制作技艺 | 市级 | 传统技艺 |
| 会昌县 | 会昌米粉制作技艺 | 市级 | 传统技艺 |
| 会昌县 | 会昌灰水米粿制作技艺 | 市级 | 传统技艺 |
| 会昌县 | 客家红菌豆腐制作技艺 | 市级 | 传统技艺 |
| 会昌县 | 会昌剪纸 | 市级 | 传统美术 |

| 位置 | 名称 | 级别 | 类型 |
|------|------|------|------|
| 会昌县 | 会昌藤器制作技艺 | 市级 | 传统技艺 |
| 会昌县 | 会昌畲族摆字龙 | 市级 | 传统舞蹈 |
| 会昌县 | 会昌客家药艾灸 | 市级 | 传统医药 |
| 会昌县 | 会昌传统黑膏药炮制技艺 | 市级 | 传统医药 |
| 会昌县 | 会昌汉调 | 市级 | 传统音乐 |
| 会昌县 | 汉仙岩的传说 | 市级 | 民间文学 |
| 会昌县 | 王阳明祈雨的故事 | 市级 | 民间文学 |
| 会昌县 | 会昌山歌 | 市级 | 传统音乐 |
| 会昌县 | 会昌踩鼓 | 市级 | 传统音乐 |
| 会昌县 | 赖公庙会 | 市级 | 民俗 |
| 会昌县 | 会昌匾额 | 市级 | 民俗 |
| 会昌县 | 会昌客家接谱习俗 | 市级 | 民俗 |
| 会昌县 | 会昌搬海清习俗 | 市级 | 民俗 |
| 会昌县 | 做游秋习俗 | 市级 | 民俗 |
| 龙南市 | 龙南客家织带制作技艺 | 市级 | 传统技艺 |
| 龙南市 | 赣南客家围屋营造技艺 | 市级 | 传统技艺 |
| 龙南市 | 龙南杨村米酒酿造技艺 | 市级 | 传统技艺 |
| 龙南市 | 龙南凤眼珍珠制作技艺 | 市级 | 传统技艺 |
| 龙南市 | 龙南客家山歌 | 市级 | 传统音乐 |
| 龙南市 | 赣南围屋故事 | 市级 | 民间文学 |
| 龙南市 | 杨村过山溜 | 市级 | 传统音乐 |
| 龙南市 | 赣南客家围屋习俗 | 市级 | 民俗 |
| 龙南市 | 香火龙 | 市级 | 民俗 |
| 龙南市 | 龙南杨村龙舟赛 | 市级 | 民俗 |
| 龙南市 | 龙南客家婚俗 | 市级 | 民俗 |
| 龙南市 | 龙南妈祖信俗 | 市级 | 民俗 |
| 南康区 | 南康糖画制作技艺 | 市级 | 传统技艺 |

续表

| 位置 | 名称 | 级别 | 类型 |
|---|---|---|---|
| 南康区 | 南康雪片糕制作技艺 | 市级 | 传统技艺 |
| 南康区 | 南康荷包胙制作技艺 | 市级 | 传统技艺 |
| 南康区 | 纸扎 | 市级 | 传统美术 |
| 南康区 | 客家木雕 | 市级 | 传统美术 |
| 南康区 | 天车传统手工技艺 | 市级 | 传统技艺 |
| 南康区 | 鲤鱼灯 | 市级 | 民俗 |
| 南康区 | 年俗 | 市级 | 民俗 |
| 南康区 | 祭大神 | 市级 | 民俗 |
| 南康区 | 元宵龙船歌 | 市级 | 民俗 |
| 南康区 | 抬毛老爷习俗 | 市级 | 民俗 |
| 南康区 | 南康古文 | 市级 | 曲艺 |
| 宁都县 | 宁都长胜陶器制作工艺 | 市级 | 传统技艺 |
| 宁都县 | 宁都固厚黄糍制作技艺 | 市级 | 传统技艺 |
| 宁都县 | 宁都宗释纸扎技艺 | 市级 | 传统技艺 |
| 宁都县 | 客家天和制香方 | 市级 | 传统技艺 |
| 宁都县 | 宁都固村甲酒酿造技艺 | 市级 | 传统技艺 |
| 宁都县 | 宁都中村傩戏 | 市级 | 传统戏剧 |
| 宁都县 | 宁都采茶戏 | 市级 | 传统戏剧 |
| 宁都县 | 赖村东塘杖头木偶戏 | 市级 | 传统戏剧 |
| 宁都县 | 石上曾坊桥帮灯 | 市级 | 民俗 |
| 宁都县 | 洛口南云竹篙火龙 | 市级 | 民俗 |
| 宁都县 | 石上割鸡担灯 | 市级 | 民俗 |
| 宁都县 | 刘坑竹马灯舞 | 市级 | 民俗 |
| 宁都县 | 大沽古教花灯 | 市级 | 民俗 |
| 宁都县 | 宁都东山坝大布扛灯习俗 | 市级 | 民俗 |
| 宁都县 | 凌霄阁庙会 | 市级 | 民俗 |
| 宁都县 | 宁都湛田小龙灯习俗 | 市级 | 民俗 |

| 位置 | 名称 | 级别 | 类型 |
|---|---|---|---|
| 宁都县 | 玉皇宫醮会 | 市级 | 民俗 |
| 宁都县 | 宁都鼓子曲 | 市级 | 曲艺 |
| 全南县 | 长塘竹粉筛制作技艺 | 市级 | 传统技艺 |
| 全南县 | 赣南客家擂茶制作技艺 | 市级 | 传统技艺 |
| 全南县 | 全南客家腊子制作技艺 | 市级 | 传统技艺 |
| 全南县 | 全南客家熏鸡技艺 | 市级 | 传统技艺 |
| 全南县 | 蓝巾帕技艺 | 市级 | 传统技艺 |
| 全南县 | 花棍舞 | 市级 | 传统舞蹈 |
| 全南县 | 中寨香火龙 | 市级 | 民俗 |
| 全南县 | 全南谭坊举人龙 | 市级 | 民俗 |
| 全南县 | 车马灯 | 市级 | 曲艺 |
| 瑞金市 | 瑞金客家祠堂营造技艺 | 市级 | 传统技艺 |
| 瑞金市 | 瑞墨制作技艺 | 市级 | 传统技艺 |
| 瑞金市 | 瑞金玉雕工艺 | 市级 | 传统技艺 |
| 瑞金市 | 瑞金酸菜制作技艺 | 市级 | 传统技艺 |
| 瑞金市 | 瑞金客家咸鸭蛋腌制技艺 | 市级 | 传统技艺 |
| 瑞金市 | 瑞金牛肉汤制作技艺 | 市级 | 传统技艺 |
| 瑞金市 | 手工艺术模具雕刻钢模 | 市级 | 传统技艺 |
| 瑞金市 | 竹编工艺 | 市级 | 传统技艺 |
| 瑞金市 | 冈面上田蔡屋车灯制作技艺 | 市级 | 传统技艺 |
| 瑞金市 | 瑞金传统鱼圆制作技艺 | 市级 | 传统技艺 |
| 瑞金市 | 中央苏区歌曲 | 市级 | 传统音乐 |
| 瑞金市 | 苏区舞蹈 | 市级 | 传统舞蹈 |
| 上犹县 | 上犹东坑手工造纸工艺 | 市级 | 传统技艺 |
| 上犹县 | 上犹红茶制作技艺 | 市级 | 传统技艺 |
| 上犹县 | 上犹绿茶制作技艺 | 市级 | 传统技艺 |
| 上犹县 | 上犹传统手工打锡工艺 | 市级 | 传统技艺 |

续表

| 位置 | 名称 | 级别 | 类型 |
|------|------|------|------|
| 上犹县 | 上犹客家米酒传统酿造技艺 | 市级 | 传统技艺 |
| 上犹县 | 上犹山歌 | 市级 | 传统音乐 |
| 上犹县 | 九狮拜象 | 市级 | 传统舞蹈 |
| 上犹县 | 南安罗汉舞 | 市级 | 传统舞蹈 |
| 上犹县 | 上犹客家门匾习俗 | 市级 | 民俗 |
| 上犹县 | 上犹梅岭温氏花灯习俗 | 市级 | 民俗 |
| 上犹县 | 赣南客家家训 | 市级 | 民俗 |
| 上犹县 | 上犹端午龙舟祭祀习俗 | 市级 | 民俗 |
| 上犹县 | 上犹寺下周屋车马灯 | 市级 | 曲艺 |
| 石城县 | 石城王润生毛笔制作技艺 | 市级 | 传统技艺 |
| 石城县 | 石城横江重纸制作技艺 | 市级 | 传统技艺 |
| 石城县 | 石城砚制作技艺 | 市级 | 传统技艺 |
| 石城县 | 石城屏山功夫 | 市级 | 传统体育、游艺与杂技 |
| 石城县 | 石城通天寨传说 | 市级 | 民间文学 |
| 石城县 | 石城灯会 | 市级 | 民俗 |
| 石城县 | 石城肉丸传统加工技艺及其筵宴习俗 | 市级 | 民俗 |
| 石城县 | 石城丧葬礼俗——点莲灯 | 市级 | 民俗 |
| 石城县 | 石城客家清明祠祭 | 市级 | 民俗 |
| 石城县 | 石城过漾习俗 | 市级 | 民俗 |
| 信丰县 | 大塘鱼生制作技艺 | 市级 | 传统技艺 |
| 信丰县 | 信丰虎山勾筒制作技艺 | 市级 | 传统技艺 |
| 信丰县 | 信丰小河客家锡壶制作工艺 | 市级 | 传统技艺 |
| 信丰县 | 小河手工制鼓技艺 | 市级 | 传统技艺 |
| 信丰县 | 万隆红石雕刻 | 市级 | 传统美术 |

| 位置 | 名称 | 级别 | 类型 |
|---|---|---|---|
| 信丰县 | 瑞狮引龙 | 市级 | 传统舞蹈 |
| 信丰县 | 信丰马灯 | 市级 | 传统舞蹈 |
| 信丰县 | 手端木偶戏 | 市级 | 传统戏剧 |
| 信丰县 | 大堂花鼓 | 市级 | 传统戏剧 |
| 信丰县 | 古陂"蓆狮""犁狮" | 市级 | 传统舞蹈 |
| 信丰县 | 民间音乐"三重云" | 市级 | 传统音乐 |
| 信丰县 | 信丰大阿子孙龙 | 市级 | 民俗 |
| 信丰县 | 古陂王龙 | 市级 | 民俗 |
| 兴国县 | 兴国客家刺绣 | 市级 | 传统技艺 |
| 兴国县 | 兴国篆刻 | 市级 | 传统美术 |
| 兴国县 | 兴国鱼丝技艺 | 市级 | 传统技艺 |
| 兴国县 | 提线木偶 | 市级 | 传统戏剧 |
| 兴国县 | 兴国端戏 | 市级 | 传统戏剧 |
| 兴国县 | 兴国山歌 | 市级 | 传统音乐 |
| 兴国县 | 全堂吹 | 市级 | 传统音乐 |
| 兴国县 | 三僚堪舆文化 | 市级 | 民俗 |
| 兴国县 | 兴国四星望月 | 市级 | 民俗 |
| 兴国县 | 兴国客家祭祖习俗 | 市级 | 民俗 |
| 寻乌县 | 岑峰窖酒酿造技艺 | 市级 | 传统技艺 |
| 寻乌县 | 汶口汉剧 | 市级 | 传统戏剧 |
| 寻乌县 | 挑积 | 市级 | 传统医药 |
| 寻乌县 | 寻乌客家迎故事习俗 | 市级 | 民俗 |
| 于都县 | 于都县小溪酒饼制作技艺 | 市级 | 传统技艺 |

续表

| 位置 | 名称 | 级别 | 类型 |
|---|---|---|---|
| 于都县 | 于都县珍珠粉制作技艺 | 市级 | 传统技艺 |
| 于都县 | 于都土法榨油技艺 | 市级 | 传统技艺 |
| 于都县 | 于都草鞋制作技艺 | 市级 | 传统技艺 |
| 于都县 | 于都三锤三匠技艺 | 市级 | 传统技艺 |
| 于都县 | 于都梓山酱油酿造技艺 | 市级 | 传统技艺 |
| 于都县 | 于都盘古茶制作技艺 | 市级 | 传统技艺 |
| 于都县 | 于都县提线木偶戏 | 市级 | 传统戏剧 |
| 于都县 | 于都县杖头木偶戏 | 市级 | 传统戏剧 |
| 于都县 | 于都半班戏 | 市级 | 传统戏剧 |
| 于都县 | 于都敦本堂熊氏民间中医 | 市级 | 传统医药 |
| 于都县 | 于都县五保公的传说 | 市级 | 民间文学 |
| 于都县 | 银坑甑笊舞 | 市级 | 传统舞蹈 |
| 于都县 | 茶篮灯 | 市级 | 传统舞蹈 |
| 于都县 | 于都唢呐《公婆吹》 | 市级 | 传统音乐 |
| 于都县 | 于都中石民俗 | 市级 | 民俗 |
| 于都县 | 于都寒信民俗 | 市级 | 民俗 |
| 于都县 | 于都古文 | 市级 | 曲艺 |
| 章贡区 | 宋城赣州福寿沟建造技艺 | 市级 | 传统技艺 |
| 章贡区 | 章贡酒酿造技艺 | 市级 | 传统技艺 |
| 章贡区 | 客家烧馃子制作技艺 | 市级 | 传统技艺 |
| 章贡区 | 客家根雕 | 市级 | 传统美术 |
| 章贡区 | 客家瓷画像 | 市级 | 传统美术 |
| 章贡区 | 客家纸雕艺术 | 市级 | 传统美术 |

| 位置 | 名称 | 级别 | 类型 |
|---|---|---|---|
| 章贡区 | 八卦太极 | 市级 | 传统体育、游艺与杂技 |
| 章贡区 | 赣南采茶戏 | 市级 | 传统戏剧 |
| 章贡区 | 蓝氏中医正骨疗法 | 市级 | 传统医药 |
| 章贡区 | 赣南客家鲤鱼歌 | 市级 | 传统音乐 |
| 章贡区 | 章贡区客家竹雕 | 市级 | 传统美术 |
| 章贡区 | 章贡区民间高跷 | 市级 | 传统舞蹈 |
| 章贡区 | 赣南客家民俗 | 市级 | 民俗 |
| 章贡区 | 章贡区客家菜 | 市级 | 民俗 |
| 章贡区 | 客家春节拜年踩街 | 市级 | 民俗 |
| 章贡区 | 沙河口萧氏元宵祭祖习俗 | 市级 | 民俗 |
| 章贡区 | 赣州南北词 | 市级 | 曲艺 |

# 参 考 文 献

［1］ Clifford S, King A. Local Distinctiveness: Place, Particularity and Identity ［M］. Champaign. IL: Common Ground, 1993.

［2］ Folk Geography of the Blue Ridge Mountains ［J］. Pioneer America, 1970, 2 （1）.

［3］ Schnell I, Mishal S. Place as a source of identity in colonizing societies: Israeli settlements in Gaza ［J］. Geographical Review, 2008, 98 （2）: 242-259.

［4］ Scott A. Results of household survey and focusgroup ［R］. Welsh Institute of Rural Studies, University of Wales, 1999.

［5］ Tan S H. Challenging Citizenship: Group Membership and Cultural Identity in a Global Age ［M］. Aldershot Hants, England: Ashgate, 2005.

［6］ Reed J S. The Heart of Dixie: An Essay in Folk Geography ［J］. Social Forces, 1976, 54 （4）: 925-939.

［7］ Tuan, Yi-Fu. Topophilia: A Study of Environmental Perception, Attitudes, and Values ［M］. Hemel Hempstead: Prentice-Hall, 1974: 248.

［8］ Wilhelm E. J. Folk Geography of the Blue Ridge Mountains ［J］. Pioneer America, 1970, 2 （1）.

［9］ 曹帅强, 邓运员, 杨载田, 等. 客家文化景观基因特征——以湖南省炎陵县为例 ［J］. 热带地理, 2014, 34 （06）: 831-841.

［10］ 曹帅强，邓运员．非物质文化遗产景观基因的挖掘及其意象特征——以湖南省为例［J］．经济地理，2014，34（11）：185-192.

［11］ 曹帅强，贺建丹，邓运员．基于 GIS 的非物质文化遗产景观基因识别与表达——以湖南省为例［J］．云南地理环境研究，2016，28（04）：8-14，2.

［12］ 陈秋渝，杨俊熙，罗施贤，等．川西林盘文化景观基因识别与提取［J］．热带地理，2019，39（02）：254-266.

［13］ 陈炜，钟学进，张露露．基于开发方式的传统体育文化资源利用模式研究——以桂滇黔民族地区为例［J］．贵州民族研究，2013，34（06）：229-232.

［14］ 达福兴．民俗地理学视角下的"云南十八怪"变迁研究［J］．四川民族学院学报，2020，29（01）：33-39.

［15］ 董晓萍．民俗文献史研究及其数字化管理系统［J］．河南社会科学，2009，17（06）：151-153.

［16］ 房学嘉．客家风俗［M］．广州：暨南大学出版社，2015（7）.

［17］ 房学嘉．客家民俗［M］．广州：华南理工大学出版社，2016（1）.

［18］ 冯天瑜．中华文化辞典［M］．武汉：武汉大学出版社，2001：20.

［19］ 付爱民．色彩民俗地理研究在少数民族地区旅游形象设计中的应用［J］．中国美术馆，2007（09）：81-86.

［20］ 赣州市人民政府.2012 赣州旅游资源介绍［EB/OL］.（2016-10-31）［2021-07-15］.https：//www.ganzhou.gov.cn/c100147/201610/128d652229f14bdc8ac0b6f921fe1bb4.shtml.

［21］ 赣州市统计局，国家统计局赣州调查队．赣州统计年鉴 2020［M］.北京：中国统计出版社.

［24］ 赣州新闻广播．赣州市各地开展丰富多彩的端午节日活动，传承和弘扬中华传统文化［EB/OL］.（2019-06-07）［2021-07-15］.http：//www.jxgztv.com/gzxwgb/324558.jhtml.

［25］ 高曾伟．建设有中国特色的民俗地理学［J］．镇江市高等专科学

校学报，1997（Z1）：68-72.

［26］高曾伟．中国服饰民俗地理研究［J］．镇江市高等专科学校学报，
1995（Z1）：63-68.

［27］高曾伟．中国民俗地理学刍议［J］．地理研究，1996（01）：
91-97.

［28］高曾伟．中国民俗地理学的发展与展望［J］．镇江市高等专科学
校学报，1995（02）：58-61.

［29］高小康．非物质文化遗产地图：传统文化与当代空间［J］．文化
遗产，2008（01）：120-126.

［30］郜玉金，李彩霞．新疆非物质文化遗产网络传播现状调研［J］．
中国传媒科技，2013（02）：86-87.

［31］郭家凌．赣州章贡区修缮古建筑全力保护文物［EB/OL］.（2020-
12-16）［2021-07-15］．https：//jxgz. jxnews. com. cn/system/2020/
12/16/019131666. shtml.

［32］何彬．"文化传承图"体系初探——"民俗地图"与"文化传承
图"体系系列论文之三［J］．民族艺术，2010（03）：36-40，99.

［33］何彬．民俗地图的基本构造与制作——"民俗地图"与"文化传
承图"体系系列论文之二［J］．民族艺术，2010（02）：25-34.

［34］何彬．民俗地图的学科依据——"民俗地图"与"文化传承图"
体系系列论文之一［J］．民族艺术，2010（01）：44-51.

［35］何彬．民俗地图小论［J］．民间文化论坛，2005（01）：90-95.

［36］胡彬彬，李向军．中国传统村落保护调查报告（2017）［M］．北
京：社会科学文献出版社，2017.

［37］胡慧，胡最，王帆，等．传统聚落景观基因信息链的特征及其识
别［J］．经济地理，2019，39（8）：8.

［38］胡兆量．中国民俗地理探幽［J］．经济地理，1999（01）：2-6.

［39］胡最，刘沛林，曹帅强．湖南省传统聚落景观基因的空间特征
［J］．地理学报，2013，68（02）：219-231.

［40］ 胡最，刘沛林，邓运员，等．汝城非物质文化遗产的景观基因识别——以香火龙为例［J］．人文地理，2015，30（01）：64-69.

［41］ 胡最，刘沛林，邓运员，等．传统聚落景观基因的识别与提取方法研究［J］．地理科学，2015b，35（12）：1518-1524.

［42］ 继承传统 推陈出新——赣州大力发展文化事业纪实［EB/OL］.（2019-10-31）. http：//jxgz. wenming. cn.

［43］ 江西省博物馆学会客家专业委员会．江西客家：江西省博物馆学会客家专业委员会成立暨首届客家学术研讨会论文集/江西省赣州市博物馆［M］．南昌：江西人民出版社，2011（10）.

［44］ 焦利民，李泽慧，许刚，等．武汉市城市空间集聚要素的分布特征与模式［J］．地理学报，2017，72（08）：1432-1443.

［45］ 景泉，高潮．鲁南民俗地理区成因试探［J］．枣庄师专学报，2000（03）：18-20.

［46］ 赖彦斌．节日民俗研究的数字化问题［J］．节日研究，2014（01）：23-24.

［47］ 赖彦斌．数字故事地图的历史人文内涵［J］．西北民族研究，2010（04）：128-134，191.

［48］ 黎章春．客家味道——客家饮食文化研究［M］．哈尔滨：黑龙江人民出版社，2008（12）.

［49］ 林晓平．客家祠堂与文化［M］．哈尔滨：黑龙江人民出版社，2006.

［50］ 林晓平．客家民间信仰与民俗文化［M］．北京：中国社会科学出版社，2012.

［51］ 刘沛林，刘春腊，李伯华，等．中国少数民族传统聚落景观特征及其基因分析［J］．地理科学，2010，30（6）：810-817.

［52］ 刘沛林．古村落文化景观的基因表达与景观识别［J］．衡阳师范学院学报（社会科学版），2003，24（4）：1-8.

［53］ 刘沛林．中国传统聚落景观基因图谱的构建与应用研究［D］．北京：北京大学，2011.

［54］刘善群.客家礼仪［M］.福州：福建教育出版社，1995.

［55］刘晓峰.民俗学教学中对"民俗事项分类"的总结［J］.内蒙古教育（职教版），2013（04）：40-41.

［56］罗娜，毛思远.江西赣州打造客家文化旅游区［EB/OL］.（2020-04-15）［2021-07-15］.http：//jx.people.com.cn/n2/2020/0415/c186330-33951033.html.

［57］罗勇.客家赣州［M］.南昌：江西人民出版社，2004.

［58］罗勇.客家文化特质与客家精神研究［M］.哈尔滨：黑龙江人民出版社，2006.

［59］马洪元.试论区域民俗地理的研究内容与方法——以苏州为例［J］.人文地理，1991（03）：31-35.

［60］马显彬.广东群体地名释放着民俗地理美丽的七彩光环［J］.中国地名，2011（06）：33，36.

［61］祁剑青，邓运员，贺建丹.苗族传统聚落的景观基因识别及其地学视角的解析［J］.衡阳师范学院学报，2018，39（06）：13-17.

［62］申秀英，刘沛林，邓运员，等.景观基因图谱：聚落文化景观区系研究的一种新视角［J］.辽宁大学学报（哲学社会科学版），2006，34（3）：143-148.

［63］申秀英，刘沛林，邓运员.景观"基因图谱"视角的聚落文化景观区系研究［J］.人文地理，2006，21（4）：109-112.

［64］孙传明，程强，谈国新.广西少数民族非物质文化遗产数字化保护现状及对策分析［J］.广西民族研究，2017（03）：124-132.

［65］孙传明.民俗舞蹈类非物质文化遗产数字化技术研究［D］.武汉：华中师范大学，2013.

［66］谭东辉，金慧惠.论数字信息化在赣南客家民俗体育现代化进程中的影响与思考［J］.东南传播，2011（10）：116-118.

［67］万幼楠.赣南围屋研究［M］.哈尔滨：黑龙江人民出版社，2006.

［68］王爱平，周尚意，张姝玥，等.关于社区地标景观感知和认同的研

究［J］.人文地理，2006，92（6）：124-128.

［69］王德刚.民俗旅游开发模式研究——基于实践的民俗资源开发利
　　　用模式探讨［J］.民俗研究，2003（01）：51-58.

［70］王之婧，朱春阳，冯艺佳.原风景对景观感知影响的量表设计与
　　　分析［J］.安徽农业科学，2010，38（23）：12729-12730.

［71］温春香.族群迁徙与文化认同：第十届人类学高级论坛会议综述
　　　［J］.广西民族研究，2012（1）：4.

［72］吴玉华.赣南客家节庆民俗体育［M］.北京：北京体育大学出版
　　　社，2014.

［73］肖靓.文化年货 惠民乐民——2020赣州第五届文化惠民周活动
　　　掠影［EB/OL］.

［74］肖靓.中共赣州市委关于制定全市国民经济和社会发展第十四个
　　　五年规划和二〇三五年远景目标的建议［EB/OL］.（2021-01-26）
　　　［2021-07-15］.http：//www.gzdw.gov.cn/n263/n61505/c31970
　　　093/content.html.

［75］肖旋，林辉.城市化影响下我国乡村文化景观的现状及发展［J］.
　　　中国城市园林，2011，9（5）：26-28.

［76］严澍，揭筱纹.灾后四川羌族地区民俗文化旅游可持续开发模式
　　　研究［J］.海南大学学报（人文社会科学版），2010，28（01）：
　　　98-102.

［77］杨红，张烈.非物质文化遗产实体展示空间中的数字化应用［J］.
　　　遗产与保护研究，2016，1（05）：16-20.

［78］杨宇亮.滇西北村落文化景观的时空特征研究［D］.北京：清华
　　　大学，2014.

［79］杨展览，李希圣，黄伟雄.地理学大辞典［M］.合肥：安徽人民
　　　出版社，1992（1）.

［80］俞孔坚.景观：文化、生态与感知［M］.北京：科学出版
　　　社，2008.

[81] 翟洲燕,李同昇,常芳,等.陕西传统村落文化遗产景观基因识别 [J].地理科学进展,2017,36(09):1067-1080.

[82] 张翠萍,谢世金.风景这边独好 2018 江西会昌民俗文化旅游节将举行 [EB/OL].(2018-07-11)[2021-07-15].https://jxgz.jxnews.com.cn/system/2018/07/11/017010307.shtml.

[83] 张丽莹,闫志.非物质文化遗产数字化保护研究——以西藏唐卡文化数字化为例 [J].信息与电脑(理论版),2016(10):161-162.

[84] 张爽.基于民俗文化的呼和浩特市玉泉百坊民俗村景观分析研究 [D].呼和浩特:内蒙古农业大学,2019.

[85] 赵芳.首届中国客家小吃节在安远开幕 客家新闻网 [EB/OL].http://www.newskj.com/news/system/2021/04/30/030293580.shtml.

[86] 赵君芬.川西农村聚落景观规划设计研究 [D].雅安:四川农业大学,2009.

[87] 赵李娜.中国现代民俗学与历史地理学的开创与扭结——兼论顾颉刚先生对两学之贡献 [J].民俗研究,2016(01):43-51,158.

[88] 赵荣,王恩涌,张小林,等.人文地理学 [M].北京:高等教育出版社,2006.

[89] 郑馨.春节期间赣州市文化活动丰富多彩 [EB/OL].(2020-04-15)[2021-07-15].http://www.newskj.com/news/system/2020/01/06/030113976.shtml.

[90] 钟福民,李瑞英.论江西文化景观遗产的保护——以赣南地区为例 [J].赣南师范学院学报,2009,30(01):114-117.

[91] 钟敬文.民俗学概论 [M].上海:上海文艺出版社,1998.

[92] 钟庆禄.客家传统服饰研究 [D].赣州:赣南师范学院,2011.

[93] 钟声宏.粤闽赣客家文化生态效应对区域发展的影响 [J].人文

地理学，2009（2）：60-62.

［94］周建新，钟庆禄 . 赣南客家传统服饰原材料之历史考察［J］. 华
南农业大学学报（社会科学版），2010，9（03）：130-137.

［95］周尚意，孔翔，朱竑 . 文化地理学［M］. 北京：高等教育出版
社，2004.

# 后　记

　　几载寒暑，几易其稿，今日书稿终于付梓，感慨良多。开卷之际，首先念起对本书写作影响最为深远的几位长辈：先祖父为家族长者，孔孟礼教思想根深蒂固、以身示范，以此待人接物、传家立业，并以客家民俗文化传家风、立家训；先父在生之年为家族各项民俗活动理事，虽躬耕于田野，但才识甚为广博，是家族鲜少的"读书人"，主事家族各种重大仪式活动五十余载，对客家民俗文化事项了如指掌，常以客家民俗文化严格家事、教化子孙。受二老及其他先辈们的谆谆教诲，笔者自幼对客家民俗文化耳濡目染，并产生了浓厚兴趣。今为社会文化地理方向硕士生导师，带领诸多弟子潜心研究客家文化，但一直未有得意之作。研究之暇，惦念先辈们对客家民俗文化的重视，遂起意撰写一本关于赣南客家民俗文化之书，系统回顾对自己成长影响深远的客家民俗文化，算是对先辈们的敬意和对客家民俗文化的推崇。如今书已成稿，得益于先辈们的教诲与期许，若先辈们有在天之灵，以此书告慰诸位的言传身教。

　　其次，在此还要感谢为本书的撰写付出努力的所有人员：姑父周为炳先生、叔父陈启炳先生、胞兄陈伟志先生等提供了所见所闻所历的民俗文化口述，提出了宝贵意见，丰富和完善了书中各种客家民俗事项；胡月萍、陈泽彬、郭祥光、朱玉婷、熊炫晨等几名同学为本书的撰写收集了大量的参考资料，处理了地图空间数据，制作了相关软件，并协助撰写了部分章节的内容，徐祥明副教授审读了全文，并提出了中肯的修改意见；赣州繁星摄影文化传媒有限公司樊国梁先生为本书提供了精美的插图；书中还借鉴了诸多学者的前期研究成果，部分成果因作者或出处不详未能在书中一一标注出来，在此一并表示感谢并致以崇高的敬意。

　　再次，本书还要特别感谢的是中国地理学会文化地理专业委员会副主任、华东师范大学城市与区域科学学院孔翔教授。孔教授今年莅临学校讲学之际，笔者向孔教授介绍了本书的写作，并恳请孔教授指导。孔教授高屋建瓴、不吝赐教，并欣然为本书画龙点睛、赐作序言，让本书大增色彩。孔教授不仅学术造诣高深，还对青年学者关爱有加，寄以厚望，其治学之态度及谦逊之品质，值得吾辈学习敬仰。

　　最后，本书得以顺利出版，离不开学校、学院各级领导和同事的关心和支持，离不开出版社编辑的悉心指导，同时也得到了多项课题的资助，在此表示最诚挚的谢意。

　　因时间仓促，能收集和整理到的资料有限，加之本人才疏学浅、孤陋寡闻，书中对民俗事项的梳理与分析难免有挂一漏万、表述不妥、观点谬误之处，恳请广大读者批评斧正。

**笔　者**

2021 年 8 月

江西赣州